O DIREITO PÚBLICO EM TEMPOS DE CRISE
Estudos em homenagem a Ruy Ruben Ruschel

D598　O Direito Público em Tempos de Crise: estudos em homenagem a Ruy Ruben Ruschel / Alexandre Pasqualini ... [et al.]; Ingo Wolfgang Sarlet, organizador. — Porto Alegre: Livraria do Advogado, 1999.
252 p.; 16x23 cm.

ISBN 85-7348-120-X

1. Direito. 2. Direito Constitucional. I. Pasqualini, Alexandre. II. Sarlet, Ingo Wolfgang.

CDU 34

Índices para catálogo sistemático:
Direito
Direito Constitucional

(Bibliotecária responsável: Marta Roberto, CRB 10/652)

O DIREITO PÚBLICO EM TEMPOS DE CRISE

Estudos em homenagem a Ruy Ruben Ruschel

Alexandre Pasqualini

Antonio Carlos Wolkmer

Bruno Sérgio Araújo Hartz

Eduardo Kroeff Machado Carrion

Fábio Medina Osório

Humberto Bergmann Ávila

Ingo Wolfgang Sarlet *(Organizador)*

Lenio Luiz Streck

Luís Roberto Barroso

Marcus Vinicius Antunes

Roger Raupp Rios

livraria
DO ADVOGADO
editora

Porto Alegre 1999

© Alexandre Pasqualini; Antonio Carlos Wolkmer;
Bruno Sérgio Araújo Hartz; Eduardo Kroeff Machado Carrion;
Fábio Medina Osório; Humberto Bergmann Ávila;
Ingo Wolfgang Sarlet (Organizador); Lenio Luiz Streck;
Luís Roberto Barroso; Marcus Vinicius Antunes;
Roger Raupp Rios, 1999

Capa, projeto gráfico e composição
Livraria do Advogado / Valmor Bortoloti

Revisão
Rosane Marques Borba

A gravura da capa (Jost Amman, 1564) foi escolhida pelo próprio homenageado, poucos dias antes de seu falecimento.
Extraida de Revista do Tribunal de Justiça do Estado da Bahia.

Direitos desta edição reservados por
Livraria do Advogado Ltda.
Rua Riachuelo, 1338
90010-273 Porto Alegre RS
Fone/fax (051) 225-3311
E-mail: livadv@vanet.com.br
Internet: www.liv-advogado.com.br

Impresso no Brasil / Printed in Brazil

Nota do organizador

A presente coletânea de estudos, que versa sobre os mais variados temas jurídicos, notadamente no âmbito do Direito Público, tem por principal objetivo homenagear uma das figuras mais ilustres do pensamento e da *praxis* do Direito Constitucional pátrio. Para além disso, tivemos a intenção de contribuir para que, também entre nós, se instaure a prática, já habitual em outros países, especialmente na Europa, de reverenciar e prestar merecida homenagem a aqueles que, ao longo de sua vida, têm pautado a trajetória existencial por uma fecunda e influente produção acadêmica e marcante atividade profissional, e, principalmente, por uma postura ética e honrada. Na pessoa de nosso homenageado, Prof. Dr. RUY RUBEN RUSCHEL, a presença de todas estas qualidades nos dá mostras de que ser um grande jurista é algo mais do que conhecer profundamente o Direito: indispensável, acima de tudo, que sejamos seres humanos dignos, na plena acepção do termo.

Os estudos que aqui reunimos certamente não esgotam nem de longe o rol dos que, de alguma forma, tiveram sua própria trajetória, profissional e/ou pessoal, marcada pelo convívio com o nosso homenageado. Não poderíamos deixar de registrar, nesta oportunidade, nossa profunda gratidão e respeito por alguém que nos acompanhou por mais de doze anos. Como ex-aluno da pós-graduação e colega no Mestrado em Direito da PUC/RS, somos também eternos devedores do Prof. Ruy Ruschel. Devedores pelos ensinamentos recebidos, mas principalmente pelo exemplo em integridade, bondade, assim como coragem de assumir posições firmes e por elas pautar sua existência como Jurista, Professor, Juiz e, acima de tudo, como notável ser humano. Em nome dos eminentes colaboradores, unidos pelo elo comum da admiração e estima que nutrimos pelo nosso homenageado, muito obrigado Prof. Ruschel: seja para sempre credor de nosso afeto e presença viva na nossa memória e, portanto, no nosso presente.

Prof. Dr. Ingo Wolfgang Sarlet

Apresentação

Este livro é uma justa homenagem à excelência de uma trajetória exemplar. O Prof. Dr. Ruy Ruben Ruschel realizou uma caminhada virtuosa e admirável. Com efeito, como magistrado brilhante e acatado, Dr. Ruy somente acrescentou sobejos motivos para a merecida credibilidade do nosso Poder Judiciário. Como professor eminente, foi um propiciador de talentos, trabalhando arduamente, mercê de uma generosidade incomum, para que florescessem novas e promissoras gerações de publicistas. Como autor premiado, ofereceu-nos obras valiosas, ora voltadas para a história, ora para a seara jurídica, notadamente a propósito do Direito Constitucional em tempos de crise.

Em todas as dimensões de sua vida, Dr. Ruy soube, antes de mais, ser um primoroso educador pelo exemplo. Um talento de escol sem a menor empáfia. Um professor exigente e, por igual, compreensivo e disposto a gestos de extremo e constante estímulo. Uma liderança intelectual sem esforço. Um agregador. Um legítimo mestre, é dizer, aquele que oferecia parcela significativa de sua vida pela dignificação dos seus discípulos e amigos. Ao fazê-lo, reencontrava a própria vida neste ato de doação, rejubilando-se por vê-la ampliada e, ainda mais, sublimada.

Por onde passou (sem exceção) em seu vasto périplo – como se pode constatar no currículo publicado a seguir – e, recentemente, em suas festejadas aulas no Mestrado da Pontifícia Universidade Católica do Rio Grande do Sul, restou sempre um registro de coragem existencial, de independência, de pensamento aberto, arejado e inovador. Foi a jornada, sem o menor favor, de uma das nossas mais destacadas inteligências associada a um dos mais benfazejos corações.

Merece registro especial que, pouco antes de falecer, o nosso saudoso homenageado, já extremamente combalido em decorrência da longa enfermidade, fez absoluta questão de participar, abnegadamente, de um encontro que tinha por objeto o futuro da nossa pós-graduação. Ao cabo da reunião, trocamos idéias em particular, quando sublinhou o seu agradecimento pela homenagem que representava este livro. Foram estas, aliás, as derradeiras palavras que ouvi do estimado colega e amigo, que soube manter até o fim a luminosidade e a coerência de uma trajetória justamente referida como paradigmática.

Receba, Dr. Ruy, através de sua família, o nosso reconhecimento nada protocolar. Bem de ver que, sendo o homenageado um acadêmico, nada melhor do que obsequiar-lhe um livro, cujos autores ostentam um precioso denominador comum: o alto respeito à grandeza do homenageado. É hora, mais do que nunca, de aprendermos a valorizar especialmente os que conviveram ou convivem conosco, em nossa "casa". Ao enaltecer o próximo, digno de louvor, estaremos dando provas de maturidade e de senso superior de justiça, credenciando-nos, a passo e passo, para o desafio inescapável de sermos, também nós, educadores pelo exemplo.

Prof. Dr. Juarez Freitas
Professor e Membro da Comissão Coordenadora do
Mestrado em Direito da PUC/RS, Professor
de Direito Administrativo da UFRGS

Curriculum vitae
Ruy Ruben Ruschel

Diplomas de Graduação e Pós-Graduação
1) Bacharel em História e Geografia - PUC/RS, 1946
2) Licenciado em História e Geografia - PUC/RS, 1947
3) Bacharel em Direito - PUC/RS, 1951
4) Doutor em Direito - UFRGS, 1980
5) Livre-docente em Direito Constitucional - UFRGS, 1980

Exercício de Magistério Superior (Graduação)
Disciplinas Jurídicas (principalmente Direito Constitucional), História e afins, nas seguintes faculdades ou universidades: UNISINOS (1968-1986), PUC/RS (1969-1971), Faculdade de Direito de Santo Ângelo (1964-1966), Faculdade de Filosofia de Ijuí (1965-1966), Faculdade de Filosofia de Caxias do Sul (1962-1963). Ex-Direitor da Faculdade de Direito de Santo Ângelo (1965-6) e do Centro de Estudos Jurídicos (Faculdade de Direito) da UNISINOS (1972 e 1982-85).

Exercício do Magistério Superior (Pós-Graduação)
Escola Superior da Magistratura (1974-1995), Escola Superior do Ministério Público (1984-1991), Instituto Pedro Vergara, mestrado (1981), Escola Superior de Advocacia (1991), Escola Superior de Administração (1989).
UNISINOS - Mestrado em História (1987-1992).
PUC/RS - Mestrado em Direito (1990-hoje).

Carreira na Magistratura
Juiz de Direito, Juiz de Alçada e Desembargador, entre 1957 e 1981. Atualmente aposentado como Desembargador. Entre 1951 e 1957 exerceu a advocacia.

Conferências e Cursos
Proferiu centenas de palestras avulsas para juízes, promotores, advogados, professores, estudantes, historiadores e público em geral, inclusive no exterior; cursos de extensão; cursos de especialização (pós-graduação na UNISINOS); seminários em cursos de Mestrado e Doutorado (Universidade Federal de Santa Catarina); participou de bancas de doutorado na Universidade Federal de Santa Catarina e de mestrado na UNISINOS e na PUC/RS, etc. Participou dos Encontros dos Municípios de Santo Antônio da Patrulha e outros movimentos similares, apresentando trabalhos e comunicações.

Instituições a que pertence
Instituto Brasileiro de Magistrados - Rio de Janeiro
Instituto de Advogados do Rio Grande do Sul - Porto Alegre
Instituto Brasileiro de Direito Constitucional - São Paulo
Instituto Histórico e Geográfico do Rio Grande do Sul - Porto Alegre
Associação dos Magistrados do Brasil - Rio de Janeiro
Associação dos Juízes do Rio Grande do Sul (AJURIS) - Porto Alegre
Academia de Letras dos Municípios do Rio Grande do Sul - Porto Alegre
Círculo de Pesquisas Torrenses - Torres

Prêmios e Distinções
Primeiro Prêmio em Concurso Estadual de Ensaios Sociológicos, promovido pelo DCC da Secretaria Estadual de Educação e Cultura, em 1964.
Primeiro Prêmio do Concurso André da Rocha, de ensaios jurídicos, promovido pela AJURIS, em 1966.
Comenda "Professor Insigne", do IARGS, em 1987.
Título de Cidadão Honorário de Santo Ângelo.
Título de Cidadão Honorário de Torres.

Bancas Examinadoras
Participou de bancas examinadoras de concursos para a Magistratura do Estado (Juiz de Direito) e Militar Estadual (Auditor), para o Ministério Público (Promotor de Justiça), para a Procuradoria do Estado (Procurador), para a Escola de Polícia (Delegado de Polícia), para a Procuradoria da Assembléia Legislativa (Procurador), para o Magistério na UNISINOS, de doutorado na Universidade Federal de Santa Catarina (Doutor em Direito Antônio Carlos Wolkmer) e outras.

Participação em Eventos
Participou de dezenas de Conferências, Seminários e Encontros, inclusive internacionais, como tesista, conferencista, palestrante, painelista, sobre assuntos jurídicos e históricos.

Principais Trabalhos Publicados
a) Livros
Dinâmica das Classes Sociais. Porto Alegre, IEL, 1966, 123pp.
São Domingos das Torres, Em co-autoria com Dalila Picoral Ruschel. Porto Alegre, Ed. Martins Livr., 1984 (1ª ed.) e (2ª ed.), 109pp.
Dialética Formal do Estado. (Tese mimeografada). Porto Alegre, UFRGS, 1974, 107pp.
Torres-Origens. Torres, Ed. Gazeta, 1995, 235pp.
Três Cahoeiras e suas Comunidades. Em co-autoria com Rizzieri Delai. Torres, Ed. Gazeta, 1996, 145pp.
Direito Constitucional em Tempos de Crise. Porto Alegre, Sagra-Luzzatto, 1997, 179pp.

b) Artigos em Jornais sobre Direito
Mais de 70, em jornais da capital e do interior.

c) Antigos em Jornais sobre História
Cerca de 600 artigos, a maioria sobre a história do Litoral Gaúcho.

d) Trabalhos em Revistas Especializadas e Anais
Perto de 50 trabalhos, sobre História e Direito

Artigos em Revistas
Temas: Direito, Política e Sociologia
Local: em Revistas (de Universidades, Instituições, etc.)

Pressupostos e Características do Ato Institucional, *in Revista Jurídica*, Porto Alegre, 1964, n° 66, pp-43-48.
A Legitimação Adotiva (primeira parte), *in Revista de Jurisprudência do Tribunal de Justiça do RGS*, Porto Alegre, 1967, Ano II, n° 4, pp. 5-14.
A Legitimação Adotiva (segunda parte) *in idem*, 1967, Ano II, n° 5, pp. 6-17.
A Revolução e o Poder Constituinte, *in Estudos Jurídicos*, São Leopoldo, UNISINOS, 1975, Vol. V, n° 13, pp. 5-13.
O Sistema Jurídico dos Povos Missioneiros, *in Estudos Jurídicos*, São Leopoldo, 1977, Vol. VII, n° 20, pp. 73-89.
Dois Conselhos de Alcance Social, *in Idade Nova*, Porto Alegre, Janeiro de 1947.
A Democracia Racial, *in Idade Nova*, Porto Alegre, Abril de 1947.
Índia. Problema Delicado, *in Idade Nova*, Porto Alegre, Agosto de 1947.
Bulgária Soviética, *in Idade Nova*, Porto Alegre, Julho de 1948.
Panoramas do Mundo (sobre política internacional), *in Idade Nova*, Porto Alegre, Maio de 1949 a Novembro de 1950 (dezoito revistas)
A Ilegitimidade da Constituição de 1967, *in Estudos Jurídicos*, São Leopoldo, UNISINOS, 1981, Ano XIV, n° 31, pp. 155-162.
O Poder Constituinte e a Revolução, *in Estudos Jurídicos*, São Leopoldo, UNISINOS, 1984, Ano XVII, n° 41, pp. 11-42.
O Poder Constituinte e a Revolução, *in Revista de Direito Constitucional e Ciência Política*, Rio de Janeiro, IBDC (Forense), Janeiro a Junho de 1985, pp. 246-255.
O Aleijão Constitucional de 1967, *in Estudos Jurídicos*, São Leopoldo, UNISINOS, maio-agosto de 1986, Ano XIX, n° 46, pp. 5-22.
Deficiências do Congresso Constituinte, *in Advogado*, Porto Alegre, IARGS, Abril a Junho de 1985, p. 33.
Pressupostos da Constituinte, *in Revista de Direito Público* (Portugal), Vulgus, Novembro de 1985, n° 1, p. 9.
La Constitución de Cádiz: brasileira por pocas horas, *in Cádiz e Iberoamerica*, Cádiz (Espanha), 1988, n° 6, pp. 42-44, bilingüe português e andaluz.
Contornos Constitucionais do Mandado de Injunção, *in Ajuris*, Porto Alegre, Ajuris, Março de 1989, Ano VI, n° 45, pp. 36-42.
O Magistrado e as Agressões à Constituição... por Omissão. *in Ajuris*, Porto Alegre, Ajuris, Novembro de 1990, Ano XVII, n° 50, pp. 144-148.
Separatismo Descabido, *in Advogado*, Porto Alegre, IARGS, Janeiro-Abril de 1992, p. 15.
Os Limites Jurídicos da Revisão Constitucional de 1993, *in Advogado*, Porto Alegre, IARGS, maio-dezembro de 1992, pp. 11-3.
A Edicácia dos Direitos Sociais, *in AJURIS*, Porto Alegre, junho de 1993, n° 59, pp. 291-6.

O Direito de Propriedade dos Índios Missioneiros, *in Veritas*, Porto Alegre, PUC/RS, v. 39, nº 153, março de 1994, pp. 103-16.

As Duas Faces do Poder Constituinte Revolucionário, *in Ajuris*, Porto Alegre, março de 1994, pp. 276-95.

Natureza Jurídica das Constituições de 1937 e 1967, *in Direito e Justiça*, PUC/RS, V. 17, anos XVII e XVIII, 1996, pp. 85-95.

Sumário

1. O Público e o Privado
   Alexandre Pasqualini 15
2. Crise de representação e cidadania participativa na Constituição brasileira de 1988
   Antonio Carlos Wolkmer 39
3. O Costume Constitucional
   Bruno Sérgio de Araújo Hartz 49
4. Pesquisa jurídica na atualidade. Breves notas
   Eduardo Kroeff Machado Carrion 63
5. Observações a respeito do Princípio Constitucional da Culpabilidade no Direito Administrativo Sancionador
   Fábio Medina Osório 69
6. Repensando o "Princípio da supremacia do interesse público sobre o particular"
   Humberto Bergmann Ávila 99
7. Os Direitos Fundamentais Sociais na Constituição de 1988
   Ingo Wolfgang Sarlet 129
8. E que o Texto Constitucional não se transforme em um latifúndio improdutivo... - uma crítica à ineficácia do Direito
   Lenio Luiz Streck 175
9. Dez anos da Constituição de 1988 (Foi bom pra você também?)
   Luís Roberto Barroso 189
10. Mudança constitucional, Direitos Fundamentais e Direitos adquiridos: algumas reflexões
    Marcus Vinicius Martins Antunes 219
11. Direitos Fundamentais e orientação sexual: O Direito brasileiro e a Homossexualidade
    Roger Raupp Rios 229

1. O Público e o Privado

ALEXANDRE PASQUALINI
Professor da Escola Superior da Magistratura - Ajuris e da PUC/RS

Sumário: 1.1. Introdução; 1.2. Atenas e as tiranias da retórica; 1.3. Roma e o império da *auctoritas*; 1.4. O feudalismo e a lei da terra; 1.5. O *laissez faire* e a autocracia do *cogito*; 1.6. Conclusões.

1.1. INTRODUÇÃO

O tema a ser desenvolvido é antigo, tão antigo quanto a própria existência humana. Desde o período clássico, passando pela sociedade feudal e, tempos depois, pelo *laissez faire*, até chegar aos nossos dias, a imbricação entre o *publicum* e o *privatum* sempre ensejou acirrada controvérsia.[1]

As teorias, em especial no campo jurídico, multiplicam-se em acentuada profusão, todas buscando desenvolver instrumentos aptos a demarcar o território e delimitar a jurisdição das esferas pública e privada.[2]

Assim, poder-se-ia, agora, na esteira de outros intelectuais, orientar esta breve exposição no sentido da busca de novos critérios que, somados aos já cunhados, permitissem, com maior segurança e rigor, distinguir as esferas pública e privada. Todavia, não se afigurando unívoca, tampouco clara, a tradicional idéia que preconiza a divisão do mundo da vida em duas órbitas axiológicas dissociadas e dissociantes, parece mais adequado questionar a validade mesma desta classificação, cuja rotina intelectual apenas

---

[1] Hans J. Wolff e Otto Bachof in *Verwaltungsrecht*, München, C. H. Beck'sche Verlagsbuchhandlung, 1974, vol. I, p. 97, conquanto salientem o *"grande significado prático"* (*"grosse praktischer Bedeutung"*) desta clássica distinção, assinalam, porém, que ela se conserva, ainda e sempre, não esclarecida do ponto de vista científico (*"ist aber wissenschaftlich immer noch nicht geklärt"*). Vide, também, Martin Büllinger in *Derecho publico y derecho privado*, Madrid, Instituto de Estudos Administrativos, 1976 e Guglielmo Nocera in *Il Binomio Pubblico-Privato nella Storia del Diritto*, Napoli, Edizioni Scientifiche Italiane, 1992.

[2] Sobre as teorias mais importantes acerca da distinção entre Direito Público e Direito Privado, vide Norbert Achterberg in *Allgemeines Verwaltungsrecht*, Heidelberg, Schaeffers Grundriss, Verlag R. V. Decker & C. F. Müller, 1985, pp. 3-5.

serviu para fomentar a histórica, ideológica e arbitrária disputa hierárquica entre indivíduo e sociedade, entre o todo e a parte, como se pudesse haver hierarquia entre elementos que já sempre se constituem mutuamente.

A díade público-privado, quando bem analisada, desde a sua origem histórica, traz à luz a obscura junção de princípios hoje assentes no moderno conceito de Estado - se se pode qualificar de moderno o que, no decorrer dos tempos, serviu, de forma invariável, com diferenças somente de grau, à manutenção de uma idêntica e ossificada matriz de comportamento: a despótica supremacia dos individualismos de todo gênero.

1.2. ATENAS E AS TIRANIAS DA RETÓRICA

As categorias do público e do privado deitam raízes no mundo antigo, mais particularmente, na *pólis* grega, e chegam até nós legadas pela tradição incorporada e desenvolvida pela cultura romana. Uma distinção tão introjetada nos costumes e na história, como esta que dá origem à disjunção do público e do privado em dois territórios juridicamente díspares, tinha, à evidência, de encontrar as suas fundações na civilização clássica. Na versão helênica, apesar do dissídio doutrinário,[3] a separação entre a vida pública e a vida privada correspondeu, de início, ao contraste entre a religião doméstica - culto aos antepassados, aos *dei domestici* e aos *dei gentilis* - e a religião oficial da *pólis* - *dei externi*, *dei superiores* - símbolo da instauração da esfera política e, por conseguinte, berço do *zoon politikon*.[4] Com o florescimento da democracia ateniense, - ritualizada pela *ekklesia* (reunião de todos os cidadãos) na *ágora* ou na colina *Pnice* -, o homem antigo apropriou-se de uma segunda vertente de convívio, mais além das relações familiares: a *bios politikos*. Cada indivíduo passou a representar a intersecção de duas órbitas de existência que, chocando-se uma contra a outra, traçaram, pela primeira vez, a linha demarcatória entre o que era próprio do indivíduo (*idión*), portanto privado, e o que era comum a todos (*koinón*), conseqüentemente público.

Perguntado pelos persas se comparecia às negociações como personalidade pública ou privada, o embaixador de Esparta responde: *"Pública, se tivermos êxito; caso contrário, como pessoa privada".*[5] Péricles, no seu conhecido discurso funerário em honra aos mortos nas primeiras batalhas

---

[3] Vide Gustav Boehmer in *Grundlagen der Bürgelichen Rechtsordnung*, Tübingen, 1950, vol. I, p. 164, e Otto von Gierke in *Deutsches Privatrecht*, Leipzig und München, Verlag von Duncker & Humblot, 1936, vol. I, p. 26.

[4] G. W. F. Hegel in *Scritti Teologici Giovanili*, Napoli, E. Mirri, 1972, p. 49.

[5] Plutarco in *The Lives of the Noble Grecians and Romans*, Great books of the western world, Chicago, Encyclopaedia Britannica, 1952, p. 45: *"In a public, if we succeed; if not, in a private character."*

da guerra do Peloponeso, menciona, com tom de orgulho, que *"os agentes do governo, além da política, têm seus negócios privados... e os cidadãos comuns, embora empenhados nos seus afazeres, são, contudo, juízes idôneos das questões públicas"* e, prosseguindo, faz o elogio da deliberação e do debate públicos, resultado da *isegoria* (igualdade na *ágora*), sublinhando, com veemência, que *"estamos [os atenienses] aptos a nos pronunciar em todas as circunstâncias, pois ao contrário de considerar o debate como um obstáculo à ação, antes o entendemos como preliminar indispensável para qualquer ação sadia e em todas as hipóteses"*.[6]

Não se há de negar que os critérios de identidade, a partir da transição da ordem familiar (*hestía*) para as formas associativas mais complexas vividas nas assembléias (*ekklesia* e *bouleuterion*),[7] registraram grandes mudanças, promovendo o surgimento de códigos de conduta e identificação impessoais, menos preocupados com o parentesco de sangue (*anchistéis*) e, nesse passo, mais centrados em sistemas extrafamiliares de comportamento. Contudo, mesmo sabendo que *"nenhum outro povo realizou a cultura cívica mais do que os atenienses, que não faziam a diferença entre o 'humano' e a 'pólis'"*,[8] é importante notar que a ética da comunidade privada sobreviveu, através do enlevo da eloqüência retórica, ao engendramento da órbita pública, sem que a práxis comunitária nunca tenha conseguido abolir o seu poder de desagregação do tecido social. Como um passado jamais transposto, agitando-se, ainda, sobre as próprias ruínas, com todo o peso dos séculos de vida unidimensional, a ética familiar permaneceu condicionando o horizonte da cidade-estado. A *pólis*, que separa o passado do futuro, sem ser uma coisa nem outra, não sabe se marcha em direção do novo ou do velho.

Para comprovar o domínio particular e deletério dos oradores sobre as decisões da *ekklesia*, encontra-se, talvez, em Tucídides - aquele que eternizara o discurso funerário de Péricles - o testemunho dotado de maior isenção. Sempre eqüidistante das contendas filosóficas, Tucídides, mais historiador do que pensador, legou à humanidade vários relatos muito objetivos acerca da mentalidade desenganadamente retórica de seus contemporâneos atenienses. O seu diagnóstico é expressivo: *"os valores habituais*

---

[6] Tucídides in *The Peloponnesian War*, Great books of the western world, Chicago, Encyclopaedia Britannica, 1952, Liv. II, 39, p. 397: *"Our public men have, besides politics, their private affairs to attend to, and our ordinary citizens, though occupied with the pursuits of industry, are still fair judges of public matters;..., we Athenians are able to judge at all events if we cannot originate, and, instead of looking on discussion as a stumbling-block in the way of action, we think it an indispensable preliminary to any wise action at all"*.

[7] Vide Richard Sennett in *Flesh and Stone - The Body and the City in Western Civilization*, New York-London, W.W. Norton & Company, 1996, pp. 52-67.

[8] Sennett, Richard in ob. cit., p. 371: *"Yet no people more self-consciously valued civic culture than these same Athenians: 'human' and 'polis' were interchangeable words"*.

das palavras mudam ao reclamarem os homens o direito de usá-las como se lhes parecer mais adequado para justificar suas ações:... Em uma frase, se aplaude àquele que triunfa por meio de atos perversos e àquele que estimula aos outros a cometerem crimes nos quais jamais haviam pensado".[9]

Assim, em cada orador havia o germe de um tirano. A retórica é utilizada, na *ekklesia*, como o armamento no campo de batalha. A conveniência funciona como sintaxe do discurso. Na assembléia do povo, era comum os adversários se baterem com espadas forjadas pelo mesmo ferreiro.[10] Com efeito, são atribuídos a Demóstenes - o "escrupuloso" paladino do interesse público - o discurso de Apolodoro contra Phormion e o deste contra aquele. Decididamente, as arengas, na *ekklesia*, não se nutrem da razão. O vigor da oratória grega aumentava com o amor-próprio. A cobiça apontava-lhe o rumo das convicções. No vibrante e compassado estilo dos oradores, medravam a cupidez e o interesse particulares. A eloqüência era, pois, uma bandeira de aluguel sempre arrematada a peso de ouro. O grande Demóstenes foi, ainda por outra vez, o corpo de delito: vendeu-se a Hárpalo por uma taça e mais vinte talentos.[11] Numa época em que a virtude cedeu lugar ao tráfico da persuasão, Demóstenes parece ser o retrato pusilânime de uma geração de sofistas sem força moral para resistir aos presentes e à estima dos poderosos.

Uma das confissões mais emblemáticas do império do sofisma sobre a racionalidade recolhe-se da descrição que realiza Tucídides das negociações entre os embaixadores de Atenas e Milos, tendo por objeto o ingresso desta Ilha na confederação. Como os representantes de Milos introduzissem considerações morais nos debates, os atenienses, de imediato, replicaram: *"nossas crenças nos deuses e nossos conhecimentos dos homens nos ensinam que, universalmente, por natural necessidade, aquele que é superior dita as regras. Nós não fizemos esta lei ... Nós apenas a aplicamos e deixamos que subsista para sempre ... Vocês fariam o mesmo se estivessem em idêntica situação ... Nem os espartanos viriam em vosso auxílio. Mais do que quaisquer outros, para eles o agradável é o bom e o interesse a justiça".*[12]

Depoimento também notável e esclarecedor é o de Xenofonte. Em 406 a.C., Atenas intenta um tumultuado processo contra alguns generais, res-

---

[9] Tucídides in ob. cit., liv. III, 82, pp. 436-437: *"The customary values of words were changed as men claimed the right to use them as they pleased to justify their actions:... Applause, in a word, went to one who got in first with some evil act, and to him who cheered one another to attempt some crime that he was not thinking of".*

[10] Plutarco in ob. cit., p. 697: *"...; he, as it were, having simply furnished two adversaries out of the same shop with weapons to wound one another".*

[11] Plutarco in ob. cit., p. 701.

[12] Tucídides in ob. cit., liv. V, 105, p. 506: *"Our belief about the gods, and certain knowledge about men, is that universally, by natural necessity, he who is superior rules. We did not make this law...We merely use it and shall leave it to exist for ever. You would do the same in our position...Nor will the Spartanst help you. More than any others they equate pleasant with good and interest with justice".*

ponsabilizando-os pelo afogamento de um grupo de marinheiros que, abandonados pelos comandantes, pereceram em batalha naval ao largo das ilhas Arginusas. De acordo com Xenofonte, o processo se desenhou ao sabor das paixões. Defesa e acusação demonstraram inegável habilidade dramática. Manobras diversionistas se entrecruzaram. Calíxenos, opondo-se ao possível juízo de inocência, levantou questão de ordem: *"tous les athéniens sont appelés à voter par tribus"*.[13] A intenção desta manobra era facilitar o reconhecimento dos votos. Os defensores do perdão sustentaram, à sua vez, que o procedimento era ilegal e, indo mais longe, afirmaram que a matéria se incluía na competência dos tribunais. O argumento, porém, sucumbe em face da reação popular: *"mais la foule se mit à crier qu'il était fort étrange de ne pas laisser le peuple faire ce qui lui plaisait"*.[14] Tal manifestação descontrolada dos cidadãos intimidou os defensores, *"à l'exception du seul Socrate, fils de Sophronisco, qui déclara qu'il ne ferait rien que de conforme à la loi"*.[15] É tarde. A sorte dos generais já estava selada. O discurso prevaleceu sobre a razão: *"words, words, words..."* (Hamlet, 2, 2). Com golpes de oratória os comandantes foram executados. Mas idêntico destino aguardava os responsáveis pela criminosa sentença. A paixão voltou-se contra si mesma. Os acusadores se transformaram em acusados. Xenofonte noticia que *"les athéniens ne tardèrent pas à s'en repentir, et décrétèrent que ceux qui avaient trompé le peuple seraient mis en accusation..."*.[16]

O sonho de Péricles, concitando os atenienses a uma autêntica democracia participativa, parece ter fracassado. A retórica dos sofistas - diferente da de Platão e Aristóteles - foi como uma doença fatal inoculada na *ekklesia*. Os episódios arrolados ilustram a inspiração das políticas interna e externa de Atenas. A liturgia do debate, como preliminar para todas as decisões, redundou num confronto teatral de vaidades. Sem dúvida, o espaço público da *ágora* estimulou a unidade cívica, mas a dicção solipsista do discurso ocupou o espaço destinado à alteridade do diálogo, fazendo da *ekklesia* refém de uma fala tão sedutora quanto isolada e corruptível. *"A voz solitária domina a audiência na retória política"*.[17] Como Platão e Aristóteles denunciaram, o discurso sofístico converteu a democracia em tirania.[18] Con-

---
[13] Xenofonte in *Les Helleniques*, Oeuvres Complètes, Paris, Garnier-Flammarion, 1967, vol. III, liv. I, cap. VII, 9, p. 43.
[14] Xenofonte in ob. cit., liv. I, cap. VII, 12, p. 44.
[15] Xenofonte in ob. cit., liv. I, cap. VII, 15, p. 44.
[16] Xenofonte in ob. cit., liv. I, cap. VII, 35, p. 47.
[17] Sennett, Richard in ob. cit., p. 63: *"The lone voice takes possession of an audience in political rhetoric..."*.
[18] No diálogo das Leis, Platão diz: *"Il n'est personne parmi les Grecs qui n'admette que chez nous on aime à parler et qu'on parle abondamment,..."*; *Les Lois*, Oeuvres Complètes, Paris, Pléiade, 1950, vol. II, liv. I, 641, p. 659. Aristóteles, por sua vez, também critica os que confudem a retórica com a política in *Retorica*, Trad. bilingüe, Madrid, Instituto de Estudos Políticos, 1953, 1356a, p. 11. É sempre bom lembrar, porém, que não se trata, aqui, de uma reprovação absoluta

duzidos pelas asas de cera da eloqüência, os cidadãos retornaram ao *éthos* familiar. Lembrando Tucídides, o interesse se converteu em justiça: o público se fez privado... *"Mestres na arte da persuasão"* (*peithôs demiurgos*),[19] os atenienses foram, por assim dizer, ícaros da esfera pública.

1.3. ROMA E O IMPÉRIO DA *AUCTORITAS*

Em Roma, o desfecho não foi diverso. Na *urbs*, todos os caminhos conduzem ao culto público do privado. Se os cidadãos de Atenas foram escravos do discurso, os romanos o foram da *auctoritas*. O rigor da disciplina substituiu o arbítrio das palavras. Enquanto os gregos, na *ágora*, protegidos pela *parrehesia* (liberdade de falar), deliberavam sentados, os romanos, nos *comitia*, sem o direito de intervir pelo discurso, votavam de pé, sob o vigilante aguilhão da autoridade. A assembléia romana jamais deteve poder de iniciativa em matéria de leis. Os *Comitia "apenas votavam a proposta submetida pelo magistrado, de quem tudo dependia"*.[20] A esse magistrado convocante da assembléia era conferida a faculdade, inclusive nos comícios eleitorais, de interromper o andamento da votação quando o resultado da consulta ao *populus* se insinuasse adverso às suas pretensões. Como enfatiza Jhering, *"il fixait l'objet de la déliberation; lorsque le vote paraissait devoir lui être défavorable, il pouvait dissoudre l'assemblée"*.[21] Mas havia um poder adicional: o magistrado tinha ainda o direito de recusar a decisão dos eleitores. Para ser mais claro, o resultado dos votos não era soberano. O dissídio entre cidadania e magistrado resolvia-se com uma espécie de acordo: os cidadãos eram compelidos a transigir... As decisões dos *comitia* assumiam nítida conotação contratualista, portanto privada, onde a *auctoritas*, ao fim e ao cabo, cooptava a vontade geral.[22] Em síntese, os romanos votavam, porém não governavam.

à retórica. O que ambos criticam e, nessa exata medida, os acompanhamos, é o uso utilitário e cínico da retórica, que não se confunde com a dialética preconizada por Platão, tampouco com o melhor dos silogismos tópicos propostos por Aristóteles.

[19] Platão, *Gorgias*, Trad. bilingüe, Madrid, Instituto de Estudos Políticos, 1951, 453a, p. 11.

[20] Buckland, W. W. *A Text-Book of Roman Law from Augustus to Justinian*, London, Cambridge University Press, 1975, p. 7: *"They voted only on a proposal submitted by the presiding magistrate, on whom therefore all depended"*.

[21] Jhering, Rudolf von, in *L'Esprit du Droit Romain*, Paris, Librairie Marescq Aîné, MDCCCLXXXVI, vol. II, § 40, p. 263. No mesmo sentido, vide Théodore Mommsen in *Manuel des Antiquités Romaines*, Paris, Ernest Thorin, 1889, vol. VI, 1a. parte, p. 472: *"...il [le magistrat] avait en outre le droit d'interrompre le vote à un moment quelconque et de dépouiller par lá de leur effet les suffrages déjà exprimés"*.

[22] De acordo com Fritz Schulz in *Principles of Roman Law*, Oxford, Clarendon Press, 1956, p. 171, *"But even after the votes had been taken the magistrate might accept the result or not, being free to make the renuntiation or refuse it. The comitial was thus a bilateral act, in affect an agreement between citizens and magistrate"*.

Também as relações entre o *princeps* e o *senatus*, sobretudo depois de Augusto, reproduziam o sagrado princípio da autoridade, haja vista que as deliberações dos senadores podiam, discricionariamente, ser desconsideradas pelo primeiro magistrado do império.[23] À semelhança dos *consilium* domésticos, em que o *pater familias* podia ignorar a opinião de amigos e conselheiros, o senado também não dispunha de meios para obter a compulsória anuência do *princeps*. Como demonstra Buckland, o senado *"não poderia ser mais do que um porta-voz do Imperador"*.[24] Os Césares que, governados por normas, deveriam ser *"uma lei com voz"*,[25] usurpam a *res publicae*, transformando-se na própria *lex*. *"Em algum momento do terceiro século, o imperador começa a ter preeminência sobre a lei"*.[26] Na linguagem de Sêneca, *Caesari*, que *"orbem terrarum possidente"*, *"..omnia licet"*.[27] Gaius, à sua vez, numa passagem que *"deve essere accolta con maggiore fiducia"*,[28] pondera que as determinações imperiais baixadas por decretos ou éditos, *"legis uicem optineat"*.[29] Mas o registro que melhor autentica, pela clareza e objetividade, o poder normativo do *princeps* é, sem dúvida, o de Ulpiano: *"quod principi placuit legis habet vigorem"*.[30]

---

[23] Fritz Schulz in ob. cit., p. 180, refere que "*The magistrate's* auctoritas *gave him the right, even in the case of the Senate, to follow its advice or to ignore it at will,...*"

[24] Buckland in ob. cit., p. 13: "*It could be no more than a mouthpiece of the Emperor*". De outra parte, para os que, romântica ou ingenuamente, sobrevalorizam a participação popular nos *comitia* e no *senatus*, convém lembrar que a influência do patriciado sempre neles se fez preponderante. Nos *comitia* - a despeito do sentido democratizante da reforma operada entre 241 e 220 a. C. -, preocupada em diminuir a preeminência dos mais aquinhoados - o sistema hierarquizado de votação, privilegiando as centúrias de cavaleiros (*equites*), garantia a evidente hegemonia gentilícia. Como refere Wolfgang Kunkel, in *An Introduction to Roman Legal and Constitutional History*, Oxford, At The Clarendon Press, 1975, p. 11, "*...the highest class...had an absolute majority with ninety-eight centuries*". Bastava que as 18 centúrias de cavaleiros, mais as 80 da primeira classe, votassem unidas, protegendo os interesses das famílias mais ricas, para que o voto dos menos favorecidos se tornasse desnecessário. Para Kunkel "*the intention...was to ensure the preponderance of the wealthy in this...form of popular assembly*". No *senatus*, apesar do ingresso dos plebeus (*patres conscripti*) ao lado dos patrícios (*patres*), a instituição permaneceu "*l'espressione più autentica dell'oligarchia gentilizia*", de tal sorte que "*patriziato e anzianità sone sempre criteri di preferenza*" (Pietro de Francisci, *Sintesi Storica del Diritto Romano*, Roma, Edizioni Dell'Ateneo, 1948, pp. 102-103). Sobre os privilégios dos patrícios no senado, vide, também, Kunkel in ob. cit., p. 20.

[25] Cícero in *Delle leggi*, trad. bilingüe, Bologna, Zanichelli editore, 1992, liv. III, I, p. 137: "*...magistratum legem esse loquentem...*"

[26] Buckland in ob. cit., p. 15: "*But from some time in the third century the Emperor began to be regarded as above the law*".

[27] Sêneca in *Consolatio ad Polybium*, Edição bilingüe, Milano, Dell'istituto Edidoriale Italiano, La Santa, 1928, liv. VII, (3 e 2), p. 188.

[28] Orestano, Riccardo in *Il Potere Normativo degli Imperatori e le Costituzioni Imperiali*, Torino, G. Giappichelli Editore, 1962, p. 20.

[29] Gaius in *The Institutes of Gaius*, trad. bilingüe, Oxford, At The Clarendon Press, 1976, liv. I, 5, p. 3.

[30] Ulpiano in *Digesto*, 1, 4, 1.

Depois de Esparta, poucas nações conheceram um respeito tão reverencial à hierarquia. Para Schulz, *"auctoritas e disciplina são as palavras dominantes no discurso político romano"*.[31] A própria arquitetura da cidade afronta os indivíduos como um ícone a reclamar respeito e infundir temor.[32] A imponência de Roma reflete o desenho urbanista da *auctoritas*. Do ponto de vista institucional, os cidadãos do império mais se parecem com crianças sempre obedientes aos pais. As analogias de estrutura e funcionamento entre a família e a *urbs* foram muitas e estreitas: o *pater*, na família, foi, precisamente, o imperador, na *civitas*, designado, também, pelo título de *pater patriae*, no genuíno significado de senhor e soberano.[33] *"Comme le père de famille, qui n'est pas seulement le plus puissant, mais le seul puissant dans sa maison, le roi est à la fois le premier et le seul organe du pouvoir dans l'Etat. ... La puissance royale est et doit être sans limites légales: pour le chef de la cité, il ne peut y avoir de juge dans la cité; pas plus que dans la maison il n'y a de juge pour le père de famille"*.[34]

Neste contexto, a autoridade dos imperadores, desde a mais remota origem, alimentou-se dos mesmos atributos intrínsecos à *patria potestas*. Mais. A moral da *civitas* conformou-se à da família. As tentativas romanas de articular um conceito de autoridade à altura das exigências público-políticas fracassaram por não haver na *civitas* um modelo associativo construído a partir de uma comunidade de homens iguais. Os paradigmas utilizados para cunhar a *auctoritas* são extraídos ou do mundo da técnica - onde o perito prepondera sobre o neófito - ou do ambiente familiar - onde os antepassados tiranizam os destinos de sua descendência. Historicamente, o espírito doméstico se constituiu, desse modo, no núcleo de onde emergiram a orientação e o sentido dos vários organismos políticos romanos. A ordem privada dos laços de sangue conservou influência no plano do gesto político, fazendo da esfera pública a transposição de elementos ampliados da vida familiar.[35] *"A ordem doméstica, no topo da pirâmide social, servia*

---

[31] Schulz, Fritz in ob. cit., p. 165: *"Thus we find the words* auctoritas *and* disciplina *as subjects of Roman political discussions; ..."*

[32] Richard Sennett in ob. cit., pp. 101-121, possui a esse respeito um capítulo cujo título já diz tudo: "Look and Obey".

[33] Fritz Schulz in ob. cit., p. 111, afirma que *"The Emperor became the universally revered benefactor and* father *of the human beings in the Empire"*. E mais adiante, na p. 173, completa:*"...; like the* father, *the magistrate had entirely discretionary power to inflict chastisement"*.

[34] Mommsen, Théodore in *Histoire Romaine*, Paris, Hérold, 1863, vol. I, p. 89. A esse propósito, vide, também, Lauro Chiazzese in *Introduzione allo Studio del Diritto Romano*, Palermo, Palumbo, 1958, 3, 17, p. 54: *"Come il pater familias ha su i soggetti alla sua potestas il ius vitae e necis, cosi el re, supremo giudice criminale, ha diritto di vita e di morte rispetto ai cittadini che si rendano rei di delitti già dallo Stato repressi. Come il pater è proprietario delle terre pertinenti alla familia, cosi il re può liberamente disporre del territorio pubblico della civitas"*.

[35] Fustel de Coulanges in *La Cité Antique*, Paris, Hachette, 1903, p. 144, sublinha: *"De la tribu on passe à la cité, mais les tribus ne furent pas pour cela dissoutes, et chacun d'elle continu à peu près commes si la cité n'existait pas"*.

como um padrão de vida".[36] A esfera política, que deveria ser o ecumênico encontro de homens livres,[37] onde cada qual descobre no outro (*heteron*) o fundamento e o endereço de suas virtudes, acabou asfixiada pelos atavismos autocráticos da órbita particular. Corpo, casa, fórum, assembléias, tudo refletia, da arquitetura ao voto, uma única métrica: *auctoritas*.

Virgílio, o poeta que celebrou a origem e o crescimento do império romano, dizia que um deus guerreiro tangera a alma dos latinos: *"bellautorque animo deus incidit"*.[38] Talvez fosse o caso de completar: um deus guerreiro e, por isso mesmo, autocrata. Em todas as fases de sua trajetória, a única liberdade conhecida por Roma foi a submissão: do período inicial até a República, submissão ao patriciado; do Império até o declínio, submissão aos senhores da guerra. Na cidade dos Césares, todo poder emana da submissão e em nome da elite é exercido. A liberdade não é atributo da consciência humana, mas do *gladium*. Historicamente, isso explica, de uma parte, a oportuna pregação de Paulo (*"Non est enim potestas nisi a Deo. Itaque qui resistit potestati, Dei ordinationi resisti; Ep. Rom. c. XIII, v. 1-2*) e, de outra, a indignação com que tais palavras foram recebidas por alguns espíritos afeiçoados às instituições políticas da época. É por isso, também, que povo romano não poderia ter experimentado outro destino senão o de dominar com mão de ferro, preservando os submissos e destruindo os soberbos: *"...tu regere imperio populos, Romane, memento (...) pacique imponere morem, parcere subiectis et debellare superbos"*.[39]

Em Roma, esse apego à autoridade explica, outrossim, o simétrico amor à tradição. Afinal, é próprio do poder socorrer-se dos usos. Um preserva o outro. Máxime no direito clássico, ao lado da *auctoritas*, que é força, havia a *constantia*, que é hábito. O costume conservava o respeito. Os Romanos, mesmo quando havia rupturas, sumulavam a continuidade: travestiam o presente com o passado. Augusto foi mestre nesta arte de apresentar a mudança como restauração. Tarefa até certo ponto fácil, na medida em que o principado nada criou, apenas valeu-se do que já estava lá - o princípio autocrata. É por isso que alguns, sem exagero, sustentam que a lógica do império se antecipou aos imperadores.

---

[36] Richard Sennett in ob. cit., p. 119: *"Yet domestic order at the top of the social pyramid served as a standard for how others should live"*.
[37] De acordo com Aristóteles in *Política*, Oxford, Oxford University Press, 1988, 1279a20, p. 80, *"a cidade deve ser uma comunidade de homens livres"* (*"pólis koinonía ton eleuthéron"*).
[38] Virgílio in *Aeneidos*, Edição bilingüe, Milano, Dell'istituto Editoriale Italiano, La Santa, 1928, vol. III, liv. IX, (721), p. 64.
[39] Virgílio in ob. cit., vol. II, liv. VI, (850-853), pp. 126-128.

Roma conheceu, pela célebre e elegante fórmula de Ulpiano,[40] a distinção entre direito público e direito privado que, ato contínuo, no decorrer dos tempos, como autêntica rotina intelectual, serviu de inspiração e modelo para muitos escritores. Mas o ramo do direito público, a não ser por essa e outras poucas referências, quase nenhum interesse despertou entre os grandes jurisconsultos da época. De acordo com Schulz, *"no que concerne sobretudo aos direitos constitucional e administrativo, se pode duvidar se, em algum momento, tenham suscitado uma expressiva literatura autônoma"*.[41] Consta que Varrão teria elaborado, a pedido do Consul Pompeio, uma *Introdução ao Direito Constitucional*, mas o livro caiu no esquecimento antes do próprio autor.[42] Desde o último século da República até o segundo do Principado, nenhum dos melhores juristas romanos dedicou sequer uma linha ao estudo do direito público. Tratava-se, ao que tudo indica, de assunto menor, reservado aos leguleios e praxistas. O império romano não foi capaz de criar uma doutrina mais aperfeiçoada acerca dos bens públicos,[43] sendo que, sobretudo em matéria de *fiscus* (literalmente, *"cesta de dinheiro"*), as normas de direito público se curvavam, em larga medida, à disciplina de direito privado. Sêneca é peremptório quando afirma que *"Ceasar omnia habet, fiscus ejus privata tantum ac sua, et universa in imperio eius sunt, in patrimonio propria"*.[44] Em síntese, *"desde o princípio, o fisco foi considerado patrimônio privado do princeps"*,[45] sendo que,

---

[40] Segundo Ulpiano in *Digesto*, I, 1, 1, 2 e in *Institutas*, I, 1, 1, 4: *"Publicum ius est quod ad statum romanae spectat, privatum quod ad singulorum utilitatem"*. De Francisci, entretanto, in ob. cit., pp. 139-140, sustenta que tal distinção não se observa no *"periodo primitivo, né al successivo periodo repubblicano"* e, indo mais longe, assevera que *"quando, verso la fine della repubblica, entrò in uso l'espressione* ius publicum, *essa non venne affatto usata in opposizione a* ius privatum, *e servì semplicemente ad indicare il diritto emanato dagli organi della* civitas..., *diritto che si differenzia non già per il suo contenuto, ma per la diversità di fonte da cui promana, dal vasto complesso di norme create dalla giurisprudenza religiosa prima e laica in seguito, che ad un certo punto vennero designate col termine* ius civile..."*. Cabe observar, de outra parte, que a expressão *ius publicum*, além da referência de Ulpiano, aparece apenas em outras quatro vezes no Digesto (4, 3, 23; 4, 5, 5, 2; 36, 1, 14 e 47, 10, 13, 1).
[41] Fritz, Schulz in ob. cit., p. 28: *"To take constitutional law and administrative law first, it is doubtful whether any considerable volume of literature ever existed on the subject"*. O mesmo Fritz Schulz in *History of Roman Legal Science*, Oxford, At The Clarendon Press, 1953, p. 139, diz, ainda, que *"...the classical jurists were the legitimate descendants of republican who, as we have seen, ostentatiously held public law at arm's length"*.
[42] Vide Fritz Schulz in *Principles of Roman Law*, Oxford, Clarendon Press, 1956, p. 28.
[43] Conforme Fritz Schulz in ob. cit., p. 29, *"Even the law to public property was ignored in principles by the jurists:..."*
[44] Sêneca in *La Bienfaisance*, Trad. Bilingüe, Paris, Livrairie Garnier Frères, s/data, liv. VII, VI, p. 378. É importante mencionar que o *fiscus* recebia as rendas das províncias imperiais e era o responsável pelo grosso das despesas públicas, inclusive a manutenção do exército e da marinha. Alguns historiadores referem, ainda, que o *fiscus* era, provavelmente, o maior banqueiro do império, emprestando dinheiro a juros.
[45] Schulz, Fritz in ob. cit., p. 177: *"The fiscus was originally looked upon as the private property of the princeps"*. Neste idêntico sentido é, também, a opinião do Prof. Max Kaser in *Das Römisches Privatrecht*, München, C. H. Beck'sche Verlagbuchhandlung, MCMLV, § 72, III, 2, p. 261: *"...den Fiscus 'res privata, res familiaris' des Kaiser nennt, ihn nach Privatrecht behandelt..."* (*" ...o Fiscus

no derradeiro período do Principado, o *aerarium* público, incorpora-se, em definitivo, ao *fiscus*.

Dessarte, a esfera pública confundia-se, em viva proporção, com a *auctoritas*. Vai daí, talvez, o discreto interesse despertado pelo direito público entre os juristas da época. Não era o direito o conformador da autoridade, mas a autoridade o cinzel - mediato ou imediato - das tábuas da lei. Os permanentes abalos políticos produziram um direito constitucional fragmentado, impróprio para o debate ou análise científica. Chamava a atenção do historiador (Tito Lívio, Tácito, Dionísio de Halicarnaso, etc.), não do jurisconsulto. Os romanos eram conservadores: inovavam preservando. Por tal motivo, um dos principais alicerces do direito privado foi justamente a continuidade. Eis o de que se ressentiu, do ponto de vista substancial, o direito público.[46] Essa ausência, do ponto de vista político, os romanos a compensaram, no plano das instituições, com a *auctoritas*. Aqui, a tradição na disciplina foi mais importante do que a tradição no direito. O romano não se revelou, portanto, autêntico *zoon politikon*. Comportou-se, no mais das vezes, como perfeito "soldado".[47] Na *urbs*, não houve o binômio Cidadão-*Civitas*, mas, principalmente, a díade exército-soldado.

O ferrete da *auctoritas* deixou também suas marcas políticas no desenvolvimento do *ius civilis*. Na transição da República para o Principado, a jurisprudência clássica perpetuou seu espírito despótico. *"A ciência do direito ainda reteve características irracionais e autoritárias"*.[48] Como oráculos, os romanos consultam e acatam a opinião dos juristas, em cuja *auctoritas*, conquistada pelo estudo das leis, os problemas jurídicos encontram o desfecho oportuno.[49] Dogmático, o direito romano prefere a tradição

---

aparece como, 'res privata, res familiaris' *dos imperadores, submetendo-se ao direito privado"*). Wolfgang Kunkel in *An Introduction to Roman Legal and Constitutional History*, Oxford, At The Clarendon Press, 1975, p. 49, segue a mesma orientação quando escreve que *"...the treasury from which he financed his administrative activities (the fiscus Caesaris) was his own private exchequer..."*. De resto, o jurisconsulto Ulpiano in *Digesto*, 43, 8, 4, já dizia que *"Res enim fiscales quasi propriae et privatae principis sunt"*.

[46] Sobre o contraste entre a forma de desenvolvimento do direito público e do direito privado em roma, vide Vincenzo Arangio-Ruiz in *Storia del Diritto Romano*, Napoli, Casa Editrice Dott. Eugenio Jovene, 1968, pp. 328 e ss.

[47] Não por acaso, a espada e a lança se encontram entre os símbolos mais antigos e expressivos de Roma. Símbolo da guerra, a lança também o era do direito de propriedade. Talvez porque em Roma até a propriedade tinha origem em conflitos bélicos. De resto, o povo romano era designado pela expressão *quirites* (de *quiris, curis* = lança sabina) que significa *"os portadores de lança"*. Já a conhecida *virtus* romana tem origem no termo indu-europeu *viro* que quer dizer *"homem combatente"*. É por isso que da união dos combatentes nascem a *conviria* e a *decemviria* ou *decuria*. À sua vez, *populus* tem raiz no verbo *populor* que significa *"devastar, assolar"*, com evidente conotação militar.

[48] Schulz, Fritz in *History of Roman Legal Science*, Oxford, At The Clarendon Press, 1953, p. 124: *"The science of law still retained non-rational, authoritarian characteristics"*.

[49] O deplorável clientelismo, sistema tão arraigado nos costumes romanos, também tinha lugar nas relações entre os jurisconsultos e a plebe, o que, muitas vezes, redundava até mesmo em

à verdadeira ciência. Na conhecida figura das *responsa*, os *iurisconsulti* não argumentavam, tampouco refutavam, apenas indicavam, com o selo imperial da *auctoritas*, a solução mais conveniente para a lide. Não por outro motivo, *"nas discussões do período clássico, a autoridade, com freqüência, tomava o lugar da argumentação, tal como sucedera sob a República"*.[50] Esse fenômeno renova e multiplica seu impulso quando Augusto confere a alguns juristas o poder e o direito de dar *reponsa ex auctoritate principis*. Ainda quando conservassem o *status* de homens privados, os jurisconsultos, pela força desta delegação, granjeavam a boa vontade do *praetor* e do *iudex*.[51] Gaius chega a relatar que as *"responsa ... legis uicem optinet"*.[52]

De outra parte, o *"caráter individualista do direito privado romano nunca foi posto em dúvida"*.[53] Jhering chegou a considerá-lo como *"la religion de l'égoïsme"*.[54] Entre diversos possíveis exemplos, é particularmente significativa a dificuldade com que o espírito latino trata das associações privadas. Na República, a regra da *societas* ou *universitates* - antes de César e Augusto, conforme a pena de Suetônio,[55] haverem, por motivos

---

corrupção no âmbito da atividade jurisdicional (vide Norbert Rouland in *Rome, democratie impossible?*, Paris, Actes Sud, 1992). É por essa razão que Tibério, não raro, assistia pessoalmente o curso dos processos como forma de impedir que *"des grands"* influenciassem nas decisões das cortes (vide Tacite in *Annales*, Paris, Garnier-Flammarion, 1965, liv. I, LXXV, pp. 78-79).

[50] Schulz, Fritz in ob. cit. pp. 124-125: *"Hence in the classical discussions authority took the place of argument, just as it had under the Republic"*.

[51] Schulz, Fritz in ob. cit., pp. 112-113. Com relação aos *responsa ex auctoritate principis*, De Francisci in ob. cit., pp. 290-291, põe de manifesto de que *"il vero motivo determinante[desta medida] deve essere stato politico, cioè la volontà del princeps di fare dei giuristi i propri collaboratori e di concentrare così sotto la sua direzione la formazione del diritto"*.

[52] Gaius in ob. cit., liv. I, 7, p. 4. Esta passagem, conquanto ponha em realce a *auctoritas* dos jurisconsultos romanos, foi temperada por alguns romanistas, que a consideraram exagerada. Sobre esse assunto, vide P. Krueger in *Histoire des Sources du Droit Romain*, Paris, Thorin & Fils Éditeurs, 1894, § 15, p. 152. Todavia, autores como Pietro Bonfante in *Histoire du droit Romain*, Paris, Recueil Sirey, 1928, pp. 427-428, e Raymond Monier in *Manuel Élémentaire de Droit Romain*, Paris, Éditions Domat Montchrestien, 1947, vol. I, pp. 80-82, confirmam que a *responsum* de um jurisconsulto diplomado pelo *princeps "s'imposait au juge du litige, qui était obligé de rendre une sentence conforme à la consultation..."* (p. 81).

[53] Schulz, Fritz in *Principles of Roman Law*, Oxford, Clarendon Press, 1956, p. 146: *"...the individualistic nature of Roman private law is undeniable and has never been denied"*.

[54] Jhering, R. von in ob. cit., vol. I, § 24, p. 322.

[55] Suetônio in *Vies des douze Césars*, Paris, Le Livre de Poche, 1961, pp. 38 e 104. De resto, cumpre notar que a *auctoritas* se fez também aqui atuante. Em Roma, o *corpus*, a *societas* ou o *collegium* cujo regime jurídico reclamasse a periódica convocação de assembléias, tinha, por motivos de conveniência política, de receber a prévia aprovação do Senado para que pudesse se constituir dentro da lei. De acordo com Fritz Schulz in *Classical Roman Law*, Oxford, At the Clarendon Press, 1954, p. 97, *"corporations whose statutes provided for assemblies of their members could not be legally created without the permission of the Senate"*, sendo de complementar que *"the Senate seems to have delegated its power to the* princeps". Deste modo, a *auctoritas* cerceava o ânimo associativo do *populus* para, à evidência, defender-se de eventuais conspiratas. Como os imperadores não temiam os indigentes e fracos, mas apenas os grandes e poderosos, eram bastante comuns as associações de pobres (*collegia tenuiorum*) (vide Pierangelo Catalano in

políticos, dissolvido algumas associações - é terminante: quanto menos comunidade melhor![56] Mais uma vez o individualismo se opõe ao princípio da solidariedade. Em Roma, só a *auctoritas* mantinha os cidadãos unidos. Onde houvesse homens livres do *imperium* do *princeps* ou do *pater familias*, haveria sensível tendência à fragmentação.

Depois de tudo visto e analisado, talvez o egoísmo seja mesmo o núcleo e a essência do espírito romano. Com efeito, a *auctoritas*, em Roma, deriva, quem sabe, desse paradoxal atributo do egoísmo, que o faz, de um lado, expansionista e universal e, de outro, contrativo e exclusivista.[57] A grande afeição de Júlio César pelos versos de Eurípides revela, nessa medida, a contraditória hierarquia de valores peculiar ao individualismo do império romano: *"S'il faut, en effet, violer le droit, que ce soit pour régner; dans les autres cas, respectez la justice"*.[58] Assim como o desenho de uma circunferência põe de manifesto o seu centro geométrico, a declarada e prevalente ambição por reinar constitui índice preciso do indisfarçável comprometimento romano com a idéia de que a autoridade, na política, sobrevoa o Direito. Mais importante do que a Justiça, era, sem hesitação, reinar - fortalecer, enfim, a *auctoritas*. Vê-se, pois, que o *publicum*, em sua substância, era *privatum*...

1.4. O FEUDALISMO E A LEI DA TERRA

No período feudal, privatista já no seu fundamento econômico e em sua violência iminente, não existiu, em decorrência da dominação fundiária e da vassalagem, um projeto de esfera pública cuja manifestação se pudesse qualificar de governo inspirado em princípios universais. Houve, apenas, soma desencontrada e anárquica de despotismos individuais, encarnados por senhores isolados, cada qual soberano em seus domínios, a ninguém ou a poucos prestando contas de suas ações e vontades. Para Hegel, *"tal é a*

Diritto e Persone - Studi su Origine e Attualità del Sistema Romano, Torino, G. Giappichelli Editore, 1990, p. 177). Essa rígida disciplina imposta às corporações denuncia, com muita nitidez, o marcante instinto e o alto sentido de preservação da autoridade política romana. Em conhecida correspondência endereçada a Tibério, Plínio - que era homem da confiança do Imperador - solicita anuência para criação de um corpo de bombeiros em Nicomedia, cidade que sofrera, em data recente, incêndio de grandes proporções. A resposta foi categórica: não! Tibério justificou, contra o parecer de Plínio, que a brigada de bombeiros poderia redundar em *"political club"* (v. Fritz Schulz in ob. cit., p. 97). Tudo indica que, no fundo, o real limite da *corporatio* era, em sentido amplo, o velho e arraigado princípio da *auctoritas*.

[56] As palavras de Fritz Schulz são elucidativas: *"All these communities were constituted on the same principles: let there be as little community as possible and where it exists as little obligation as possible"*. Vide, também, P. Jörs e W. Kunkel in *Derecho Privado Romano*, Barcelona, Editorial Labor S.A., 1937, pp. 343-347.

[57] Vide R. von Jhering in ob. cit., § 24, p. 314.

[58] Suetônio in ob. cit., p. 29.

base do sistema feudal. Feudum tem relação com fides; a fidelidade é aqui uma obrigação que nasce do injusto, uma relação que se propõe como algo jurídico, mas que tem por conteúdo igualmente o injusto. Pois a fidelidade dos vassalos não é um dever para o comum e geral [ist nicht eine Pflicht gegen das Allgemeine], mas uma obrigação privada [Privatverpflichtung], que está igualmente entregue à contingência, ao capricho e à violência. O direito feudal é, pois, um direito da injustiça... A injustiça...conduz a um sistema de dependência privada [Privatabhängigkeit] e de obrigação privada [Privatverpflichtung], de modo que a natureza formal da obrigação é o traço único que constitui a parte jurídica".[59]

A sociedade feudal foi, por todos os títulos, uma estrutura pré-pública: não havia cidadãos, mas tão-somente vassalos. Nesse sistema, a esfera pública foi, desde sempre, a esfera privada. A fraqueza do poder estatal (*auctoritas* ou *imperium* no sentido romano) exigiu, como contrapeso, o reforço compensatório dos laços estritamente particulares. Todavia, a esfera privada, no feudalismo, assumiu conotação inovadora que, mais adiante, seria de vital importância para a eclosão do capitalismo: não foi o parentesco ou a consangüinidade o elemento privado dominante nas relações, mas o vínculo vassálico fundado no contrato. No período feudal, mais do que em outra qualquer fase da história, ocorreu o emaranhamento do direito de propriedade com a política e a economia. O sistema de poder do feudalismo foi o sistema econômico de propriedade da terra. A economia era, ao mesmo tempo, a política. A lei da terra, que foi, então, a lei do contrato, transformou-se, também, na lei de todos.

Ainda quando Bracton conhecesse, pelo contato com as fontes romanas, a distinção entre direito público e direito privado,[60] esta se mostrou de nenhuma utilidade em face da unidimensional superposição da política e da economia. Como bem notaram Pollock e Maitland, *"o feudalismo, nós podemos dizer, é a negação desta distinção. No que toca à realização do feudalismo, tudo o que chamamos de direito público é fundido em direito privado: a jurisdição é propriedade, o escritório é propriedade, o parentesco em si é propriedade; a mesma palavra dominium tem de servir agora para ownership e para lordship".*[61] Eis a essência do feudalismo. Até a

---

[59] Hegel, G.W.F. in *Vorlesungen über die Philosophie der Geschichte*, Werke, vol. 12, Frankfurt am Main, Suhrkamp Verlag, 1991, p. 446.

[60] Bracton in *De Legibus et Consuetudinibus Angliae*, trad. bilingüe, USA, The Belknap Press of Harvard University, 1968, vol. II, p. 26: *"Ius autem privatum est quod ad singulorum pertinet utilitatem principaliter et secundario pertinet ad rem publicam... Et sic vice versa quod rei publicae principaliter interest quod sic secundario respiciat utilitatem singulorum"*.

[61] Pollock, Frederick e Maitland, Frederic William in *The History of English Law*, Cambridge, Cambridge University Press, 1978, p. 230: *"Feudalism, we may say, is a denial of this distinction. Just in so far as the ideal of feudalism is perfectly realized, all that we call public law is merged in private law: jurisdiction is property, office is property, the Kingship itself is property; the same word dominium has to stand now for ownership and now for lordship."* Não se desconhece que com o

jurisdição integra o inventário das posses do senhor: *"o senhor tem jurisdição sobre os seus homens, mantém tribunais para eles, aos quais devem obediência. A jurisdição é vista como propriedade, como um direito privado que o senhor tem sobre sua terra"*.[62]

O minucioso relato de Galbert de Bruges - notário junto *"a count of Flanders"* - sobre os rituais de que se compõe o contrato vassálico, fornece material, em cuja riqueza de imagens, recolhe-se nova confirmação do individualismo feudal: *"Primum hominia fecerunt ita: comes requisivit si integre vellet homo suus fieri, et ille respondit: 'volo' et junctis manibus, amplexatus a manibus comitis, osculo confederati sunt. Secundo loco fidem dedit is qui hominium facerat prolocutori comitis in iis verbis: 'Spondeo in fide mea me fidelem fore amodo comiti Willelmo et sibi hominium integraliter contra omnes ...'"*.[63]

Neste labirinto de símbolos, a natureza privada do contrato vassálico evidencia-se pelo *"ritual das mãos"* (*immixtio manuum*). O caráter físico desse ato, mais a incapacidade medieval de, nesta instância, trabalhar com critérios jurídicos abstratos, acentuam a natureza privada da convenção. Não basta o compromisso verbal ou escrito. É necessária, ainda, como gesto sagrador de todo o ritual, a humilde auto-entrega, em que, pela *traditio personae*, como a significar o oferecimento da própria vida, o *vassalus* coloca-se nas mãos protetoras do Senhor (*aliquem per manus accipere*). *"Os laços vassálicos eram, pois, apenas laços privados"*.[64] Desde a figura do rei, passando pelos seus vassalos diretos (*vassi dominici*), até chegar aos vassalos desses últimos, o que liga um estamento hierárquico ao outro é uma cadeia linear de juramentos e fidelidades privadas, pela qual cada homem, muitas vezes forçado pelas circunstâncias, entrega-se ao domínio e ao arbítrio de outrem.

Ganshof, na introdução ao seu *Feudalism*, resumiu com felicidade uma das principais características deste sistema: era *"uma dispersão da autoridade política dentro de uma hierarquia de pessoas que exercem em seu*

---

progressivo desenvolvimento da doutrina de Direito Natural, no âmbito da qual, sobretudo em Santo Tomás de Aquino, fala-se já em *iustitia particularis* e *iustitia generalis*, começa a se fazer uma mais clara distinção entre direito público e direito privado. Sobre tal ponto vide Otto von Gierke in *Political Theories of the Middle Age*, Boston, Beacon Press, 1958, p. 83.

[62] Maitland, Frederic William in *The Constitutional History of England*, Cambridge, At The University Press, 1955, p. 143: *"The lord has jurisdiction over his men, holds courts for them, to which they owe suit. Jurisdiction is regarded as property, as a private right which the lord has over his land."*

[63] Ganshof, F. L. in *Feudalism*, London, Longmans, Green and Co. Ltd., 1959, p. 65: *"Em primeiro lugar eles fizeram a homenagem da seguinte maneira: o Senhor perguntou ao futuro vassalo se ele desejava, sem reservas, tornar-se seu fieri e ele respondeu: 'Assim eu desejo'; então, com as mãos juntas e colocadas entre as do Senhor, a aliança foi selada com um beijo. Em segundo lugar, ele, que fez a homenagem, manifesta a sua lealdade ao prolocutor com as seguintes palavras:'eu prometo por minha fé que a partir de agora serei fiel ao Sr. William e manterei minha lealdade contra todos os homens'..."*

[64] Fourquin, Guy in *Senhorio e Feudalidade na Idade Média*, Lisboa, Edições 70, p. 21.

próprio interesse poderes normalmente atribuídos ao Estado e que são, freqüentemente, na verdade, derivados da ruptura deste".[65] Faltou apenas mencionar que esta estrutura individualista, somada a outras variáveis, foi o jovem e vigoroso embrião do capitalismo.

1.5. O *LAISSEZ FAIRE* E A AUTOCRACIA DO *COGITO*

Para além dos historicismos, nada, no fio contínuo dos tempos, tem lugar por mero acaso. *"Time present and time past are both perhaps in time future"* (T. S. Elliot). Tudo na história é simultaneamente causa e efeito. O presente constitui a síntese de toda a vida vivida e o ventre do que está por vir. Sem cometer o erro das simplificadoras explicações monistas, o *laissez faire* não foi, portanto, efeito sem causa: no passado feudal estava latente o futuro capitalista. No DNA do *laissez faire*, ao lado do protestantismo (Weber) e da revolução tecnológica, achava-se alojado o espírito individualista da lei da terra, que foi, também, a lei do contrato, que era, então, a lei de todos. O fundamento econômico indispensável ao despontar do capitalismo foi, assim, fornecido pelas relações contratualizadas da lógica senhor-vassalo. Faltava apenas a ruptura do amalgamento entre economia e política, já que o *laissez faire* exigiu um mercado com um alto grau de liberdade. Tal contribuição veio das revoluções libertárias inglesa, americana e francesa.

No século XVIII, por ocasião do brusco abalo cultural, político e econômico das revoluções européias, o pensamento iluminista logra a desagregação do absolutismo e o fortalecimento da burguesia que, como herdeira do individualismo feudal, busca, de todas as maneiras, assentar em bases definitivas a separação entre o público e o privado. O iluminismo estava firmemente convencido da grandeza do homem. O poder com que essa fé agiu sobre a existência humana foi imediato. Em todas as partes, após dolorosa fase absolutista, tratou-se de valorizar o espírito e o esforço particulares, comunicando-lhes forte autonomia. Um novo mundo foi edificado sobre os alicerces da personalidade individual. A vida política concentrou-se numa única tarefa: proteger o indivíduo da opressão estatal, fortalecendo-lhe os direitos. O modelo liberal trabalhou, desse modo, por uma esfera econômica privada, dona de estruturas alheias ao Estado, potencialmente capazes de garantir, sem constrangimentos, plena autonomia do indivíduo frente à comunidade social.

O que mais nessa ideologia impressiona são os traços escolhidos para representar o espírito humano. O homem do liberalismo colima apenas os

---
[65] Ganshof, F. L. in ob. cit., p. XV.

objetos de sua cobiça. O universo social, espécie de *teatrum mundi* onde o indivíduo-ator *"tocava os sentimentos das pessoas sem lhes revelar a própria personalidade"*,[66] torna-se um ambiente artificial, fonte de desconfiança. A família (o privado) *"era a condição humana"*, o social (o público) *"era uma criação humana"*.[67] O sopro jusnaturalista promove, assim, pela hierarquização do natural e pela naturalização da liberdade, o endeusamento das relações familiares.[68] O liberal guarda, em suas ações, um compromisso doméstico, não um dever social. O interesse particular e as águas despolitizadas do mercado são os campos que lhe convém. Como o insuspeito Tocqueville percebeu, esse individualismo *"é um amor apaixonado e exagerado por si mesmo, que leva o homem a nada relacionar senão a ele apenas e a preferir-se a tudo. ... é um sentimento ... que dispõe cada cidadão a isolar-se da massa de seus semelhantes e a retirar-se para um lado com sua família e seus amigos, de tal sorte que, após ter criado para si, dessa forma, uma pequena cidade para seu uso, abandona de bom grado a própria grande cidade"*.[69]

No liberalismo, já não são as homologias entre o indivíduo e a estrutura social os valores perseguidos, porém, como numa eterna infância, valoriza-se a fase pré-reflexiva, monológica, estágio evolutivo em que os diversos pontos de vista ainda são incapazes de pensar, julgar e agir em uma perspectiva mais ampla do que a do interesse particular. Esse sistema toma partido do contraste entre vida interior e vida exterior para, ao mesmo tempo, consagrar o melhor de suas energias em benefício do primado narcisista da subjetividade.[70] A *ágora* grega, lugar nobre reservado ao exercício público da palavra, torna-se, no século das luzes e, sobretudo nos dias de hoje, um espaço frívolo que privilegia o corpo e o movimento, e não o encontro e o diálogo. O individualismo deixa suas marcas no homem e na arquitetura: a pedra e a carne imitam a alma egoísta.[71] As *metrópolis* cada vez mais beneficiam a velocidade e o deslocamento. Numa linguagem simbólica, há mais ruas do que praças. *"Juntos, individualismo e velocidade, amortecem o corpo moderno; não permitem que se vincule"*.[72] Nos

---

[66] Sennett, Richard in *The Fall of Public Man*, New York-London, W.W. Norton & Company, 1992, p. 64: *"Just as the actor touched people's feelings without revealing to them his own character offstage..."*

[67] Sennett, Richard in ob. cit., p. 98,: *"The public was a human creation; the private was the human condition"*.

[68] Richard Sennett in ob. cit., p. 95, afirma que: *"The family relation thus was magnified"*.

[69] Tocqueville, Alexis in *Democracy in America*, Great books of the western world, Chicago, Encyclopaedia Britannica, 1990, p. 271: *"... is a passionate and exaggerated love of self which leads a man to think of all things in terms of himself and to prefer himself to all. ...is a calm and considered feeling which disposes each citizen to isolate himself from the mass of his fellows and withdraw into the circle of family and friends; with this little society formed to his taste, he gladly leaves the greater society to look after itself."*

[70] Sobre o narcisismo, vide Richard Sennett in ob. cit., pp. 6-12.

[71] Vide Richard Sennett in *Flesh and Stone - The Body and The City in Western Civilization*, New York-London, W.W. Norton & Company, 1996.

automóveis, a cidade contemporânea procura conforto, segurança, rapidez e solidão. *"O corpo em movimento, desfrutando de cada vez mais comodidade, viaja em silêncio: anda para trás do ponto de vista social"*.[73] O que o avanço tecnológico poderia aproximar e unir, a lógica perversa do solipsismo separou. Na contramão da sociabilidade, todos os movimentos organizam-se segundo conveniências econômicas individuais e seguem, via de regra, rumos opostos à noção do público.

Na verdade, o liberalismo clássico, recorrente inspiração dos modernos neoliberais, tal como narra a *"Fable of the Bees"*, de Mandeville, mais não fez do que apanhar os interesses econômicos individuais e utilizá-los como forma e conteúdo da esfera pública. Por um passe de mágica, as ambigüidades e as ambições próprias da vida particular transmutam-se em veículo para a consecução do bem-estar social: *"private vices, public benefits"*.[74] Nesse célebre adágio, está contido tudo o que se possa imaginar, desde a mais suave inclinação ao mais apaixonado impulso liberal: o homem segue só a si mesmo, abandona-se à própria empresa e deixa reinar o seu querer absoluto como único meio eficaz à realização do bem comum.

O Estado, nesta concepção, foi obrigado a desempenhar o papel de mero fiscal e protetor dos interesses individuais, renunciando a qualquer poder de fomento. A ordem jurídica de direito público resultou atrofiada à condição de simples salvaguarda dos direitos privados. Como num esquema geométrico, indivíduo e Estado foram isolados um do outro, fazendo-se traçar em torno do primeiro um círculo protetor que deveria permanecer livre de toda interferência estatal. O liberalismo clássico parece não haver entendido que *"a situação dentro da qual o indivíduo desaparece é aquela desenfreadamente individualista, onde tudo é possível"*.[75]

A história da sociedade capitalista e a do próprio dinheiro é um rosário de vicissitudes. Ela fornece uma luz muito rica que ilumina as oscilações da economia e seus fenômenos mais característicos.[76] A economia americana, cuja trajetória se confunde com a do dólar, moeda mais requestada no mundo atual, tem atrás de si, muito antes que os efeitos do pensamento

---

[72] Sennett, Richard in ob. cit., p. 324: *"Individualism and the facts of speeds together deaden the modern body; it does not connect."*

[73] Sennett, Richard in ob. cit., p. 338: *"The more comfortable the moving body became, the more also it withdrew socially, travelling alone and silent."*

[74] O arguto Pascal in *Pensées*, Oeuvres Complètes, Paris, Aux Éditions du Seuil, 1963, (210-415), p. 529, referindo-se, indiretamente, a esse adágio, sentencia: *"On s'est servi comme on a pu de la concupiscence pour la faire servir au bien public. Mais ce n'est que feindre et une fausse image de la charité, car au fond ce n'est que haine"*

[75] Adorno, Theodor W. in *Minima Moralia*, Frankfurt am Main, Suhrkamp Verlag, 1973, p. 197: *"Der Zustand, in dem das Individuum verschwindet ist zugleich der fesslos individualistiche, in dem alles möglich ist ..."*

[76] Galbraith, John Kenneth in *The Age of Uncertainty*, London, British Broadcasting Corporation, 1977, pp. 161-195.

Keynesiano pudessem ser sentidos, uma história de auge e decadência, em que repontam períodos de imensa inflação e de aberta fraude ao princípio da livre concorrência. Não raro, o individualismo foi inimigo da liberdade. A primeira lei antitrustes, o *"Sherman Antitrust Act"*, data de 1890. Já no final do século passado, o fenômeno do oligopólio era tamanho que *"um comentarista dos últimos anos da década de 1890 pintou o cidadão americano nascendo nas guarras do truste do leite e morrendo nas do truste do caixão"*.[77] Matthew Josephson chega ao ponto de qualificar os grandes homens de negócio da época de *"robber barons"*.[78]

Certo, o liberalismo teve o mérito inegável de haver reconhecido o valor da vida humana, até então negligenciado, e, em especial, de haver contribuído, em todas as áreas, para o alargamento da noção de liberdade, sem a qual pouco ou nada se torna possível. Nenhum outro sistema havia conseguido produzir tanta riqueza e desenvolvimento. Todavia, nenhum outro estabeleceu tão profunda segregação entre o público e o privado. O homem moderno, mais do que qualquer de seus ancestrais, é bifronte. Em outras palavras, uma dupla consciência produziu uma dúplice e inconciliável moralidade. Se o correto no privado fosse o errado no público, pior para o público... O liberalismo ultrapassou as fronteiras do razoável, quando fez do indivíduo - e não da pessoa humana - um fim em si mesmo, orgulhoso de seu valor e refratário ao universo da mediação societária. A lógica de alguns *Aufklärer*, semelhante à teoria das mônadas de Leibniz, fez triunfar, desde o primeiro passo, até o derradeiro, a vontade particular ou a vontade de todos sobre a vontade geral, cavando, ainda mais fundo, o abismo entre o universo interior e o universo social. Locke, Bentham, mas já Descartes, pensaram a vida, e sobretudo a liberdade, a partir da reflexão do indivíduo asilado em si mesmo, endurecido na solidão e aspirando tão-só à segurança própria: o inviolável ser-para-si.

Resumindo, o público, principalmente quando estatal, continuou vassalo do privado...

1.6. CONCLUSÕES

Durante larga sucessão de séculos, da antiguidade clássica aos nossos dias, o sistema que governou a humanidade, apenas com alguns contrastes e variações de forma, foi o da civilização individualista. Na *ekklesia* ou nos *comitia*, na lei da terra ou no mercado, tudo foi individualismo. Ao longo de todas essas fases, sustentado, às vezes, pela ilusão de uma falsa cons-

---

[77] Heilbroner, Robert L. in *The Making of Economic Society*, New Jersey, Prentice-Hall, pp. 106-107.

[78] Heilbroner, Robert L. in ob. cit., p. 107.

ciência coletiva, houve, na realidade, um processo contínuo de sacralização da órbita privada. Seu reflexo natural, desde o primeiro instante, foi a colonização da vida pública pelo microcosmos frio e atomizado dos interesses domésticos. A consciência coletiva foi utilizada, em suma, como biombo para encobrir o verdadeiro foco sobre o qual sempre repousou a esfera pública: a subjetividade hipostasiada e anacrônica. É mesmo possível afirmar que o colapso das funções e atividades do Estado hodierno revela a verdadeira fisionomia do que a esfera pública nunca deixou de ser: uma estrutura abstrata a serviço de alguns interesses individuais.

O olhar voltado sobre a antiguidade, sem contestar a importância e o significado dos eventos históricos, depara-se com o movimento contínuo e uniforme de um espírito calcificado e, até mesmo, com a certeza de que a vida individual não encontrou, ainda, seu equilíbrio. Um individualismo assim tão empedernido parece ser um recurso psicológico para compensar uma recorrente ausência de auto-estima. A entronização da subjetividade simplifica o processo de formação do sujeito. Seu objetivo tendencial abstrai o ciclo das sucessivas identificações em que, pelo contato, desde a infância até a fase adulta, o indivíduo constrói sua personalidade assimilando, rejeitando ou superando traços e aspectos da imagem de outrem. A identificação, a descoberta do outro, é, pois, o móvel da individualização. Como assinala Mead, *"o 'eu' é a resposta do organismo às atitudes dos outros"*.[79] Contudo, esse fenômeno de transformação do não-semelhante em semelhante deve exigir, de maneira invariável, a mediação do mundo-com-os-outros em um processo público e racional de concreção da vontade, só ele capaz de solenizar uma esfera de comunicações insuscetível de domínio e, por isso mesmo, partilhada por todos.

Este é o âmago de todo o problema: não é mais admissível soerguer a vida empregando como apoio somente o indivíduo isolado. A vida não é uma Ilíada de um só. A complexidade do mundo moderno repele o pensamento autocrata (*Cogito*) que se obstina em aprisionar a existência em um elemento simples, desviado do espaço humano circundante. A unidade do singular só é conquistada através da progressiva associação com o mundo exterior, que se torna tão mais verdadeira e íntima quanto maior for o desapego à estabilidade particular e mais vasta a união com valores e princípios universalizáveis. A escalada humana, desde o primeiro obstáculo, implica já a fusão das esferas interior e exterior com o surgimento de um mundo onde o pensamento da subjetividade, no *cogito* (individualismo metódico), supõe, como extensão, a objetividade de um ambiente inter e extra-subjetivo. O 'eu', ao elevar-se à dimensão da imediatidade, concebe

---

[79] Mead, Georg H. in *Mind, Self & Society*, Chicago, The University of Chicago Press, 1976, p. 149: *"The 'I' is the response of the organism of to the attitudes of the others."*

o universo exterior e a subjetividade como postos pelo pensamento. Mas esse pensamento que, em sua imediatidade, põe o 'eu', no momento em que o põe, põe com a mesma realidade, certeza e validade também a intersubjetividade, o além-eu, o outro. A autoconsciência e o autoconceito, sem abandonar a não-identidade entre *alter* e *ego*, são manifestações deduzidas de um pensamento que se faz mundo através da relação consigo mesmo e com os outros. Assim, tão importante quanto o *cogito* é o *cogitamus*.[80] Não se apreende o *homo singularis* apenas no plano da pura ipseidade, mas, sobremaneira, a partir dos sinais e das diferenças produzidas e fornecidas pela relação com os outros. Afinal, *"o eu é o nós e o nós é o eu"*.[81] A subjetividade, mais do que a confrontante auto-satisfação individual, desenvolve-se, antes, no sentido da reflexão, fruto de uma vontade dialogada e universalizável, produzida por um sujeito não apenas consagrado a si mesmo, mas que, na multiplicidade diferenciada dos seus interesses, descobre que sua própria emancipação depende, em ampla margem, da emancipação da pessoa humana.

Traduzindo essas idéias em termos jurídicos, isso significa que uma dualidade teleológica, tipificada pelo rígido contraste entre *utilitatem publicam* e *singulorum utilitatem*,[82] consumaria um irremediável abismo entre Indivíduo e Estado. O Direito é imperativo público instituído pela sociedade para a sociedade, razão por que o todo e a parte, quando em plena consonância com o interesse público - que não se confunde com o interesse estatal - são, para além das assimetrias, absolutamente iguais. Numa frase, só o interesse público torna o Indivíduo e o Estado completos. Ao lhe prestarem adesão, nada mais fazem do que aderir ao que neles e entre eles há de mais nobre e elevado. É com este espírito que Rousseau, num rasgo de gênio, costumava dizer que, no território universalizável da *"volonté général"*, não há nem superiores nem inferiores. Todos são iguais porque, unindo-se ao todo por meio do interesse público, ninguém obedece senão a si próprio.[83] A unidade dos fins, selada pelo *"öffentliche interesse"*, fundando o critério racional da autonomia, erige, no mesmo princípio, o critério da igualdade, pondo abaixo as barreiras entre Cidadão e Estado, ao fazê-los parceiros e

---

[80] Hyppolite, Jean in *Génesis y Estructura de la Fenomenologia del Espíritu del Hegel*, Barcelona, Ed. Peninsula, 1974, p. 292.
[81] Hegel, G.W.F. in *Phänomenologie des Geistes*, Werke, vol. 3, Frankfurt am Main, Suhrkamp Verlag, 1991, p. 145: *"Ich, das Wir, und Wir, das Ich ist."*
[82] Sobre a origem de tais categorias vide *Digesto*, 1, 1, 7, 1 e 1, 1, 1, 2, e in *Institutas*, 1, 1, 1, 4.
[83] Rousseau in *Du Contrat Social*, Oeuvres Complètes, Paris, Aux Éditions du Seuil, 1971, vol. II, liv. I, cap. VI, p. 522: *"s'unissant à tous, n'obéisse pourtant qu'à lui-même, et reste aussi libre qu'auparavant."* E, mais adiante, arremata (liv. II, cap. VI, p. 528): *"Ce n'est pas une convention du supérieur avec l'inférieur, mais une convention du corps avec chacun de ses membres...Tant que les sujets ne sont soumis qu'à de telles conventions, ils n'obéissent à personne, mais seulment à leur propre volonté."* Vide, ainda, sobre esse tema as idéias precursoras de Juarez Freitas, *in: Estudos de Direito Administrativo*. São Paulo, Malheiros, 1995, pp. 9-17.

co-promotores do mesmo e único *telos*. Para o governo como para o cidadão vale, portanto, a mesma regra: *só a vontade consociada ao dever universalizável do interesse público é livre, jurídica e racional.*

Indivíduo e Sociedade: tais são os dois principais ângulos da geografia humana. Esses dois ângulos são, ao mesmo tempo, as suas duas necessidades (*ananke*). Uma não existe sem a outra. Mas há duas guerras nestas duas fronteiras: a guerra da opressão, que é a preponderância do Estado sobre o indivíduo; a guerra do individualismo, que é a supremacia do indivíduo sobre o Estado. Dois excessos produtos de um único erro: a falta de identidade moral entre ambos.

Assim, superando a esquizofrenia do contratualismo clássico (Locke), a ética deve ser uma e una. O princípio do interesse público, sem ferir a abertura e a pluralidade dos valores, há de ser essa espécie de norte axiológico (=metaprincípio), em cujo magnetismo, Estado e Indivíduo, na *ágora* ou na *hestia*, no parlamento ou no mercado, asseguram a racionalidade do convívio entre o exercício da autonomia e a criação de instituições - instituições essas fora das quais, num retorno ao estado de natureza, já não resta nada além de barbárie e voluntarismo. A vontade individual, enquanto ser-para-si, tem de ligar-se à dos outros numa atmosfera que a todos oriente e envolva - a esta desafiadora e exigente atmosfera dá-se o nome de interesse público.

Dessarte, o todo e a parte são indissociáveis e possuem, dentro em si, o fundamento um do outro. Em sua substância e conteúdo, cada qual pressupõe o outro numa circularidade onde tudo se torna, simultaneamente, público e privado, onde tudo, até mesmo a vida, define-se pela participação no todo, porém através da consciência de si. Em outras palavras, público e privado são, na unidade teleológica dos interesses universalizáveis, uma mesma e única realidade, nascida dos mesmos princípios e votada aos mesmos fins: um é a vida do outro.

Tais reflexões permitem concluir que nunca houve autêntica esfera pública e, por igual circunstância, jamais se viu, no plano da *civitas*, verdadeira liberdade. *É que não há liberdade sem interesse público. Livre só é o cidadão capaz de universalizar suas máximas de conduta num espaço público aberto ao diálogo.*[84] O agir humano há de representar, nos limites do factível, a transição da subjetividade individual para o platô mais elevado da intersubjetividade plenária e universalizável. Eis o motivo por que o

---

[84] Esta idéia se liga, à evidência, ao imperativo categórico de Kant (v. *Grundlegung zur Metaphysik der Sitten*, werkausgabe, vol. VII, Frankfurt am Main, Suhrkamp Verlag, 1989), apenas com a ressalva de que incorpora já os avanços decorrentes dos recentes trabalhos de Karl-Otto Apel (v. *Transformation der Philosophie*, vols. I e II, Frankfurt am Main, Suhrkamp Verlag, 1989) e Jürgen Habermas (v. *Theorie des Kommunikative Handelns*, vols. I e II, Frankfurt am Main, Suhrkamp Verlag, 1987), pondo em destaque o caráter dialógico da razão. De fato, *"comunidade de comunicação"* parece se constituir mesmo num *a priori* de todo e qualquer juízo.

individualismo - na sua implícita e recalcada aversão ao outro - se constitui no pecado original da liberdade. Sem dúvida, o maior inimigo da autonomia é o individualista: ele sempre acaba desejando a liberdade - sobretudo a econômica - apenas para si. Pior: o individualista na esfera privada é, no mais das vezes, o demagogo na esfera pública. Neste instante, de novo, o público se torna privado...

2. Crise de representação e cidadania participativa na Constituição brasileira de 1988

ANTONIO CARLOS WOLKMER
Professor Titular dos cursos de graduação e pós-graduação em Direito da UFSC.
Pesquisador do CNPq.

Sumário: 2.1. Introdução. 2.2. Sistema Representativo Brasileiro: problematização e crise. 2.3. Democracia Participativa, Representação e Poder Local na Constituição Brasileira; 2.4. Referências Bibliográficas.

2.1. INTRODUÇÃO

Ainda que a crise da representação possa ser buscada em múltiplos fatores, não resta dúvida que os pressupostos mais fortes estão na especificidade de nossa cultura política e no padrão de comportamento das nossas elites políticas.

Ao reconhecer que o sistema atual de representação política está em crise, devendo ser questionado e modificado radicalmente, torna-se imperiosa a superação desse quadro institucional através de fórmulas de organização mais democráticas e participativas, fundadas numa racionalidade diversa das atuais estruturas formais e burocratizadas. Trata-se da criação de novas instituições políticas que contemplem novos sujeitos emergentes e que universalizem a prática da cidadania participativa, reconhecida pelo próprio texto constitucional brasileiro de 1988.

É nessa perspectiva que se pretende discorrer brevemente neste texto. A radicalização do processo democrático para a sociedade brasileira não implica descartar o paradigma da representação, mas reconhecer sua fragilidade e sua inoperância, redefinindo-o em função de uma nova cultura político-constitucional, fundada na participação cidadã de sujeitos sociais insurgentes e na reordenação de procedimentos alternativos de decisão.

2.2. SISTEMA REPRESENTATIVO BRASILEIRO: PROBLEMATIZAÇÃO E CRISE

Descrever a experiência do sistema representativo nos principais períodos da tradição política do Brasil (Colônia, Império e República) conduz a assertivas por demais conhecidas, como: a) vivenciou-se um modelo de representação limitado a pequeno número de eleitores, excluindo do jogo eleitoral a quase totalidade da população; b) uma das mais graves deficiências que o processo representativo atravessou foi a corrupção eleitoral. O perfil elitista de representação que se implantou foi oficializado permanentemente por vícios de fraude, de artificialismo e de violência dos procedimentos eleitorais. Nesse sentido, cabe o registro de Victor Nunes Leal, ao lembrar que, no período colonial, a "representação era limitada ao governo do município, e na estrutura social, muito simples, da época, dominava incontrastavelmente a nobreza rural sobre a massa informe dos escravos e agregados, limitada somente pelo absolutismo da Coroa no que mais de perto lhe afetasse; ainda assim, as desavenças dos potentados chegaram a derramar sangue nos embates eleitorais (...)."[1] A mesma mentalidade, com as mesmas mazelas presentes, marca o sistema eleitoral no período histórico posterior. Não sem razão, uma vez mais Victor Nunes Leal assinala que "a mácula da corrupção, (...) atravessa toda a história do Império e da Primeira República, com o relevo de uma cordilheira. E as interrupções nessa cadeia de fraudes e violências, ou tiveram mera repercussão local, ou foram de brevíssima duração. (...) Mas, mesmo nas épocas em que o processo eleitoral se apresentou menos contaminado de violência ou fraude, sempre impressionou aos espíritos mais lúcidos o artificialismo da representação, que era de modo quase invariável maciçamente governista."[2] Certamente que o sistema representativo brasileiro jamais foi imune à corrupção eleitoral, ao comprometimento estreito com os chefes locais (o coronelismo) e ao domínio institucionalizado da "política dos governadores."[3]

É claro, no entanto, que a problematização histórica no Brasil acerca do sistema representativo pode ser encaminhada, no dizer de Maria Victória M. Benevides, "como reflexo do confronto entre idéias liberais, democráticas e participacionistas, de um lado, e idéias autoritárias, elitistas e corporativas, de outro. É claro que não se trata de uma divisão homogênea; de ambos os lados identificam-se variações teóricas e práticas."[4] De qualquer modo, a tradição de exclusão do povo caminha num mesmo horizonte

---
[1] Cf. LEAL, Victor Nunes. *Coronelismo, Enxada e Voto*. 4ª ed. São Paulo: Alfa-Omega, 1978, p. 240.
[2] Cf. LEAL, Victor Nunes. *Op. cit.*, pp. 240-241
[3] Cf. LEAL, Victor Nunes. *Op. cit.*, pp. 244-249.
[4] BENEVIDES, Maria Victória de M. *A Cidadania Ativa*. São Paulo: Ática, 1991, p. 26.

delineado pelo artificialismo dos trâmites legais, pela ininterrupta tutela do poder oligárquico e pela despolitização popular incentivada por grupos corporativos e representantes políticos. A ilusão e a distorção de um processo eleitoral que têm favorecido a prática tanto da "representação meramente simbólica" quanto da "representação liberal" artificial. Autores como Regis de C. Andrade reconhecem a existência de uma "representação simbólica", que é "eletiva ou não, própria de situações em que um grande líder encarna o povo, ou ainda em que um governo militar encarna nação do futuro e pretende legitimar-se *a posteriori*." Já a segunda modalidade "é uma corruptela da representação política liberal ou fiduciária, caracterizada pelo mandato livre."[5] É interessante sublinhar, nesta experiência de "representações imperfeitas", como os canais tradicionais de mediação (partidos políticos e sindicatos) têm respondido ineficazmente às crescentes demandas sociais provenientes das múltiplas identidades individuais e coletivas. O sistema representativo entre nós nunca deixou de ser anêmico, inócuo, um faz-de-conta, distanciado dos representados e das bases sociais.[6]

Para o melhor entendimento da evolução política brasileira há que se ter presente, no dizer de Simon Schwartzman, uma certa polaridade processual de procedimentos entre cooptação política e representação de interesses. Isso se explica na relação "de dependência entre administração central e poder local" e no constante exercício do poder "geralmente imposto de cima para baixo, e raramente de baixo para cima."[7] Tal esquema paradigmático (pólos explicativos identificados com "cooptação política" e "debilidade do sistema representativo") é próprio de sociedade como a brasileira, marcada por contradições estruturais e por um corpo institucional de formação patrimonial-burocrático e de roupagens clientelísticas. Assim, a "cooptação política" implica um "sistema de participação política débil, dependente, controlado hierarquicamente, de cima para baixo. (...) a participação política deixa de ser um direito e torna-se um benefício outorgado, em princípio revogável."[8] Com a predominância dessa modalidade de prática política, a existência do jogo representativo tem reduzidas possibilidades de funcionar correta ou eficazmente."[9] O que se acaba desenvolvendo é uma pseudo-representação pouco reveladora da realidade social, mera representação de interesses desvinculados dos eleitores.

---

[5] ANDRADE, Regis de C. *In*: BENEVIDES, Maria Victória de M. *Op. cit.*, p. 27; LAMOUNIER, Bolivar. "Representação Política: a importância de certos formalismos". *In*: LAMOUNIER, B., WEFFORT, F., BENEVIDES, M. V. (Orgs.). *Direito, Cidadania e Participação*. São Paulo: T. A. Queiroz, 1981, p. 239.

[6] Ver: LAMOUNIER, Bolivar. *Op. cit.*, pp. 237-239.

[7] SCHWARTZMAN, Simon. *Bases do Autoritarismo Brasileiro*. Rio de Janeiro: Campus, 1982, pp. 24-25.

[8] SCHWARTZMAN, Simon. *Op. cit.*, p. 23.

[9] SCHWARTZMAN, Simon. *Op. cit.*, p. 35.

Todas as críticas que são levantadas ao sistema representativo brasileiro demonstram a debilidade histórica e a necessidade de redefini-lo – sem negá-lo ou descartá-lo – na perspectiva de construção de uma sociedade mais democrática e mais participativa. Reconhece-se, assim, a insuficiência e a ineficiência anacrônica da representação no Brasil, e o desafio de não só encontrar mecanismos de correção e/ou superação, mas de estabelecer formas institucionais que permitam maior participação comunitária.

Trata-se de circunscrever um cenário político-constitucional que não mais privilegiará, com exclusividade, o Estado e as práticas representativas, mas, agora, a Sociedade Civil enquanto novo espaço público de efetivação democrática e do exercício permanente de práticas participativas locais.

Importa, para os propósitos desta reflexão, realçar o significado de poder local, tanto como reação às práticas políticas centralizadoras e aos modelos tecnoburocráticos de gestão, quanto como ruptura aos padrões paternalistas, clientelísticos ou autoritários de administração pública."[10] Além desses objetivos, quer-se com o poder local reinventar formas mais dinâmicas, diretas e participativas de ação num âmbito espacial delimitado, descentralizado e democrático, constituído por novos atores sociais, imbuídos de legitimidade e autonomia para a execução do controle e da tomada de decisões. É nessa perspectiva de uma gestão local descentralizada e democrática que se enquadraria a rica e inovadora experiência do Orçamento Participativo, vivenciada nos anos noventa por algumas cidades brasileiras."[11]

Com a articulação lógica da presente proposta de a reordenação política e fortalecimento do espaço público local, chega-se à necessidade não só de recuperar mecanismos políticos institucionalizados mas sem eficácia, como, sobretudo, criar novas instituições descentralizadas de participação e procedimentos alternativos de decisão à luz da ordem político-constitucional brasileira.

2.3. DEMOCRACIA PARTICIPATIVA, REPRESENTAÇÃO E PODER LOCAL NA CONSTITUIÇÃO

No âmbito de uma organização política, a Constituição expressa o compromisso e a conciliação de facções sociais contraditórias. Toda socie-

---

[10] Cf. LARANJEIRA, Sônia M. G. "Gestão Pública e Participação: a experiência do orçamento participativo em Porto Alegre". *In: São Paulo em Perspectiva*. São Paulo: Seade, v. 10, nº 3, 1996, p. 130. Igualmente sobre o "Poder Local", vide: BOWBOR, Ladislau. *O que é Poder Local*. São Paulo: Brasiliense, 1994; ——. *A Reprodução Social. Propostas para uma Gestão Descentralizada*. Petrópolis: Vozes, 1998; VILLAS-BOAS, Renata (org.). Participação Popular nos Governos Locais. Pólis, São Paulo, 1994; FRANCO, Augusto de. *Ação Local - A Nova Política de Comtemporaneidade*. Brasília: Ágora/Instituto de Política - Fase, 1995.

[11] Observar a propósito: GENRO, Tarso F. e Souza, Ubiratan de. *Orçamento Participativo: Reflexões sobre a Experiência de Porto Alegre*. Porto Alegre: Fase (IPPUR), Tomo 1997.

dade política tem uma Constituição que corporifica suas tradições, seus costumes, sua organização e limites do poder e a extensão dos direitos de seus cidadãos. A Constituição não se esgota nas dimensões "da realidade formal e da normatividade jurídica, pois a força de sua eficácia estreita-se mais intimamente com o social, com o econômico e com o político. Assim, não é possível reduzir-se toda e qualquer Constituição ao mero positivismo normativo ou ao reflexo de um ordenamento jurídico estatal (...)."[12] As normas da Constituição traduzem princípios político-ideológicos fundamentais que ordenam a estrutura do Estado e dão existência política à nação. Dentre os inúmeros princípios fundamentais da Constituição brasileira de 1988, constam os "relativos à organização da sociedade" (princípio da livre organização social, princípio da convivência justa e princípio da solidariedade - art. 3º, I) e os "relativos ao regime político" (princípio da cidadania, princípio do pluralismo, princípio da soberania popular, princípio da representação política e princípio da participação popular direta - art. 1º, participação popular direta - art. 1º, parágrafo único).[13]

Na tradição das instituições republicanas no Brasil, todas as constituições consagraram, dentre seus princípios, a democracia representativa. A Carta de 1988 inovou quando introduz a democracia participativa, abrindo espaço para a atuação efetiva do cidadão. Assim, a Constituição Federal, em que pese não ter alterado ou reformado o sistema representativo, consagra mecanismos de participação popular direta (art. 14) na ordem jurídico-política, como referendo, plebiscito e iniciativa popular legislativa.

A existência da democracia não pode ser, como assevera Clémerson Clève, condicionada à representação, ainda que nos estados modernos não seja possível descartar a técnica da representação política. Não resta dúvida que, na atualidade, torna-se imprescindível adequar os procedimentos de participação democrática à democracia representativa.[14] Isso reforça o argumento de que as técnicas da democracia direta são complementos fundamentais ao sistema representativo, principalmente porque este é por demais deficitário. Com efeito, o modelo representativo, no dizer de José Álvaro Moisés, "funciona mal, não por causa dos seus limites naturais, mas porque

---

[12] WOLKMER, Antonio Carlos. *Constitucionalismo e Direitos Sociais no Brasil*. São Paulo: Acadêmica, 1989., pp. 13-14.

[13] Cf. SILVA, José Afonso. *Curso de Direito Constitucional Positivo*. 5ª ed. São Paulo: RT, 1989, pp. 82-83.

[14] Cf. CLÈVE, Clémerson. *Temas de Direito Constitucional*. São Paulo: Acadêmica, 1993, pp. 16-17.
Sobre a necessidade das reformas de base e a utilização da Constituição como instrumento adequado, observar a ênfase dada pelo insígne jurista e professor Dr. Ruy Ruben Ruschel, em seu *Direito Constitucional em Tempos de Crise*. Posto Alegre: Sagra-Luzzatto, 1997, pp. 170-171.

a cultura política brasileira valoriza pouco ou não valoriza a relação entre a vontade dos cidadãos e as instituições da representação."[15]

Com certeza, as metas dos constituintes de 1988 de amarrar um projeto de democracia representativa com a democracia direta não foi implementado satisfatoriamente, pois, se, de um lado, "abriram um campo de possibilidades novas de participação popular nos negócios públicos, impediam, de outra parte, que essa participação pudesse atingir o núcleo das questões centrais que definem o sistema político do país como a Constituição."[16]

Assim, a participação do cidadão na ordem pública institucionalizada está prevista na Constituição, sendo possível através do plebiscito e do referendo (formas indiretas) e da iniciativa popular (forma direta). Em seu art. 49, XV, a Constituição brasileira dispõe sobre competência exclusiva do Congresso para convocar plebiscito e autorizar referendo, sendo que a provocação pode ocorrer por parte da população ou de partidos políticos. Certamente que o art. 14, III, pode ser interpretado como participação direta de democracia semidireta ou mesmo como democracia direta em que a comunidade exerce tal prática sob a condição de preencher certos requisitos.[17] No entanto, a participação popular pode efetivar-se, além desta natureza legislativa, também pelo controle das atividades públicas e por cogestão, tanto no âmbito nacional, quanto no estadual e no municipal. No que se refere ao processo legislativo, o texto constitucional assegura, em seu art. 61, § 2º, que o povo pode propor projeto de lei junto ao Legislativo. Igualmente o art. 27, § 4º, dispõe que a lei disporá sobre a iniciativa popular no processo legislativo estadual. Quanto ao âmbito municipal, o art. 29, XIII, prescreve sobre a iniciativa popular de projetos de lei de interesse específico do município, da cidade ou do bairro.

Já no que tange à participação direta do cidadão e da comunidade na administração pública, a Constituição brasileira trata de algumas hipóteses, como: art. 10 (participação dos trabalhadores e empregados nos colegiados dos órgãos públicos); art. 11 (a eleição de um representante nas empresas com mais de duzentos empregados para a negociação direta com os empregadores); art. 194, VII (participação democrática descentralizada da comunidade em gestão administrativa); art. 198, III (participação da comunidade na gestão da saúde); art. 204, II (participação da população, por meio de organizações representativas, na formação das políticas e no controle das ações em todos os níveis); art. 206, VI (gestão democrática do ensino

---

[15] MOISÉS, José Álvaro. *Cidadania e Participação*. São Paulo: Marco Zero, 1990, p. 35.

[16] Idem, ibidem, p. 92.

[17] Cf. SOARES, Fabiana de M. *Direito Administrativo de Participação*. Belo Horizonte: Del Rey, 1997, p. 71; BENEVIDES, Maria Victoria de M. *Op. cit.*, pp. 129-192.

público); art. 216, § 1º (o poder público, com a colaboração da comunidade, promoverá e protegerá o patrimônio cultural brasileiro).[18]

É inegável que instrumentos como a "iniciativa popular" e o "referendo" são expressões vivas e amplas de democracia direta e descentralizada na medida em que transferem à comunidade de eleitores locais "parte de decisões que, tradicionalmente, estiveram reservadas ao Executivo e ao Legislativo, embora a experiência recente (...) indique um uso mais de natureza circunstancial do que abrangendo questões políticas de fundo."[19] Outrossim, o plebiscito pode tornar-se essencial mecanismo de democratização da esfera municipal e do poder local. Contudo, como alerta José Luiz Q. de Magalhães, esses mecanismos democráticos podem ser distorcidos, manipulados para funções contrárias ao interesse público. Para evitar a farsa plebiscitária que tem servido, na história, para a legitimação de regimes autoritários, impõe-se a condição de uma comunidade composta por "uma população cidadã, portadora de direitos." Com efeito, "o perigo desses mecanismos diretos de democracia são sempre sua utilização em uma população desinformada ou incorretamente informada."[20]

Mas os limites desses mecanismos de democracia participativa se apresentam não apenas no uso incorreto ou distorcido, mas também na sua pouca eficácia e no descaso das elites políticas com relação a sua regulamentação. Ainda que a Constituição contemple e direcione tais dispositivos participativos, existem também inúmeras formas de resistência do acesso à participação comunitária.

Os boicotes e os obstáculos para a aplicação do texto constitucional no sentido da efetiva participação do povo e sua atuação na criação legislativa são apontados, com muita propriedade, por Fabiana de M. Soares em dois exemplos:

"o projeto de Resolução (PRC 00096/92) para alterar o Regimento Interno da Câmara dos Deputados (...), dispondo que o cidadão poderia assinar projeto de lei de iniciativa popular, mediante a apresentação da carteira de identidade, profissional ou do título de eleitor, foi arquivado definitivamente pela Mesa Diretora, nos termos do art. 58, § 4º do Regimento Interno.

Já outra proposta de alteração do Regimento (PRC 00074/91), que incluiu as proposições de iniciativa popular, que têm tramitação em regime

---

[18] Cf. Constituição Federal do Brasil de 1988. Observar também o levantamento e comentário dos artigos prevendo a participação comunitária em: CLÈVE, Clémerson. Op. cit., pp. 32-33; DEMO, Pedro. "Participação Comunitária e Constituição: avanços e ambigüidades". Cadernos de Pesquisa. São Paulo (71): p. 76.

[19] MOISÉS, José Álvaro. Op. cit., pp. 62-63.

[20] MAGALHÃES, José Luiz Quadros de. Poder Municipal. Paradigmas para o Estado Constitucional Brasileiro. Belo Horizonte: Del Rey, 1997, pp. 132-134.

de urgência, foi obstada e depois encaminhada à Comissão de Reforma do Regimento, em 'reforma'.

(...) Desde a promulgação da Constituição, não houve nenhum referendo no Brasil e todos os projetos de leis destinados a regulamentá-lo (juntamente com o plebiscito, iniciativa popular) encontram-se em tramitação ou foram arquivados definitivamente."[21]

Todas essas dificuldades não devem minimizar a força dos princípios norteadores da atual Constituição, principalmente porque a participação política é uma realidade e a democracia participativa é um avanço indiscutível. Cabe, outrossim, ao poder local configurado na retomada do município, desencadear processos democráticos, participativos e descentralizados, capazes de implementar novo espaço público, pulverizado por um novo tipo de cidadania. A ordem constitucional brasileira deve ser direcionada no sentido de um Estado democrático descentralizado e de uma sociedade civil, no nível local, caracterizada por estruturas de permanente participação popular. Trata-se, como assinala José Luiz Q. de Magalhães, da evolução institucional para uma república federativa municipalista, "baseada no poder democrático da cidadania, exercida pela população da cidade. (...) construção de uma estrutura popular, de participação direta em questões essenciais (...), como a gestão popular da saúde, da educação e do controle por parte da população dos meios de comunicação social."[22] Na verdade, a edificação de nova organização constitucional fica assentada no poder local, que, através de sua legislação orgânica, expressa os intentos de seus cidadãos. Contrapondo-se à maré da doutrina neoliberal e à onda da globalização, o poder e a ação local são a resposta. O poder local poderá ser fortalecido com a supremacia de um constitucionalismo municipal, em que os cidadãos da comunidade "tenham liberdade de construir, a partir de suas experiências concretas e diárias, modelos alternativos de organização social e econômica."[23] Impõe-se assim a condição de que a participação comunitária é chamada a tomar decisões e a exercer controle democrático sobre a esfera política do Estado e sobre a administração pública em geral.[24]

Em suma, há de se dizer que a proposta de descentralização do poder e da municipalização democrática permite abrir novos caminhos ao federalismo brasileiro,[25] passando pela necessária reestruturação constitucional e estabelecendo um poder local firmado pela força de nova identidade cidadã. O resgate efetivo e radical do espaço municipal democrático, com a inserção e adequação de novos sujeitos comunitários, não deixa de, simultânea e

---

[21] SOARES, Fabiana de M. *Op. cit.*, pp. 71-72.
[22] MAGALHÃES, José Luiz Q. de. *Op. cit.*, p. 216.
[22] MAGALHÃES, José Luiz Q. de. *Op. cit.*, p. 216.
[24] Cf. DEMO, Pedro. *Op. cit.*, p. 80.
[25] Cf. MAGALHÃES, José Luiz Q. de. *Op. cit.*, p. 117.

articuladamente, desencadear "uma nova utopia possível para o Brasil desejável", ou seja, "a construção de um consenso ativo a respeito de um projeto político de mudanças",[26] em que o paradigma da representação se desloque e se transfigure no paradigma da participação.

2.4. REFERÊNCIAS BIBLIOGRÁFICAS

BENEVIDES, Maria Victoria de Mesquita. *A Cidadania Ativa*. São Paulo: Ática, 1994.

CLÈVE, Clémerson. *Temas de Direito Constitucional*. São Paulo: Acadêmica, 1993.

DEMO, Pedro. "Participação Comunitária e Constituição: avanços e ambigüidades". *Cadernos de Pesquisa*. São Paulo (71): p. 72-81, novembro 1989;

———. *Pobreza Política*. 4 ed. São Paulo: Autores Associados, 1994.

DOWBOR, Ladislau. *O que é Poder Local*. São Paulo: Brasiliense, 1994.

———. "Governabilidade e Descentralização". In: *São Paulo em Perspectiva*. São Paulo: Seade, nº 3, jul-set/96.

———. "Da Globalização ao Poder Local: a nova hierarquia dos espaços". In: FREITAS M. C. de (org.). *A Reinvenção do Futuro*. São Paulo: Cortez; Bragança Paulista: USF-IFAN, 1996. p. 55-75.

———. *A Reprodução Social. Propostas para uma Gestão Descentralizada*. Petrópolis: Vozes, 1998.

FISCHER, Tânia (org). *Poder Local, Governo e Cidadania*. Rio de Janeiro: FGV, 1993.

FRANCO, Augusto de. *Ação Local - A Nova Política da Contemporaneidade*. Brasília: Ágora / Instituto de Política / Fase, 1995.

GENRO, Tarso F. e SOUZA, Ubiratan de. *Orçamento Participativo: A Experiência de Porto Alegre*. Porto Alegre: Perseu Abramo, 1997.

———. "Socialismo e Novo Modo de Vida". In: *Humanidades em Revista*. Ijuí: Unijuí, nº 1, 1995. p. 5-16.

Instituto de Política. *Uma Nova Formação Política no Brasil*. Brasília, 1998.

LAMOUNIER, Bolivar. "Representação Política: a importância de certos formalismos". In: LAMOUNIER, B.; WEFFORT, Francisco C.; BENEVIDES, Maria V. (Orgs.). *Direito, Cidadania e Participação*. São Paulo: T.A. Queiroz, 1981. p. 233-257.

LARANJEIRA, Sônia M. G. "Gestão Pública e Participação: a experiência do orçamento participativo em Porto Alegre". In: *São Paulo em Perspectiva*. São Paulo: Seade, v. 10, nº 3, 1996.

LEAL, Victor Nunes. *Coronelismo, Enxada e Voto*. 4 ed. São Paulo: Alfa-Omega, 1978.

---

[26] Instituto de Política. Uma Nova Formação Política no Brasil. Fórum Brasil Século XXI. Brasília, 1998, pp. 16, 62, 64.

MAGALHÃES, José Luiz Quadros de. *Poder Municipal. Paradigmas para o Estado Constitucional Brasileiro*. Belo Horizonte: Del Rey, 1997.

MOISÉS, José Álvaro. *Cidadania e Participação*. São Paulo: Marco Zero, 1990.

RUSCHEL, Ruy. *Direito Constitucional em Tempos de Crise*. Porto Alegre: Luzzatto, 1997.

SCHWARTZMAN, Simon. *Bases do Autoritarismo Brasileiro*. Rio de Janeiro: Campus, 1982.

SOARES, Fabiana de M. *Direito Administrativo de Participação*. Belo Horizonte: Del Rey, 1997.

VILLAS-BOAS, Renata (org.). Participação Popular nos Governos Locais. *Pólis*. São Paulo, 1994.

3. O Costume Constitucional

BRUNO SÉRGIO DE ARAÚJO HARTZ
Professor de Direito Constitucional da Faculdade de Direito da UFRGS. Advogado.

No exame das fontes do Direito Constitucional, isto é, por onde "brotam" suas regras de direito - que dizem respeito aos órgãos do Poder do Estado, às relações entre si (organização fundamental do Estado), com os indivíduos (direitos fundamentais) e entre o setor público e o âmbito privado (direitos econômicos e sociais) -, não se atenta devidamente para a força do costume. Os autores não raro desconhecem, quando não negam, a sua força constituinte, quer na formulação inicial da constituição, quer na sua modificação ulterior. Há, de regra, uma visão estreita, na teoria do poder constituinte, de que o mesmo pode tudo, havendo incondicionamento de forma e de fundo. Tudo dependerá do "órgão" que o exercite. Há mesmo, para alguns, incompatibilidade entre costume e constituição.[1]

Em visão mais limitada ainda, nem mesmo se admite que as normas de direito costumeiro possam conter, no plano constitucional, supremacia equivalente às normas escritas. Não obstante esses setores doutrinários, deve-se reconhecer que até nos países que adotam o sistema de constituição escrita e rígida (= *civil law*), cujas regras são supremas em relação às demais, há de se cogitar da importância do costume. A sua presença é inelutável, mesmo contra a constituição escrita.

No Brasil, pode-se dizer que a mentalidade, que desvaloriza a fonte costumeira das regras de direito, encontra seus fundamentos nos juristas portugueses mais antigos e na tradição legislativa de Portugal. Gamma, no século XVI, dirá que o costume "*inter mercatores*" não prevalece contra a lei régia expressa; ao começo do século XVIII, Guerreiro decide terminantemente que "*contra leges non viget consuetudo*". À diferença destes, Cabedo exprimirá, flexivelmente, na esteira da lição do glosador Rogério, que a lei do reino não é *meramente estatuto* que, como tal, se oponha ao *ius*

---
[1] R. Carré de Malberg, *Contribution à la Théorie générale de l'Etat*, Sirey, 1922, t. II, pág. 582; J. Laferrière, *Manuel de Droit Constitutionnel*, Domat, 1947, [*la coutume en matière constitutionelle*].

commune: é o direito comum do reino. Onde há lei ou costume do reino, cessam o direito canônico e o direito romano. E, legislativamente, muito embora as Ordenações Filipinas fossem também flexíveis sobre o assunto, prescrevendo que a lei escrita não podia ser revogada senão pelo Soberano, *podendo ter, a sua aplicação, arredada pelo costume contrário*, a Lei da Boa Razão, de 1769, no entanto, cortou o fio da tradição legislativa das Ordenações e da doutrina de Cabedo, não por reconhecer a já confirmada superioridade formal da lei escrita, mas com negar o predomínio material do costume sobre a lei escrita. Não era costume o uso contrário à mesma lei escrita.[2] Estabeleceu-se uma hierarquia de fontes, sendo a lei escrita a principal. Foi o passo para tornar-se, esta, praticamente a única fonte, com a contínua e persistente desconsideração do costume. O positivismo jurídico veio radicalizar o estudo das fontes, tendo por equivalentes direito escrito e direito positivo, sendo o costume tratado como direito "velho".

Há, portanto, necessidade de restabelecer o prestígio do costume como fonte de direito positivo, especialmente na teoria constitucional. Atualmente ele ocupa aí papel modestíssimo. Porém, em que pese tão descurado, o seu lugar, nesse domínio, é eminente. Ninguém melhor do que René Capitant mostrou isto, ao pronunciar célebre discurso na Conferência de estágio dos advogados ao Conselho de Estado e à Corte de Cassação, em dezembro de 1929, publicado na *Gazzette du Palais* de 20.12.29.[3]

Nele se apoiou em grande parte estas linhas assim como no trabalho magistral de Cirne Lima (Lei e Costume, *in* Preparação à Dogmática Jurídica, págs. 43/76). São dois escritos notáveis sobre direito costumeiro, que, por isso mesmo, merecem ser retomados, para exame e reexame atento de suas teses e das conseqüências riquíssimas que ensejam.

É certo que a idéia de constituição escrita foi idéia-força da França revolucionária, que pôs abaixo o que ainda sobrevivia do *Ancien Régime*. Essa idéia contestava exatamente as regras jurídicas modeladas pelo costume, especialmente o constitucional, que geralmente viabilizavam soluções régias reacionárias, contrárias aos direitos do povo. Pois em nome de princípios costumeiros e tradicionais, incertos e imprecisos, o príncipe, que estava por eles autorizado a defini-los, e com isto precisar o direito vigente, autoritariamente impedia o desenvolvimento dos direitos fundamentais dos súditos.

É historicamente inarredável que o direito costumeiro prestou-se a soluções autoritárias, e que a constituição escrita, depois de duas revoluções burguesas (norte-americana e francesa), universalizou-se no século XIX, seguindo os passos do movimento codificador, exatamente para arredar o

---
[2] Cirne Lima, *Preparação à Dogmática Jurídica*, Sulina, págs. 60-1.
[3] *La Coutume Constitutionnelle*, transcrito na Revue du Droit Public, 1979, 4, págs. 959/970.

valor do costume. Suas regras, ao contrário da constituição costumeira, permanentes e intangíveis, claras e sem ambigüidades, não se sujeitam ao reconhecimento autoritário de algum órgão, porque podem ser lidas por todos. Daí que a vontade do governante, em sua permanência, seja irrelevante. Eis as bases do movimento constitucional contemporâneo, que, majoritariamente, se opõe ao direito costumeiro. Radicalizado ainda pelo positivismo, veio a desembocar, como antes salientado, na idéia de que o direito escrito é equivalente ao direito positivo.

Nem por isto o costume deixa de ser importante para a compreensão definitiva da constituição vigente, mesmo quando esta é codificada.

Tem-se geralmente que só a lei e o costume são suficientes à produção imediata, por força própria, de regras jurídicas. Quando é que práticas e usos sociais são considerados costumes e, por isso, abrigados pelo direito? Ou seja: quando é que práticas, usos, meros costumes são transpostos para o direito consuetudinário? Há necessidade de algum ato de autoridade reconhecendo um costume como regra de direito?

Consabidamente direito e costume não se diferenciavam nas sociedades primitivas, mas, como bem demonstrou B. Malinowski,[4] depois de uma longa e paulatina evolução jurídica, descobrimos, ainda nessas sociedades, certas regras corporificadas em costumes, a se distinguirem de outras regras sociais, porque nelas se viam a expressão definitiva das obrigações de uma pessoa com as correspondentes reivindicações de outra.

Impende notar, como observou o célebre antropologista, que as obrigações eram cumpridas, não por ação decisiva da autoridade, porém pelas imposições das mesmas pessoas a si mesmas, *espontaneamente*, já que os homens necessitam da boa vontade e dos serviços dos seus semelhantes. O nativo que se furtasse ao cumprimento das suas obrigações sabia que, mais cedo ou mais tarde, pagaria por isso.

A sociedade primitiva reconhecia, destarte, o caráter específico das regras jurídicas, dotadas de força obrigatória, que decorria, não da sanção, mas da necessidade que sentiam as pessoas de respeitarem umas os direitos das outras.

De resto os estudos levados a efeito por Malinowski deixam em aberto a questão da origem do primitivo direito costumeiro. Todavia, os historiadores do direito dão conta que certos usos e costumes, considerados juridicamente obrigatórios, passam a ser contínua e geralmente observados entre os membros de uma família, de um grupo, de uma tribo ou de um povo. Desnecessário, para a formação do direito consuetudinário, o reconhecimento formal ou a imposição compulsória desses usos por uma autoridade superior. A aprovação pela opinião pública bastava. Não são os litígios que

---

[4] *Crime and Custom in Savage Society*, págs. 20 e seguintes.

originaram a observância de regras jurídicas, mas as práticas do dia-a-dia, orientadas por considerações de um razoável intercâmbio social e cooperação entre as pessoas, envolvendo a idéia do toma-lá-dá-cá.[5]

Essa a orientação preconizada por Savigny[6] e seu discípulo Puchta,[7] os corifeus da Escola Histórica, para quem, nas sociedades primitivas, as regras jurídicas não eram impostas de cima para baixo; cresciam de baixo para cima, como conseqüência da cooperação física e mental e das relações mútuas dos membros de uma comunidade, nunca dos decretos de uma autoridade governamental. O costume, como direito positivo, tem a sua sede na consciência coletiva do povo, por isso que, no povo e para o povo, existe o direito positivo.[8]

Assevera-se que tais posições doutrinárias supõem que a sociedade primitiva fosse democrática. Que dizer-se de sociedades estruturadas segundo o princípio patriarcal? Essa autoridade patriarcal, autocrática, muito provavelmente fazia integrar no sistema jurídico, por sua autoridade de vida e morte sobre os componentes do seu grupo, os usos e costumes que aprovava. Mas tal aprovação era já, senão direito escrito, direito formulado, e não costumeiro. Costumeira era a regra que ordenava, superiormente, obediência à aprovação do uso pelo patriarca, atribuindo-lhe força jurídica.

A passagem provável do princípio monárquico, a reger a sociedade primitiva, ao princípio aristocrático, com o advento de um conselho de anciãos, não tem a virtude de alterar a tese antes exposta, pois passariam a ser estes, agora, os agentes de aplicação (chancela) do direito consuetudinário, em decorrência de norma costumeira superior (constitucional), arraigada na consciência coletiva do grupo social, que ordenava fosse o conselho de anciãos acatado na definição do direito positivo.

Naturalmente que costumes suscitaram controvérsias, ou mesmo incertezas, sendo confirmados por ação consciente de uma autoridade (= mais idosos, sacerdotes, juízes, conselheiros, peritos etc.) à qual preexistiam, que, orientada no sentido da descoberta e da declaração do que é direito e justo, monopolizava o conhecimento jurídico e a aplicação do direito, por consentimento ou mero assentimento da comunidade. Registre-se, ainda, um ponto: só os costumes adaptados à maneira geral de viver da sociedade primitiva e às necessidades econômicas da época podiam ser aplicados pelo chefe ou pela aristocracia dominante. Ninguém poderá impor, por muito tempo, a observância de regras ou convenções contrárias às necessidades sociais do tempo e do lugar. Para ser bem sucedida a imposição de regras de conduta, há de haver um certo grau de cooperação e apoio da comunidade

---

[5] P. Vinogradoff, *Historical Jurisprudence*, Oxford, 1920, I, 368.

[6] *System*, I, 1840, par. 7, pág. 14.

[7] *Vorlesungen über das heutige römische Recht*, I, 1852, par. 11, pág. 25.

[8] Savigny, *System*, I, Berlin, 1840, par. 7, pág. 14, *apud* Cirne Lima, *op. cit.*, pág. 54.

a que elas se referem. Pode-se admitir tenha havido uma contínua troca de influência entre o sentimento popular - a consciência jurídica do povo -, o uso e a prática, de um lado, e a ação de intérpretes autorizados, de outro, nas manifestações do direito consuetudinário primitivo. Porém, repita-se, a regra superior de ter alguém por intérprete autorizado, e não outro, é costumeira. O direito costumeiro ou espontâneo chama à luz o direito escrito, ou de algum modo formulado. Se o direito positivo é a concentração de regras de direito formulado e de direito espontâneo, o fundamento dele é sempre não escrito ou costumeiro.

Inteira razão tem Vinogradoff[9] ao advertir que "Leis que repugnem às noções de direito de uma comunidade ou às suas exigências práticas serão quase totalmente inutilizadas pela resistência passiva e pelas dificuldades de fiscalização e repressão constante".

Nada mais importante do que verificar a transformação do uso social em costume, em direito positivo. Austin simplesmente sustentou que o costume deixará de sê-lo, e passará a ser direito, quando o legislativo ou o judiciário lhe haja atribuído força de direito.[10] Não bastará, segundo o chefe da Escola Analítica, a observação habitual de um costume, para que se converta em regra de direito.

Isto provém de antiga tese da monarquia absoluta: a de dar-se ao costume força obrigatória se recebeu aprovação do soberano, não sendo o costume senão a lei tacitamente consentida.

Como em qualquer enfoque positivista, o costume só alcança a dignidade de direito com o reconhecimento e a sanção da autoridade pública, não pela espontânea adoção de padrões normativos pelos destinatários do poder.

Para esta corrente do pensamento jurídico, sendo o direito emanação do Estado, não poderá haver lugar para o direito espontâneo ou não escrito, no interior do direito positivo. Não se concebe que possa ser tecido pela sociedade, pela vontade nacional.

No outro extremo, encontra-se a Escola Histórica, para a qual o direito é acima de tudo a expressão das práticas e convicções jurídicas da comunidade, da sua consciência comum.

Ante a dúvida da existência de um costume, só afastada por decisão de um órgão estatal que lhe apõe o selo da aprovação jurídica, asseverou o *Justice* B. N. Cardozo que o direito costumeiro tem uma existência bruxuleante, na qual mal se distingue da simples idéia de moralidade ou justiça, até que, finalmente, o *imprimatur* de um tribunal lhe atesta a qualidade jurídica.[11]

---

[9] *Customary Law*, in *The Legacy of the Middle Age*, ed. de C. G. Crump e E. F. Jacobs, 1926, Oxford, pág. 287.

[10] *Lectures on Jurisprudence*, I, 36, 199.

[11] *New Jersey v. Delaware*, 291 US 361 a 383 [1934], *apud* E. Bodenheimer, Ciência do Direito, Forense, 1ª ed. brasileira, 1966, nota de rodapé, págs. 356-7.

Ora, esse ato judicial terá o condão apenas de transformar o costume em direito escrito. O problema, no entanto, persiste. Ou o costume é direito espontâneo que a nação coseu, e pertence ao direito positivo, com ou sem chancela de órgão estatal, ou é direito escrito, e, por isso mesmo, já não será costume.

Nos sistemas jurídicos em que predomina a *civil law*, na sua maior parte escrito, a incerteza no reconhecimento jurídico de um costume radica na exigência de ser o mesmo acompanhado da *opinio necessitatis*, antes de poder ter a sua observância imposta por um tribunal, como regra de direito. Importa em não poder reconhecer-se um costume como regra jurídica, se faltar a convicção dos membros da comunidade de que tem força obrigatória de lei, sendo fonte legítima de direitos e obrigações. É evidente que a natureza do costume quase sempre permanece em dúvida, até quando um tribunal declare existir de fato aquela convicção da comunidade.

Por outro lado, nos países que adotam o direito não escrito, a incerteza quanto à força jurídica de um costume, antes de seu reconhecimento por um ato de autoridade, decorre, principalmente, da presunção de que os tribunais têm o poder de negar sua juridicidade por ser ele desarrazoado. A razoabilidade constitui um dos requisitos da validade do uso, e a um costume desarrazoado ou absurdo não se pode atribuir a virtude de alcançar os direitos das partes. Os tribunais ingleses e norte-americanos têm deixado o ônus de provar o despropósito à parte que conteste a legitimidade do costume invocado, o que vale dizer que partem da presunção de serem os costumes em geral aceitáveis.[12]

A incerteza jurídica em que se apresenta o costume tanto na *civil law* como na *common law* não nos compele a adotar o posicionamento de Austin, nem o de Cardozo. O direito numa comunidade não se origina exclusivamente de comandos governamentais. Será direito, pois, o costume cuja prática for seguida da intenção de estabelecer relações definidas, circunscritas e bastante importantes para gerar direitos e obrigações.

De outra parte, o estado de incerteza e dúvida, que cerca o costume, não se verifica somente com o direito espontâneo; é também apanágio do direito escrito, pois em muitas relações jurídicas, mesmo quando regidas por leis escritas, não se sabe ao certo como uma determinada regra formulada por autoridade, que estabeleça direitos e obrigações, será interpretada e aplicada pelos juízes, ou se uma interpretação já estabelecida pelos tribunais será ou não abandonada. De modo que a regra escrita, como a costumeira, não afasta a perplexão.

É verdade que a amplitude do costume se reduz à medida que se torna mais explícita a regra escrita e que se aperfeiçoa a aparelhagem institucional

---
[12] E. Bodenheimer, *op. cit.*, pág. 357.

para a sua elaboração e aplicação. A fé inabalável na razão, proveniente do Iluminismo, substituiu o costume pela lei. E este tem sido o caminho, não sem abalos, trilhado pela maioria das nações. Os costumes, em grande parte absorvidos pela legislação e pelas decisões judiciárias, sofreram, nas sociedades atuais, indiscutível redução do seu valor como fonte de direito. O que não quer dizer que sua força como fonte de direito tenha sido exaurida ou consumida. Costumes profissionais ou comerciais, e mesmo outros, podem ser identificados ainda a regerem relações humanas em bases não litigiosas, que podem chegar ao seu reconhecimento nos tribunais. O Código Civil Brasileiro fornece exemplos nos artigos 1210, 1218, 1221, 1242 e 1342, a despeito do disposto no artigo 1807.

O relativo desinteresse científico por essa fonte, que, como visto, se revelou, primeiramente, com o advento do racionalismo iluminista, assenta-se em outra causa: o dogma de que os costumes não podem ser observados contra normas estatuídas. Tranqüilizou-se, destarte, a ciência, com isto. Tanto que restou comprometida, quase que exclusivamente, com a explicação do direito positivo pelo direito escrito.

Claro está - pensa-se - que, sendo o costume observado contra disposição de lei, o direito espontâneo estará revogando o direito formulado. Subverter-se-ia, destarte, a hierarquia das fontes. E isto é, para alguns setores doutrinários, cientificamente intolerável. Contudo, há, nas fontes romanas, muita discussão a respeito. No Digesto (tit. III, fr. 32, *de legibus*), em texto atribuído a Juliano, a equivalência formal entre o costume e a lei é admitida, de sorte a aceitar-se a revogação formal da lei escrita pelo costume. Dentre os glosadores, Irnério sustentou esse ponto de vista, enquanto que Rogério introduziu, a essa idéia prevalente, uma restrição importante - o costume não revoga propriamente a lei escrita: afasta-a ou exila-a.[13] Por isso mesmo é que o costume sobrepõe-se materialmente à lei, podendo esta revogar-lhe a eficácia positiva, mas não lhe revogará o conteúdo: revogá-lo-á formalmente, mas não materialmente, porque o costume subsistirá, não obstante a lei escrita em contrário.[14]

De notar, ainda, que os ingleses sempre admitiram pudessem normas gerais estatuídas ceder a normas costumeiras locais. Para tanto será preciso que sua prática tenha sido tranqüila e ininterrupta por antiguidade imemorial (prova que os norte-americanos se inclinam a dispensar), cuja observância remonte aos primórdios do reinado de Ricardo I, no ano 1189, e que sejam publicamente reconhecidos como tendo força obrigatória. Enfim, como já foi dito antes, não pode o costume ser desarrazoado, ou seja, ofender princípios essenciais de direito, nem ferir ou prejudicar os interes-

---
[13] Cirne Lima, *op. cit.*, págs. 47-8.
[14] Cirne Lima, *op. cit.*, pág. 45.

ses de terceiros que não os observem. Na esteira de julgados anglo-norte-americanos, estaria justificado o tribunal que desatendesse a um costume atentatório de um padrão básico de justiça, de um interesse público claramente definido, de uma irresistível tendência social, se a única razão para que continue sendo observado está no hábito ou na inércia.[15] Com efeito, não se poderia negar aos tribunais o poder de repudiar tal costume, submetendo-o ao critério tradicional de razoabilidade.

Não obstante o fato de ter sido relegado pelo racionalismo como fonte direta e imediata de direito positivo, é comum penetrar o costume a arena jurídica por meios indiretos, ainda que a prevenção subsista. Por exemplo: para saber se um ato foi praticado com negligência, terão os tribunais de verificar quais sejam os padrões costumeiros de cuidado, observados pela média das pessoas sensatas; nas ações que versem sobre imperícia e incompetência profissional, há que apurar também quais são os costumes estabelecidos por uma adequada atuação profissional.

Qui inde, se um texto escrito muito antigo cedesse o seu lugar a um novo direito vivo, cuja expressão fosse um costume seguido pela comunidade? Aplicar-se-ia a doutrina da *desuetudo*, que permite ao juiz ignorar o texto legal fundado no seu desuso por um prolongado tempo e na sua substituição por um costume vigente (cfr. Justiniano, Digesto, I, 3, 32, 1, onde se lê que *as leis serão ab-rogadas não só pelo voto do legislativo, como também pelo desuso, que exprime o mudo consenso geral*). Países de orientação civilista em geral adotam o princípio romanístico.[16] No direito anglo-norte-americano, ao contrário, essa doutrina em tese não se aplica aos textos legais, sustentando-se que a lei formal subsiste em toda a sua plenitude, a despeito do não uso e do desaparecimento da original *ratio legis*. Pois "A revogação das leis é função tão exclusiva do poder legislativo quanto a sua criação", decidiu a Suprema Corte dos Estados Unidos, pelo *Justice* W. Douglas, no caso *District of Columbia v. John R. Thompson Co.*, 346 US 100, 113-114 (1953).

Mas a razão está do lado daqueles que sustentam que a imposição de uma lei antiquada, de todo incompatível com o interesse público e a concepção de justiça dominante no momento, repugna à noção do *due process of law*. São casos raros e extraordinários, e a impropriedade de reavivar a lei em desuso precisa ser geralmente sentida, ser intensa, quase palpável. Quando a lei tenha estado sem aplicação por um grande número de anos, mas sem que se tenham alterado as razões de interesse público que a ditaram, não é preciso que um novo ato legislativo a venha reeditar.

---

[15] E. Bodenheimer, *op. cit.*, pág. 360.
[16] E. Bodenheimer, *op. cit.*, pág. 360.

O costume constitucional se modifica assim como ele se cria. O processo de transformação ou de desaparição é o mesmo que o de sua formação. Daí que o costume esteja em perpétuo devir.

Originariamente, costume e direito escrito se equivalem. Isto descarta a crença na superioridade natural, ou sobrenatural,[17] do costume em relação à legislação escrita, porque o costume não é direito natural, mas positivo. Mas há uma particularidade plena de conseqüências para o direito constitucional: assim como o costume exprime os hábitos da nação, também traduz uma disposição dos órgãos estatais. Ao contrário do que acontece com o direito privado, não se pode negar ou minimizar a densidade da inclinação da autoridade pública na gênese do costume constitucional. A prática de um só ato, por órgão estatal, que veicule uma decisão política fundamental, é capaz de transformá-la, num átimo, em regra de direito. De imediato a decisão assim tomada converter-se-á em costume, em norma jurídica. Um exemplo disto? Quando G. Washington negou-se a aceitar um terceiro mandato presidencial, esta disposição do estadista, de caráter singular, ingressou, no direito constitucional positivo norte-americano, como regra proibitiva da segunda reeleição ou do terceiro mandato consecutivo. Verificado o rompimento da tradição na presidência F. D. Roosevelt, não tardou a aprovação de emenda constitucional (XXII, em vigor desde 1951) reafirmando o sentido do costume fracassado. Inaugurou-se a vigência do costume, como se vê, com a tomada de decisão do presidente dos Estados Unidos.

No Brasil, a regra permissiva do ato de posse do vice-presidente da República, perante o Congresso Nacional, antes de ocorrer a posse do presidente da República, não é escrita. Quando, no entanto, o presidente eleito Rodrigues Alves, acometido por moléstia grave, não pôde tomar posse do cargo, em 1918, assumiu-o o vice-presidente Delfim Moreira, sem previsão expressa na Carta de 91. O precedente serviu para definir a posse, em separado, do vice-presidente José Sarney, em 1985, diante do impedimento do presidente Tancredo Neves. A Carta de 88, ainda que tenha cogitado da posse do vice-presidente da República, não resolveu expressamente a questão.

Também a reedição de medida provisória, com o mesmo conteúdo, introduziu-se como prática do Executivo, coonestada pelo Legislativo, antes de ser reconhecida pelo Judiciário. Quer dizer que o Judiciário, ante o silêncio da Constituição, apenas reconheceu que a reiteração indefinida dessa prática convertera-se num costume, numa regra com força obrigató-

---

[17] J. de Maistre, *Essai sur le principe générateur des constitutions politiques et des autres institutions humaines*, Paris, 1814, apud Marcel Prélot, *Institutions Politiques et Droit Constitutionnel*, 5ª ed., Dalloz, pág. 205.

ria. Observe-se que não viera de um tempo imemorial, senão de uso recente do presidente da República, depois da promulgação da Constituição de 88.

Com efeito, se no direito privado se exige, para essa passagem, a antiguidade, no direito constitucional o momento de aquiescência da autoridade pública a uma prática, tem a virtude de transformá-la logo em direito positivo.

Pode-se dizer que a constância do modo de agir dos órgãos da soberania nacional, representando a vontade da nação, traduz a convicção da necessidade, ou mesmo da comodidade e utilidade, das práticas que, como os textos escritos, a todos obrigam.

Por outro lado, há 200 anos que o ocidente vive sob o signo da constituição escrita e rígida. A ciência do direito constitucional edificou-se sobre esta base. Ademais, Sieyès concebeu a teoria do poder constituinte como doutrina de legitimidade do poder, porque àquela agregou a teoria da representação política. Depois do abade, não se admite possa haver obra constituinte a não ser por delegados escolhidos pela nação soberana. A delegação, que representa a vontade nacional, é mero agente do titular do poder constituinte, não é o foco irradiador desse mesmo poder.[18] O estudo do costume constitucional ganha extraordinária importância não tanto na discussão das fontes do direito positivo, mas no esclarecimento da teoria do poder constituinte.

Assim sendo, se é verdade que o corpo de nosso direito constitucional positivo, cuja fonte principal é a constituição rígida, é escrito, na sua cabeça subsiste um direito não escrito. Ainda que prepondere na maioria dos países as constituições escritas, os degraus superiores são costumeiros. O direito constitucional, por preponderantemente escrito que seja, encontra seu fundamento no costume, porque a noção de constituição está toda impregnada da noção de costume. A constituição apresenta um caráter essencialmente costumeiro, quer se a entenda como conjunto das instituições políticas (= sistema governamental), quer se a valorize como conjunto de regras de eficácia reforçada, que excedem a competência do legislador ordinário.

No primeiro caso, encontra-se, por exemplo, a história do sistema de governo parlamentar. Ele aparece na Inglaterra, no século XVIII, e é introduzido na França, no século XIX; no Brasil, na metade do século XIX, sem previsão da Carta de 1824, o sistema de governo evoluiu para o parlamentar, com a "simples" criação, pelo Decreto nº 523, de 20.7.1847, do presidente do Conselho de Ministros. Verifica-se, quando se trata de examinar tal evolução, que a Constituição imperial, de longa duração, prevendo apenas monarquia limitada, mas eminentemente "presidencialista" na origem, permitiu que o sistema parlamentar se aclimatasse e funcionasse aqui, por

---
[18] Pontes de Miranda, *Comentários à Constituição de 1946*, Tomo I, Borsoi, págs. 152/156.

extraordinário compromisso da nação, desde praticamente a declaração da maioridade de D. Pedro II, em 1840. Isto com silêncio completo do texto constitucional em matéria tão grave. Era o costume constitucional que vinha ao lado, seguidamente contra, ou às vezes ao encontro da constituição escrita.

Não raro o direito escrito - que pode, às vezes, estar equivocado - e as regras não escritas - que são sempre necessariamente verdadeiras - seguem esta lei. Constata-se, com muita freqüência, esse dissídio normativo especialmente quando a constituição escrita é antiga. A ânsia de mudá-la ou de reformá-la não permite que se perceba o papel a um tempo estabilizador e evolutivo do costume constitucional. As constituições escritas, permeadas pelo costume, são bem mais verdadeiras - mais normativas, na expressão de K. Loewenstein - do que aquelas a todo momento alteradas pelo poder reformador.

Interessante observar, por oportuno, que, em homenagem ao direito escrito, o costume introduz-se no fundo do direito, deixando o procedimento muitas vezes intacto. Destarte, no sistema de governo do Império brasileiro, amparado pela constituição escrita, a assinatura do imperador nos decretos decorria do exercício do poder executivo; o costume, contudo, introduziu gradual e imperceptivelmente prática do sistema parlamentar, isto é, servir a assinatura imperial tão-só para autenticá-los. E a contra-assinatura ou referenda ministerial, que no direito escrito equivalia a ato atestatório, na verdade era necessária, em razão do costume, para produzir o ato jurídico estatal. Foi fora do texto escrito, que se desenhou a competência do imperador na formação dos governos. Deixava de governar, como a constituição escrita autorizava e determinava, para tornar-se árbitro e algumas vezes até mágico na formação das maiorias governantes. Assim, muito embora existisse, no Império, uma constituição escrita, o funcionamento de nossas instituições constitucionais, nesse período, era costumeiro.

Quanto ao valor constitucional das regras costumeiras, autores há que afirmam (v.g., R. Carré de Malberg e J. Laferrière) haver completa contradição entre a noção de constituição escrita e a noção de costume, não podendo jamais, a regra costumeira, possuir nível constitucional. Isto porque, como é sabido, as regras constitucionais, no sistema de constituição escrita e rígida, se impõem ao legislador ordinário, não podendo as leis comuns derrogá-las. As leis constitucionais, para essa corrente, são, por definição, escritas, porque exigem para sua modificação um procedimento especial de revisão constitucional. Ora, para esses autores não existe direito senão escrito. Pois definir as normas constitucionais pelo procedimento de sua criação - por assembléia constituinte ou por reforma -, é supor desde logo que elas são escritas, proposição que precisaria ser demonstrada.

Porém se a verdadeira noção de constituição é força e não forma; se a constitucionalização de uma regra reside não no procedimento de sua criação, mas no degrau que ela ocupa na pirâmide jurídica, então não há contradição na expressão *costume constitucional*. Pode-se afirmar que o costume é essencialmente constituinte (*v.g.*, qual será o conteúdo da primeira constituição escrita ou da nova constituição, a definição de quem a fará e a titularidade da soberania no Estado?) e que a constituição, em seus degraus superiores, como núcleo mínimo da organização fundamental da sociedade e como fundamento de validade do direito nacional - *mores maiorum* -, é necessariamente costumeira.[19]

A regra costumeira constitucional, podendo ser propagada pela autoridade, como vimos acima, é, normalmente, tecida pela nação, por governantes e governados obedecida, sem que seja publicada ou imposta. Provém da consciência e do pensamento dos que compõem o grupo social. O costume exprime, diretamente, um aspecto da soberania nacional. Se a nação é o foco irradiador do poder constituinte, que, por isso mesmo, o titulariza, será também o constituinte supremo, mesmo que tal poder se realize numa assembléia por ela escolhida, ou num agente unipessoal que tenha obtido seu assentimento. Todos os demais poderes de si derivam e são constituídos, inclusive aqueles de fazer e reformar a constituição escrita.

Como a nação se exprime pelo costume, este será o substrato de todo o ordenamento jurídico, a fonte de toda constituição escrita. A força constituinte do costume não é senão um aspecto da soberania nacional.[20]

Sendo a nação simplesmente soberana, independentemente do apelo político que se fizer à democracia (geralmente as duas noções andam juntas, para a elaboração do direito escrito), é natural que produza direito não escrito, sem qualquer intermediário. Por outro lado, o conceito democrático de soberania nacional interessa muito no momento de elaboração do direito escrito, para se ponderar a origem - popular ou não - do legislador.

Assim, a nação não tem que reivindicar a soberania, pois ela é naturalmente soberana. Se está impedida, por regime de força, de elaborar o direito escrito por seus representantes eleitos, continuará, no entanto, a cerzir silenciosamente o direito costumeiro. Em todos os regimes a nação é soberana; mesmo que esteja embaraçada de manifestar *por escrito* sua vontade, ela tem uma potência que se impõe na elaboração de todo o direito positivo (= direito escrito mais direito não escrito): a nação garante a obediência do direito escrito, e, portanto, de sua positividade, pelo seu assentimento. Porque o direito positivo não é senão o direito que se aplica realmente e cujas prescrições são observadas pela sociedade. Por isso se diz

---
[19] Cirne Lima, *op. cit.* págs. 44-5.
[20] R. Capitant, *op. et loc. cit.*, pág. 968.

que as constituições escritas, logo após promulgadas ou outorgadas, são simples atos constituintes sujeitos à condição de eficácia (resolutiva). Se ocorrer o cumprimento global desse ato, pela nação, o ato se afirmará como constituição. Se não houver aceitação nacional, o ato constituinte cessará de existir.[21] Não se converterá em constituição.

Pois o direito positivo não retira a positividade de si mesmo, mas da nação que o obedece. Se ela cessar de obedecer a uma regra escrita, a nação lhe retira o caráter positivo, exilando-a; se, por outro lado, reconhece e se submete à regra formulada, lhe confere tal caráter, atribuindo-lhe vigor.

Com efeito, o direito pode receber seu conteúdo do legislador, mas é da nação que terá sempre seu vigor. Sejam quais forem os poderes do legislador, nada será sem o acordo da nação.

O costume possui, então, valor constitucional, impondo-se ao legislador ordinário e ao legislador constituinte, pois mesmo este, quando elabora a constituição escrita, é instituído pela nação. Alguns autores atribuem ao costume outras expressões, como "idéia de direito dominante".[22] A feitura de uma nova constituição, pelo legislador constituinte, significará sempre que a antiga já não correspondia à "idéia de direito dominante". Daí que o costume constitucional tenha o caráter de superlegalidade em relação ao texto escrito. O costume supraconstitucional é necessariamente conforme ao direito positivo, onde ele forma o degrau superior, e por ele se compreende a verdadeira estrutura do edifício jurídico. Se ele é sempre conforme com o direito positivo, ele pode contradizer o direito escrito, cuja aplicação não se deu. O costume pode também substituir o direito escrito. E mesmo quando o confirma, esta confirmação não é sem efeito, porque ele reforça o valor da regra escrita, faz escapar esta da esfera de competência do legislador ordinário, para o elevar até a esfera de competência costumeira.

Em suma, atua, o costume, de três maneiras: *confirma, supre* e *modifica* o direito escrito. Em primeiro lugar, pode *confirmá-lo*. Esse direito escrito, que é sempre criado por uma minoria - o poder constituído -, pela confirmação costumeira, vem a ser expressão da maioria, porque se enraíza na nação. Disseminado pelo legislador, o direito escrito, confirmado pelo costume, passa a ter vida, a ser vivenciado, nas camadas sociais.

No plano constitucional, temos as constituições normativas como exemplo mais claro disso. Estas são recebidas e apropriadas pela nação, e já não podem ser retiradas pelo órgão que as produziu. A criatura se destaca do seu criador, transpondo os limites de sua competência. Também há muitas regras que se apresentam exteriormente sob a forma e com o valor de leis ordinárias, escritas, que o costume secretamente reforça. Aparente-

---

[21] Manoel Gonçalves Ferreira Filho, *Direito Constitucional Comparado*, José Bushatsky, 1974, págs. 52-3.
[22] G. Burdeau, *Traitè*, 1969, Tomo IV, págs. 184-5.

mente são obras de competência do legislador, podendo ser ab-rogadas assim como foram criadas, isto é, por outra lei ordinária. Mas regra costumeira interdita o poder legislativo de a revogar. É o que se pode chamar de constitucionalização costumeira.

O costume as fez constitucionais e mesmo supraconstitucionais, escapando ao poder das câmaras legislativas. Fazem parte desse fundo sentido diretamemente pela nação e que ela não o abandona à discrição dos legisladores. A lei que aboliu a escravatura, por exemplo, está fora da dependência do legislador.

Em segundo lugar, o costume *supre* o direito escrito. Há certas regras puramente costumeiras, cujo conteúdo não se enconta em nenhuma regra formulada, que preenchem uma lacuna do direito escrito. Assim, entre as regras que atribuem competência aos órgãos do Estado, as mais elevadas são costumeiras: "quem está autorizado a fazer a lei", "a quem devo obediência" etc. Se uma assembléia constituinte atribui, pela constituição escrita, a competência de fazer as leis a uma assembléia legislativa, donde a constituinte retirou a sua competência senão do costume nacional, do consentimento da nação de que possui um caráter constituinte? É sobre esta regra costumeira que se funda toda a validade do direito escrito; é nela que se encontra a sua unidade.

Em terceiro lugar, o costume pode *ab-rogar* o direito escrito. Pode mesmo derrogar a constituição escrita. Isto ocorreu com as normas da Constituição do império que dispunham sobre o rol de atribuições do poder executivo, sendo substituídas por regras diferentes e que possibilitaram vicejasse o sistema de governo parlamentar. Qualquer limitação que o direito escrito traga à sua alteração, o caminho da modificação costumeira restará sempre livre, ao lado da via de revisão escrita, e a força ab-rogatória das revoluções não é senão um aspecto do poder normativo do costume.

Enfim, o costume, ao curso da História, reata a cadeia das constituições destruídas.[23]

---

[23] R. Capitant, *op. et loc. cit.*, pág. 970, *in fine*.

4. Pesquisa jurídica na atualidade. Breves notas[1]

EDUARDO KROEFF MACHADO CARRION
Professor Titular de Direito Constitucional e Diretor da Faculdade de Direito da UFRGS

Sumário: 4.1. Introdução; 4.2. A Crise do Direito; 4.3. A Pesquisa Jurídica na Atualidade; 4.4. Conclusão.

4.1. INTRODUÇÃO

Em 1977, em comunicação feita ao Seminário sobre Modernização dos Cursos de Pós-Graduação em Direito, realizado em Brasília, João Baptista Villela assim concluía:

"Às restrições em nível pessoal para o exercício da criação na área do Direito some-se, no caso brasileiro, uma estrutura ocupacional onde mal se admitem as atividades jurídicas que não estejam voltadas para a aplicação das regras em vigor. A reflexão jurídica especulativa ainda não ganhou entre nós foros de profissionalidade socialmente reconhecida, desenvolvendo-se, ao que parece, quase sempre como atividade marginal. Daí, talvez, o forte caráter de diletantismo com que, às vezes, se apresenta".[2]

Até que ponto, desde então, transcorridas mais de duas décadas, os cursos de pós-graduação em direito favoreceram a passagem da *idade exegética* para a *idade de criação dogmática* do direito, para empregar as expressões utilizadas pelo professor da Universidade Federal de Minas Gerais?

---

[1] Texto que serviu de base para a exposição realizada no VII Encontro Nacional do Conselho Nacional de Pesquisa e Pós-Graduação em Direito (CONPEDI), Belém, 19/11/98.

[2] "Os Cursos Pós-Graduados em Direito e a Superação da Idade Exegética", *in Encontros da UNB. Ensino Jurídico*, Editora Universidade de Brasília, Brasília, 1978-1979, p. 128.

A resposta só pode ser afirmativa. Porém, o quadro nacional é ainda hoje bastante diversificado: podemos seguramente identificar uma ampla e estável atividade de pesquisa jurídica nas instituições públicas e em algumas particulares, ao mesmo tempo em que, em inúmeras outras escolas, não há nem corpo docente qualificado, nem infra-estrutura acadêmica suficientes a sustentar um trabalho permanente e consistente de pesquisa jurídica.

A este propósito, gostaria de lembrar as palavras do Magnífico Reitor da UNAMA, Professor Édson Franco, Presidente da Associação Brasileira de Mantenedoras de Ensino Superior, na abertura desse VII Encontro Nacional do CONPEDI. Ao distinguir as quatro funções ou mesmo os quatro tipos de instituições universitárias, afirmava que "... o ensino jurídico não se compraz com a *educação superior técnica* e nem com a *educação superior geral* ou *quasi-profissional* e, por isso, as descartamos como funções essenciais das instituições de educação superior",[3] os modelos de instituições de *liderança acadêmica* ou de *educação superior profissional*, onde a pesquisa é indissociável do ensino, devendo ser procuradas.

Ao falarmos em pesquisa jurídica, caberia antes de tudo identificar-se o que se entende por direito, já que a pretensão é pesquisar o direito. Em outros termos, de que direito cogitamos quando se trata de pesquisa jurídica? Qual finalmente o objeto da pesquisa jurídica?

A epistemologia contemporânea refere-se reiteradamente à idéia de construção do objeto de conhecimento. Em outros termos, na produção do conhecimento, o sujeito do conhecimento não se conduziria apenas passiva ou receptivamente perante o objeto de conhecimento, mas também ativamente. Sem desconhecer que o dualismo sujeito e objeto pertence à essência do conhecimento, o objeto de conhecimento seria em grande parte construído pelo sujeito de conhecimento.

Assistimos hoje em grande parte, com relação ao direito, a uma desconstrução do objeto de conhecimento ou, pelo menos, a uma desconstrução do objeto de conhecimento tal como até agora construído ou reconhecido.

Para identificar o direito de que falamos ou sobre o qual falamos, convém referir-se a diagnosticada ou propalada crise do direito.

4.2. A CRISE DO DIREITO

Hoje, é comum mencionar-se uma *crise do direito*. Aliás, entre nós, já na década de 50, Orlando Gomes escrevia *A Crise do Direito*.

---

[3] in *Ensino Jurídico: Integração entre Graduação e Pós-Graduação*, VII Encontro Nacional do Conselho Nacional de Pesquisa e Pós-Graduação em Direito (CONPEDI), Belém, 18/11/98, p. 5. Grifado pelo autor.

Dados recentes sobre a matéria no Brasil são significativos a este propósito. Em 1988, o IBGE incluiu pela primeira vez em sua Pesquisa Nacional por Amostragem de Domicílios elementos referentes à Justiça, mais especificadamente sobre os conflitos em que as pessoas estiveram envolvidas e a eventual solução jurídica de tais conflitos.

Levando em conta apenas o último conflito em que as pessoas estiveram envolvidas, 45 % dos entrevistados entraram com ação judicial e 55 % não fizeram apelo ao Judiciário.

Quando examinamos os motivos de não ter havido apelo ao Judiciário, os dados são mais surpreendentes: resolveu por conta própria; não quis se envolver com a Justiça; Justiça não resolve e não sabiam utilizar a Justiça são os motivos que correspondem a 60,40 % dos casos.

Esta desafeição em relação à Justiça não decorre, como vemos, de uma perspectiva de soluções informais dos conflitos sociais, como no caso do Japão com a prática da conciliação (*jidan*), própria da ética confuciana, mas de uma insuficiência da Justiça e do Direito.

Nossa tradição é a de um direito monopolizado pelo Estado, dificultando soluções informais dos conflitos sociais.

Algumas observações sobre a diagnosticada crise do direito fazem-se necessárias, primeiro num plano mais particularmente interno ao direito, depois num plano mais propriamente externo ao direito.

O modelo clássico da reflexão jurídica adequava-se antes de tudo a uma sociedade fundada na supremacia de normas genéricas e abstratas, em que o direito, confundido com as regras dos códigos, possuía um papel destacado na organização e na representação social. Neste contexto, o ensino dispensado pelas Faculdades de Direito, intérpretes dos códigos, correspondia significativamente à prática social. Entretanto, estas condições alteraram-se com o tempo, denunciando um cada vez maior descompasso entre as regras dos códigos e a realidade social, sobretudo em sociedades marcadas por profundas desigualdades, como a nossa, o modo jurídico de regulação social encontrando-se em conseqüência afetado. Não só, para indicar apenas alguns elementos desta crise, a intervenção progressiva do Estado nos domínios econômico, social e cultural, entre outros, no âmbito de um Estado do Bem-Estar Social, fragilizando inclusive o tradicional princípio de legalidade da sociedade liberal, mas principalmente as dificuldades crescentes de o direito resolver a contento conflitos que não são necessariamente ou exclusivamente interindividuais, mas cada vez mais intergrupais. Lembre-se contudo a este propósito que a Constituição de 1988 reconheceu e ampliou o papel dos denominados "novos sujeitos sociais".

A crise do direito, que se traduz em um fenômeno multifacetado, talvez possa ser melhor percebida através da crise do ensino do direito. Assim, as discussões sobre a reforma dos estudos jurídicos serviriam de revelador da crise do direito. Afinal, a crise do direito não é antes de tudo uma crise de conhecimento jurídico? Nesta perspectiva, o ensino do direito não pode constituir-se em lugar privilegiado de resposta à crise do direito?

Mas há um outro plano em que a crise do direito pode também ser percebida, o plano que denominamos de mais propriamente externo ao direito.

O modo jurídico de regulação social, esta grande criação dos romanos, foi altamente civilizatório. Independentemente de aspectos de classe que possamos identificar na ordem jurídica oficial, o que aliás precisa ser relativizado na medida em que a legalidade posta expressa também, nem que seja subsidiária, mas concretamente, o interesse dos deserdados, o modo jurídico de regulação social inspira-se, fundamenta-se de qualquer maneira em valores, como justiça, liberdade, igualdade, e tantos outros que revelam uma dimensão libertária. É um real contraponto, uma efetiva alternativa, por exemplo, ao modo teológico de regulação social ou ao modo psiquiátrico de regulação social, com as conseqüências que todos conhecemos.

O modo jurídico de regulação social está hoje concretamente ameaçado, seja pela emergência de ordens jurídicas paralelas, estruturalmente perversas,[4] seja pela concorrência do modo "*midiático*" de regulação social. Parece muitas vezes que os meios de comunicação procuram substituir-se aos tribunais na tarefa de solução dos conflitos juridicamente mediados.

Estas breves considerações permitem-nos finalmente retomar as questões anteriores.

4.3. A PESQUISA JURÍDICA NA ATUALIDADE

Nos últimos 20 anos, refletindo a problemática da crise do direito, observamos o desenvolvimento de pesquisas em áreas novas como a da efetividade do direito, do pluralismo jurídico, do acesso à justiça, dos interesses difusos, dos direitos humanos, da violência, do sistema penitenciário, mais recentemente do biodireito, para apenas citar algumas. Pesquisas estas que se efetivaram ou ainda se efetivam em grande parte no interior das ciências sociais ou da sociologia do direito ou até da antropologia

---

[4] A este propósito e com referência a uma situação extrema, DE RIVERO, Oswaldo, *Les entités chaotiques ingouvernables, in Le Monde Diplomatique*, Paris, abril de 1999, p. 3, assinala que "as ECI (entidades caóticas ingovernáveis) distinguem-se pela impotência de o Estado manter sob seu controle o território nacional e sua população. Amplos setores da economia, das cidades, das províncias e das regiões caem sob o jugo dos novos mestres da guerra, dos narcotraficantes ou das máfias. A legalidade, a ordem pública e os esboços de sociedade civil volatizam-se". Nota de 1999.

jurídica. Abrindo inclusive uma perspectiva interdisciplinar à pesquisa jurídica.

Nem sempre os cursos de pós-graduação em direito foram suficientemente sensíveis a este tipo de problemática e de reflexão.

A pesquisa jurídica no âmbito da pós-graduação tem-se desenvolvido sobretudo no campo da dogmática jurídica. Campo da dogmática jurídica este a que muitas vezes, inadvertida e injustificadamente, nega-se caráter científico.

Sobressaem, neste particular, as pesquisas em direito processual (acesso à justiça por exemplo) e, face à promulgação da Constituição de 1988, em direito constitucional (eficácia jurídica da norma constitucional, por exemplo).

Por outro lado, expressando a maturação da pesquisa jurídica no Brasil, observamos uma crescente preocupação com temas atinentes à epistemologia e à hermenêutica jurídicas.

O balanço final aponta para uma maior perspectiva interdisciplinar na reflexão jurídica, reflexão esta que, numa crescente valorização do fenômeno jurídico, passa a interessar cada vez mais outras áreas do conhecimento humano.

De qualquer maneira, a pesquisa no campo da dogmática jurídica deve manter a sua especificidade e identidade.

4.4. CONCLUSÃO

Referimo-nos inicialmente a uma desconstrução do objeto do conhecimento ou, pelo menos, a uma desconstrução do objeto do conhecimento tal como até agora construído ou reconhecido. Outra forma de falarmos em crise de paradigmas. Daí, um risco: o risco da intolerância científica, como forma de preservar o paradigma estabelecido ou como instrumento para impor novo paradigma. Daí, uma necessidade: a necessidade do diálogo e da tolerância acadêmicos, como forma de construção de uma ciência aberta e criativa, embora com polêmica e contraposição.

5. Observações a respeito do Princípio Constitucional da Culpabilidade no Direito Administrativo Sancionador

FÁBIO MEDINA OSÓRIO
Promotor de Justiça no RS. Mestre em Direito Público pela UFRGS. Professor na Faculdade de Direito da PUCRS, nas Escolas Superiores do Ministério Público-RS e da Magistratura-RS. Doutorando em Direito Administrativo na Universidade Complutense de Madrid, Espanha. Bolsista da CAPES.

Sumário: 5.1. Introdução; 5.2. Da sanção administrativa; 5.2.1. Conceito e significado; 5.3. Da unidade da pretensão punitiva estatal; 5.3.1. Caracterização teórica e jurisprudencial da unidade do *ius puniendi* estatal no Direito espanhol; 5.3.2. Crítica à tese do genérico *ius puniendi* do Estado; 5.4. Do princípio constitucional da culpabilidade; 5.4.1. Caracterização teórica da culpabilidade; 5.4.2. Desdobramentos da culpabilidade no direito administrativo sancionador; 5.4.2.1. Da responsabilidade subjetiva do agente; 5.4.2.2. Dolo e culpa; 5.4.2.2.1. Do tratamento dogmático do erro; 5.4.2.3. Da pessoalidade da sanção; 5.4.2.4. Da individualização da sanção; 5.5. Considerações finais.

5.1. INTRODUÇÃO

Através do direito administrativo, no sistema da *civil law*, o Estado, além de desempenhar inúmeras funções, costuma proibir e sancionar determinados comportamentos, alcançando agentes públicos e particulares. Nos mais diversos tipos de relações sociais, aparece o Estado regulando, condicionando, limitando o exercício de direitos e liberdades, não raro valendo-se do instrumento das sanções.[1]

---

[1] Consulte-se, a propósito das diversas espécies de sanções administrativas, a classificação de ENTERRÍA, Eduardo García de, e FERNÁNDEZ, Tomás-Ramón, *Curso de Derecho Administrativo*, Civitas, Madrid, 4ª ed., 1993, pp. 169 e ss, observando-se que os autores traçam algumas distinções entre as diversas espécies de sanções administrativas, v.g., militares, tributárias. Uma classificação bem mais ampla é formulada por DELLIS, Georges, *Droit Pénal et Droit Administratif* – L'influence des principes du droit pénal sur le droit administratif répressif, ed. L.G.D.J., Paris, 1997, pp. 10 e ss. A verdade é que o direito espanhol, a par de contar com garantias constitucionais expressas em matéria de direito administrativo sancionador, possui,

Nesse passo, uma lacuna geral no direito administrativo tem sido uma maior elaboração teórica de seu potencial sancionador. Não tem havido uma teorização adequada a respeito dos princípios que devem orientar o chamado direito administrativo sancionatório, não obstante seja usual, comum, rotineira a utilização desse ramo jurídico como forma de coibir comportamentos socialmente danosos e isso já vem ocorrendo há muitos anos no interior mesmo da Administração Pública e agora mais recentemente fora dela.

Perto das sanções cruéis e desumanas que as sociedades conheceram ao longo dos tempos - e, diga-se *en passant*, ainda conhecem em muitas regiões ou Estados -, como as penas que implicavam legítimas torturas físicas,[2] fácil observar que as penas privativas de liberdade, direitos e patrimônio representaram grande avanço, dado que, além de configurarem limitação ao poder estatal, significaram tentativa de busca de igualdade e racionalidade no exercício do poder punitivo, sem falar no sentido humanístico que encarnaram. De fato, uma das características do Estado Moderno foi a busca de penas como privações, e não como processos aflitivos. Nesse passo, penas legais, públicas, abstratas e genéricas se impuseram à luz dos pressupostos da época moderna.[3]

Um dos básicos princípios do direito administrativo sancionador é a culpabilidade, que tem assento constitucional e limita essa modalidade de exercício do poder punitivo estatal, cujo exame revela-se inafastável e de inegável prioridade.

---

ainda, a Lei nº 30/92, hoje parcialmente reformada pela Lei nº 04/99 (de 14 de janeiro de 1999), cujos vigentes preceitos estabelecem, modo expresso, os princípios da legalidade, tipicidade, proporcionalidade nesse terreno, vinculando expressamente as Administrações Públicas no exercício dos chamados "poderes sancionadores". Trata-se de legislação que estabelece regime jurídico básico de todas as Administrações Públicas, de aplicação nacional.

[2] Sobre a evolução das penas criminais, leia-se PIERANGELLI, José Henrique, *Das penas: tempos primitivos e legislações antigas*, in Fascículos de Ciências Penais, Trimestral, ano 5, nº 3, julho-agosto-setembro, 1992, Fabris Editor, Porto Alegre, edição especial *Penas e Prisões*, pp. 3/4.

[3] FERRAJOLI, Luigi, *Derecho y Razón, teoría del garantismo penal*, ed. Trotta, 3ª ed., 1998, Madrid, pp. 390/391, 394. O próprio autor, mais adiante, reconhece as dificuldades práticas da pena privativa de liberdade, além de sua natureza irremediavelmente aflitiva, seja fisicamente, seja psicologicamente. Aliás, chega a propor o limite máximo de 10 anos de prisão, a partir de uma perspectiva da minimização da pena, pp. 410 e ss, especialmente 414. Honestamente, parece-me que o limite temporal de 30 anos, para cumprimento de penas privativas de liberdade, constante do Código Penal pátrio, já se revela no mínimo razoável, passível de questionamento em termos de aumento, jamais de diminuição. Há delitos que certamente comportam uma efetiva execução de apenamento superior a 30 anos, ainda que respeitando a restrição da pena perpétua, que não se admite nem teoricamente, nem na prática. Penso que um limite de 10 anos seria totalmente dissociado da realidade social da criminalidade, notadamente a criminalidade violenta.

5.2. DA SANÇÃO ADMINISTRATIVA

5.1.1. Conceito e significado

Uma primeira e fundamental definição se impõe. O que é a sanção administrativa?

Para SUAY RINCÓN, sanção administrativa é "cualquier mal infringido por la Administración a un administrado como consecuencia de una conducta ilegal a resultar de un procedimiento administrativo y con una finalidad puramente represora".[4]

Assim, haveria quatro elementos fundamentais: a) autoridade administrativa (elemento subjetivo); b) efeito aflitivo da medida em que se exterioriza (elemento objetivo), subdividindo-se, nesse tópico, em a1) privação de direitos preexistentes e a2) imposição de novos deveres; c) finalidade repressora (elemento teleológico) consistente na repressão de uma conduta e no reestabelecimento da ordem jurídica; e) natureza administrativa do procedimento (elemento formal).[5]

Problema fundamental, a meu ver, na identificação da natureza administrativa de determinadas sanções, resulta da costumeira inadmissibilidade desta categoria sancionadora quando exercida pelo Judiciário. Parte da doutrina aponta, nesse passo, a incompetência das autoridades jurisdicionais para aplicar sanções administrativas, reconhecendo que Juízes administrativos podem aplicar sanções extrapenais (*pouvoir de sanction non penal*), que, todavia, não seriam administrativas.[6]

---

[4] RINCÓN, Jose Suay, *Sanciones Administrativas*, Studi Albornotiana, Publicaciones del Real Colegio de España, Bolonia, 1989, p. 55. No mesmo sentido, ENTERRÍA, Eduardo García de, e FERNÁNDEZ, Tomás-Ramón, (nota 1), p. 163. Essa divisão é, em geral, reconhecida na doutrina do direito comparado. A autoridade administrativa é um elemento considerado fundamental na definição mesma da sanção administrativa. Consulte-se MODERNE, Franck, *Sanctions Administratives et Justice Constitutionnelle* – Contribution à l'étude du *jus puniendi* de l'Etat dans les démocraties contemporaines, Economica ed., Paris, 1993, pp. 150 e ss. Discordo da visão restritiva quanto ao alcance subjetivo, dado que me parece possível sanções de direito administrativo aplicadas por Juízes, como ocorre, por exemplo, com a Lei 8.429/92, tanto que se proclama a superioridade judiciária para imposição dessas sanções. Daí também deriva a maior amplitude do procedimento, que pode ser judicial e não apenas o administrativo.

[5] RINCÓN, Jose Suay, (nota 4), p. 56. Nem todas as medidas gravosas são sanções administrativas, ainda que não se limitem exclusivamente a um ressarcimento ao erário. Nesse sentido, cabe observar a linha de raciocínio adotada pelo Tribunal Constitucional espanhol, decisão do órgão Pleno, RTC 1996/107, SENTENCIA de 12-6-1996, nº 107/1996, Cuestión de Inconstitucionalidad núm. 1027/1995, Relator Dr. FRANCISCO JAVIER DELGADO BARRIO, por maioria, restringindo o alcance conceitual de sanção administrativa, dela excluindo determinadas medidas fiscais que causam gravames aos contribuintes ou administrados.

[6] Leia-se MODERNE, Franck, (nota 4), p. 150. Sem embargo, repito, não há razão de ordem técnica ou jurídica para que não se reconheça a possibilidade de Juízes aplicarem sanções administrativas (de direito administrativo), quando presentes os requisitos legais. De outro modo, algumas sanções ficariam sem uma correta classificação no plano material. Parece-me

Não obstante a presença inevitável de sanções administrativas nas mãos do Poder Executivo, a atuação funcional da Administração Pública não é imprescindível à caracterização da sanção administrativa, cabendo ao legislador outorgar a Juízes e Tribunais poderes sancionadores de direito administrativo,[7] tendo em conta o princípio da livre configuração legislativa de ilícitos e sanções.

Óbvio que o direito administrativo pode tipificar e sancionar comportamentos ilícitos, entregando-se ao Judiciário a tarefa de aplicação dessas leis repressoras, sem que se considerem, rigorosamente, sanções penais. O problema da sanção penal é que sua criação depende, de um lado, de uma certa discricionariedade legislativa, que implica valoração (sempre vedada, por certo, a arbitrariedade) e, de outro, de um limite dogmático vigente tanto no direito espanhol como no brasileiro: não pode o direito administrativo tipificar e punir condutas com penas privativas de liberdade. Este o verdadeiro limite dogmático que separa direito penal de direito administrativo sancionador. Consulte-se, ainda, Uma breve notícia histórica revela, sem dúvida, que era o Poder Executivo que detinha, antes do Poder Judicial, funções sancionadoras e repressivas, até porque não havia nítida e inequívoca divisão de poderes, de modo que ao Executor competia também julgar as desobediências e desatendimentos a seus comandos, ainda que tal realidade não se expressasse de modo uniforme, seja no Continente Europeu, seja no Continente Americano. Em suas origens, as sanções administrativas ligavam-se às chamadas sanções de polícia. "Desde siempre, todas las órdenes y prohibiciones establecidas en las normas van acompañadas por lo común de la amenaza de una sanción que con frecuencia es expresa", situação que se reforça em meados do século XVIII, na Europa, eis o que diz NIETO, Alejandro, *Derecho Administrativo Sancionador*, 2ª ed. ampliada, Tecnos ed., Madrid, 1994, p. 50. No Brasil, veja-se que a Administração Pública do século XVIII vivenciava o chamado Estado de Polícia. Não estava, rigorosamente, juridicamente vinculada perante terceiros, conforme a notícia de RIVERO, Jean, *Droit Administratif*, 3ª ed., Dalloz, Paris, 1965, p. 14. Repita-se que não é por outra razão que o direito administrativo, no Brasil, ao tempo do Império, praticamente inexistia, diante da predominância do direito privado regendo os atos das autoridades públicas, consoante se percebe em LIMA, Ruy Cirne, *Princípios de Direito Administrativo*, ed. RT, 5ª ed., 1982, pp. 26/35, 32. E a inexistência de um direito administrativo implicava ausência de uma clara separação de poderes, visto que o direito administrativo é aquele que tutela, de modo especial ou "estatutário", as Administrações Públicas. Leia-se, ademais, ENTERRÍA, Eduardo García de, e FERNÁNDEZ, Tomás-Ramón, (nota 1), p. 164, quando sustentam que desde as origens da Revolução Francesa, com o fortalecimento de um Direito Penal legalizado e judicializado, inúmeros poderes sancionatórios foram transferidos aos Juízes e Tribunais. Sem embargo, muitas Administrações mantiveram seus próprios poderes sancionadores, sendo que essa realidade avançou no século XX e, sem dúvida, permanece atual, dado que inevitável a existência de poderes sancionadores nas mãos das Administrações Públicas, seja pelas conseqüências práticas desastrosas que ocorreriam com um absurdo congestionamento do Poder Judiciário, seja porque tais funções sancionatórias realmente são necessárias na dinâmica administrativa.

[7] Consulte-se FERRAJOLI, Luigi, (nota 3), pp. 418 e ss, quando afirma que as penas privativas de direitos, por sua amplitude e gravidade, deveriam ser penas principais, e não acessórias. E, sobretudo, seria necessário que estivessem sujeitas ao princípio da jurisdicionalidade, imponíveis pelo Juiz após o conhecimento da causa. O autor reputa pertinentes essas penas de "incapacitação" a ilícitos de fraudes, corrupções, "malversaciones, falsedades", dentre outras, p. 418. Destaco aqui, nesse ponto, a lei de improbidade (Lei 8.429/92) é atual. Apresenta característica básica de aplicação jurisdicional, reveste-se de todas as garantias fundamentais, possui penas principais e bem ajustadas aos ilícitos. O legislador brasileiro, nesse passo, atuou com sabedoria, outorgando ao Poder Judiciário, exclusivamente, a capacidade de impor as sanções mais graves aos atos de improbidade administrativa, sanções de direito administrativo, sujeitas aos princípios que presidem a Administração Pública e o direito administrativo sancionador.

Em realidade, creio que não se pode descartar a existência de sanções de direito administrativo aplicadas pelo Poder Judiciário, mormente quando a norma invocada possui em um de seus pólos a figura da Administração Pública, direta, indireta ou descentralizada, como lesada pela ação de agentes públicos ou particulares.

De um lado, é possível dizer que o agente público que, com falta pessoal, causa prejuízos a terceiros, fica passível de responsabilização perante o Estado, ao passo que este, juntamente com aquele, se torna responsável perante os lesados.[8]

Cabe ao direito administrativo, pois, em um primeiro plano, dispor sobre as responsabilidades do agente público faltoso perante o próprio Estado.[9]

---

[8] RIVERO, Jean, (nota 6), pp. 14/15, pp. 260/261. Ademais, destaco que um dos grandes problemas que deve ser adequadamente enfrentado, principalmente a partir da CF/88, é o chamado direito de regresso do Estado perante os agentes públicos causadores de danos que vinculam entidades públicas em termos de responsabilidade civil. Indenizações milionárias a particulares contra o Estado não são raras. O problema é resgatar esse dinheiro com os agentes públicos, porque estes tampouco possuem os recursos necessários. Daí surge a necessidade de estabelecer outras sanções além das medidas de natureza pecuniária. Claro que o melhor mesmo é sempre prevenir, evitar lesões aos direitos dos particulares, seja pela importante obediência à ordem jurídica, cujo cumprimento deveria o Estado seguir em primeiro lugar, seja pela notória economia aos cofres públicos.

[9] Idem, pp. 14/15, p. 260. Cabe aduzir que a Lei 8.429/92 (Lei de Improbidade Administrativa – LIA), por exemplo, ao adotar a conceituação de sujeito ativo a partir do sujeito passivo, consagra proteção às chamadas relações de sujeição especial, em que os agentes públicos estão subordinados a normas específicas, a sistemas estruturados no âmbito da própria Administração Pública. Praticado um fato ilícito atentatório aos princípios que presidem a Administração Pública, nasce ao Estado o poder-dever de punir o infrator, legitimando-se o exercício desse poder por vários e eventualmente simultâneos caminhos processuais, procedimentais e materiais. Desde logo, a configuração de uma típica infração administrativa autoriza a Administração Pública ao exercício de seu específico poder punitivo, observado o devido processo legal, ou seja, através de processo administrativo com os direitos constitucionais de ampla defesa e contraditório. É uma espécie de poder punitivo estatal que visa a proteger, nesses casos, fundamentalmente, a ordem administrativa interna, sem embargo de que proteja, também, a ordem pública. De outro lado, nasce, ainda, ao Estado um poder punitivo judicial, uma vez que os fatos se enquadrem em definições típicas de natureza criminal ou na categoria de atos de improbidade administrativa ou, ainda, nos casos em que a lei assim o determine, criando infrações administrativas cuja repressão resulte configurada como tarefa judicial, ou, por derradeiro, quando geram, pura e simplesmente, a responsabilidade civil do agente, em vista de lesões ao erário. Já o poder punitivo judicial é um pouco diverso, visto que, desde logo, se caracteriza pela independência em relação ao poder punitivo da Administração Pública. Em outras palavras, o exercício da pretensão punitiva pela Administração Pública não vincula o Poder Judiciário, negativa ou positivamente. Se a Administração Pública age de ofício, já o Poder Judiciário depende de um ajuizamento de demanda, observados os pressupostos de legitimação ativa e passiva. Ademais, o Poder Judiciário está, nos casos em que há improbidade administrativa, autorizado a conhecer de demandas criminais, civis (ações populares ou de cobrança de valores por responsabilidade civil) e de improbidade administrativa (ação civil pública regulada na Lei 8.429/92). Essas demandas podem ser autônomas, especialmente as demandas criminal e cível *lato sensu* (incluindo a demanda por improbidade). Observa-se, no caso, que as normas definitórias da improbidade administrativa assemelham-se a normas de direito administrativo sancionatório, ainda que esta expressão seja utilizada, no direito comparado, muito comumente

para expressar o poder punitivo que está nas mãos da Administração Pública. Trata-se, inegavelmente, de normas de direito administrativo, seja pela direta vinculação aos princípios que presidem a Administração Pública, seja pelo objeto (punição de atos atentatórios aos princípios administrativos), seja pelos sujeitos (agentes públicos), seja, finalmente, pelas finalidades presentes naquela legislação. Não se trata, evidentemente, de normas penais, porque não se autodefinem como tais, e porque, fundamentalmente, não apresentam características essencialmente penais, pelo menos não pretendem imposição de penas privativas de liberdade, cuja aplicação, sabe-se, aí sim, dependeria de normas penais. Aliás, a doutrina costuma duvidar de que haja ilícitos que apresentem características essencialmente criminais, que escapam ao arbítrio do legislador, ou seja, traços ontologicamente penais. Consulte-se a opinião de MIR, José Cerezo, *Curso de Derecho Penal Español*, I, Introducción, Tecnos, Madrid, 5ª edição, 2ª reimpressão, 1998, pp. 43 e ss, quando traça interessante histórico a respeito da evolução dos debates doutrinários na Europa em torno do assunto. Aponta o autor que, na atualidade, predominaria o entendimento de que entre os ilícitos administrativos e penais haveria distinção de graus, ou seja, distinções quantitativas, nada mais. "La sanción disciplinaria y la pena no se diferencian esencialmente". Acrescenta o autor, todavia, uma ressalva importante: "La sanción disciplinaria, sin embargo, dentro del límite máximo marcado por la justicia, tiene en cuenta no sólo los fines de la prevención general y la prevención especial, sino también las exigencias del prestigio y buen funcionamiento de la Administración. Las sanciones penales y las sanciones disciplinarias son, por ello, independientes", p. 57. O problema do critério quantitativo é que também falha. Nem sempre o ilícito penal será mais gravemente apenado do que o ilícito administrativo, mormente considerando a lentidão usual do legislador penal. No Brasil, o Código Penal, em sua Parte Especial, data de 1940. Há muitas leis penais antigas. Além disso, proliferaram os juizados especiais penais e reformas pontuais extremamente benignas, criando-se uma maior tolerância penal em relação a determinados fatos, fenômeno que não se repete no interior do direito administrativo. Em tese, o critério quantitativo poderia orientar as opções do legislador, mas este goza de autonomia decisória nesse terreno e pode prever ilícitos penais e ilícitos administrativos sem uma lógica de que os últimos sejam menos graves do que os primeiros, ainda que protegendo idênticos bens jurídicos. Não haveria, a meu ver, inconstitucionalidade alguma no procedimento do legislador que tipificasse uma infração no direito administrativo de modo mais severo do que a tipificação – primária e secundária – formulada no direito penal. De modo que não há ao cidadão um direito subjetivo público de que a infração administrativa seja menos grave do que a infração penal. Idêntico fenômeno se passa no interior do próprio sistema penal, com maior intensidade. Há bens jurídicos que, sabidamente, são mais valiosos do que outros. Nem por isso o legislador penal segue uma linha coerente na proteção desses bens jurídicos. As distorções axiológicas, nesse campo, dificilmente se revelam passíveis de correção judicial, porque apenas refletem opções legislativas que até poderiam ser censuradas pelo voto popular. Claro que distorções absurdas podem ser intoleráveis, gerando quebra de princípios constitucionais. Mas a maioria das distorções não se mostra aberta às correções judiciais. No mesmo sentido de apontar identidade substancial entre os ilícitos administrativo e penal, leia-se CUTANDA, Blanca Lozano, *La tensión entre eficácia y garantías en la represión administrativa: aplicación de los principios constitucionales del orden penal en el derecho administrativo sancionador con especial referencia al princípio de legalidad*, in Las Fronteras del Código Penal de 1995 y el Derecho Administrativo Sancionador, cuadernos de derecho judicial, Consejo General del Poder Judicial, 1997, Madrid, pp. 47 e ss. Insisto que nada impede um sancionamento administrativo pecuniário mais grave do que um sancionamento penal pecuniário. E mesmo uma restrição de direitos, no campo penal, não é necessariamente mais grave do que outra imponível pela via do direito administrativo. O certo é que, não obstante eventual independência procedimental, operativa e até material, dada a subsistência de sanções administrativas e penais concomitantes, também parece oportuno aduzir que em alguns momentos e situações o Juiz penal interferirá, sabidamente, na esfera administrativa, tendo em vista a extensão dos efeitos da decisão penal absolutória ou condenatória. Não há uma independência absoluta, como se sabe. De outro lado, o fato de a Lei 8.429/92 não ser de natureza penal, *data venia*, não impede que sejam adotadas importantes garantias individuais frente ao poder punitivo estatal. De fato, não é por sua característica extrapenal que a Lei 8.429/92 deixaria de ostentar efeitos punitivos poderosos e inclusive com ampla repercussão em direitos fundamentais. Daí que a estrutura da infração há de estar delimitada em lei, ainda que se admita tipicidade composta de conceitos indeterminados, situação igualmente admitida no direito penal. Mesmo o chamado direito administrativo disciplinar tem importado do direito penal princípios e estruturas, v.g., legalidade, tipicidade, culpabilidade, irretroatividade de lei mais gravosa, consoante aponta JOSÉ CEREZO MIR, obra citada, pp. 53/55. Na realidade européia, tem sido dada prevalência, no combate à improbidade administrativa, ao sistema repressivo penal. Ao Juiz penal tem sido outorgada primazia no tratamento de fatos ilícitos revestidos de gravidade. E na própria sentença penal condenatória os Juízes fixam indenizações, suspendem direitos políticos, impõem sanções carcerárias. Esgotam, praticamente, todas as punições possíveis, inclusive decretando a perda de cargos públicos. Nesse sentido, cabe consultar a "sentencia nº 164/98", da Audiência Provincial de Navarra/Nafarroa, Espanha, 142 páginas, condenando algumas importantes autoridades do governo de Felipe Gonzalez por crimes de corrupção, prevaricação e contra a Fazenda Pública. Na própria sentença se decretaram, além das sanções já mencionadas, bloqueio de bens dos réus, pesadas multas, proibição de obter subvenções ou créditos públicos, ou gozar de benefícios fiscais ou de seguridade social. Na sentença penal se fixou o montante da responsabilidade civil. Sobre esse assunto, além da consulta a essa decisão – já devidamente publicada – cabe examinar a repercussão intensa do caso na mídia espanhola. Ver Jornal *El Mundo* del Sieglo Veintiuno, *Madrid*, sob a manchete "Los Tribunales castigan a otro alto cargo del Felipismo", ed. de Terça-feira, 8 de setembro de 1998, pp. 1, 6/9. Trata-se deste caso – cuja sentença foi antes referida - em que a Justiça espanhola condenou GABRIEL URRABALRU - ex-presidente do Governo de Navarra de 1983 a 1991 e Secretário-Geral do PSN-PSOE até que, no verão europeu de 1994, se viu obrigado a abandonar o cargo, em face de seu envolvimento em fatos delituosos - a 11 anos de prisão, por corrupção, e ao pagamento de 780 milhões de pesetas de multa, além da suspensão dos direitos políticos e outras sanções correlatas. Houve, ainda, outras condenações. Os fatos delitivos consistiram em cobrança de comissões indevidas "por la adjudicación de obras públicas", reconhecendo-se que o enriquecimento dos acusados foi fácil e rápido, quase com frênesi. Interessante que o próprio juízo criminal fixou, também, a responsabilidade civil dos réus, estipulando o montante de indenização à Fazenda Pública. Houve "concerto previo de adjudicar una obra para obtener dádivas por ello". Note-se que as esposas de vários acusados também foram condenadas, por serem consideradas favorecedoras ou "encubridoras de un delito de cohecho". Note-se que há um recentíssimo Código Penal vigente na Espanha e, mais ainda, que há, também, o chamado juizado de instrução, em que um juiz especial atua, junto com o Promotor, na fase das investigações, colhendo depoimentos e eventualmente decretando prisões provisórias, procedendo investigações. É outro sistema processual, em que o princípio da inércia da autoridade judiciária não vige em sua plenitude, ao contrário do que ocorre no Brasil. De outro lado, oportuno lembrar a grave crise vivenciada pela Justiça portuguesa. Sabe-se que, recentemente, Portugal foi tomado por uma onda de prescrições em processos e expedientes nos quais se buscava a responsabilização de políticos e empresários, casos envolvendo delitos econômicos e corrupção. Consulte-se o Jornal El Pais, edição de 15-12-98, p. 7, quando aborda a existência de acusações contra a Justiça portuguesa pela impunidade dos poderosos. A partir da entrada em vigor do recente Código Penal português, a maior parte dos casos de corrupção descobertos durante o governo conservador de Anibal Cavaco Silva (1985-1995) ficaram cobertos pela prescrição. Há, enfim, um debate a respeito da crise da Justiça portuguesa. Parece-me que, nesses casos de corrupção ou simplesmente improbidade administrativa – que é uma noção bem mais ampla – a ordem jurídica não deve restringir seu caminho de combate ao direito penal, visto que desnecessária, para dizer o mínimo, semelhante restrição. Não vejo inconvenientes na multiplicidade de esferas de responsabilização. A impunidade deteriora a cidadania e as crenças nas Instituições. Desmorona, pouco a pouco, o regime democrático, que se assenta no pilar da igualdade e da probidade dos Poderes Públicos, cuja legitimação decorre da soberania popular. Daí que, respeitados os direitos fundamentais da pessoa humana, não há como deixar de buscar caminhos mais rigorosos de combate à improbidade administrativa. O sistema brasileiro, nesse passo, revela-se avançado, moderno, porque permite o equacionamento do problema, concomitantemente, em diversas esferas. Em um sentido mais amplo, transcedendo, inclusive, a noção de improbidade, pretendo, nesta obra, trabalhar os princípios gerais do direito administrativo sancionatório, que se aplicam a processos disciplinares, administrativos, judiciais, que tenham por objetivo a imposição das "sanções administrativas", cuja definição, portanto, haverá de ser formulada.

Com razão Georges Dellis quando afirma que a sanção administrativa possui uma definição *stricto sensu* quando ligada à presença de uma autoridade administrativa. Seriam, por essa perspectiva estrita, sanções administrativas aquelas medidas repressivas, sem natureza necessariamente disciplinar, impostas por organismos da administração ativa, comportando grande variedade de espécies, v.g., ligadas ao setor econômico, da saúde, do desenvolvimento, circulação, transportes, e muitos outros.[10]

No caso das sanções administrativas (de direito administrativo) aplicadas por Juízes e Tribunais, a nota distintiva da sanção será, além da presença da Administração Pública em um dos pólos (como lesada), e demais elementos já apontados, a ausência de natureza penal da sanção, o que se deve verificar, de um lado, na decisão legislativa soberana e discricionária, e, de outro, na ausência de previsão, direta ou indireta, de pena privativa de liberdade.[11]

---

[10] DELLIS, Georges, (nota 1), pp. 10 e ss. Reconhece essa doutrina que existem "sanções administrativas jurisdicionais", como ocorre, por exemplo, com algumas infrações cuja repressão compete diretamente aos Tribunais Administrativos.

[11] No direito brasileiro, consulte-se, a propósito da natureza extrapenal da Lei 8.429/92, o magistério de MELLO, Celso Antonio Bandeira de, *Curso de Direito Administrativo*, 6ª edição, Malheiros Editores, 1995, p.135 e DI PIETRO, Maria Sylvia Zanella, *Direito Administrativo*, 4ª edição, 1994, Atlas, São Paulo, p. 70, além da decisão do TJSP, 4ª Câmara de Direito Público, agravo de instrumento número 279.176.2/0, Relator Desembargador CLÍMACO DE GODOY, julgado em 21-3-96, *in Improbidade administrativa*, Associação Mineira do Ministério Público, Coordenação do Departamento Cultural e da Procuradoria de Justiça junto ao Tribunal de Contas, Belo Horizonte, 1996, p. 113. Veja-se, de outro lado, o *habeas corpus* 696803550, 4ª C. Criminal do TJRGS, Rel. Des. LUIZ MELÍBIO UIRAÇABA MACHADO, julgado em 17-12-96, conhecido como reclamação, mandando trancar ação civil pública movida contra Prefeito Municipal de Carazinho-RS, eis que as sanções da Lei 8.429/92 teriam natureza criminal, combinado com o disposto no art. 5º, inciso XLVI, da Carta de 1988, que derrogou o art. 1º da Lei de Introdução ao Código Penal. Veja-se que a decisão não resistiu muito tempo, pois a matéria, naquele mesmo processo, já havia sido decidida por uma Câmara Cível do mesmo Tribunal, razão pela qual houve conflito de competência – suscitado por um Procurador de Justiça - que se resolveu em favor do órgão jurisdicional cível, reformando-se a decisão do juízo criminal, que era incompetente para apreciar a questão, conforme conflito de jurisdição nº 00597003714, Pleno do Tribunal de Justiça do Rio Grande do Sul, Relator Des. João Aymore Barros, por maioria, fixando a competência da 1ª C. Cível do mesmo Tribunal, julgado em 22-12-97. Um dos curiosos e pitorescos argumentos da decisão da 4ª C. Criminal do TJRGS – que foi reformada - era no sentido de que uma determinada edição do Código Penal incluía, em seu apêndice legislativo, a Lei 8.429/92, o que seria prova do caráter penal daquela legislação. Francamente, semelhante argumento nem mereceria maiores comentários...Seria o mesmo que dizer que se uma edição do Código Comercial trouxesse, em seu apêndice legislativo, alguma lei de conteúdo penal, esta lei automaticamente se transformaria em lei de direito comercial. Seria um poder, não do legislador, mas do editor, algo realmente inaceitável à luz dos métodos normais e razoáveis de interpretação. No mais, um dos argumentos nucleares do acórdão foi no sentido de que o vocábulo "penas", empregado pela CF/88 no tratamento da individualização legal das penas (art. 5º, XLVI, CF/88) teria buscado uma conotação criminal. Insisto na falha fundamental dessa linha de raciocínio, qual seja, a identificação do vocábulo "pena" como um fenômeno essencialmente penal ou criminal. Veja-se que existem, inclusive, as chamadas "penas privadas", consoante diz ROXIN, Claus, *Derecho Penal*, Parte General,

É com essa definição *lato sensu* de sanção administrativa (sanção de direito administrativo), ampliada, tão-somente, no seu aspecto subjetivo (e, por conseguinte, também no elemento formal do procedimento), que buscarei o exame da unidade de pretensão punitiva do Estado e o alcance da culpabilidade no direito administrativo sancionador, desde uma pespectiva do direito constitucional.

5.3. DA UNIDADE DA PRETENSÃO PUNITIVA ESTATAL

5.3.1. Caracterização teórica e jurisprudencial da unidade do *ius puniendi* estatal no Direito espanhol

O Tribunal Supremo espanhol elaborou a teoria da unidade de ilícitos penais e administrativos, construindo a base aparentemente dogmática para aplicação de alguns princípios constitucionais (comumente aplicados no direito penal) às infrações administrativas. Essa jurisprudência levou em linha de conta, fundamentalmente, a ausência de distinções substanciais ou ontológicas entre essas categorias de ilícitos, além da unitária incidência de alguns princípios constitucionais, cuja concreção, sem embargo, sempre revela suas peculiaridades, variando, em alguma medida, quando se trata de direito administrativo sancionador ou penal.[12]

Tomo I, tradución y notas de Diego – Manuel Luzón Peña *et alli*, ed. Civitas, 1997, Madrid, pp. 76/77, o qual acentua que essas "penas" privadas se distinguem das criminais, porque se baseiam em um submetimento voluntário do sujeito à sua incidência, v.g., nas cláusulas contratuais penais do direito privado. Salienta o autor, inclusive, o aumento crescente das penas privadas em determinados setores, como empresas ou no comércio, para ilícitos de menor gravidade, em que a persecução penal costuma ser geralmente ineficaz. Saliento, ademais, que o art. 5º, XLVI, da CF/88 cuida das "penas" em geral, inclusive das sanções administrativas, expressando o princípio geral da individualização legal das sanções. O próprio STF, pelo Tribunal Pleno, Rel. Min. MOREIRA ALVES, no mandado de segurança 22728, julgado em 22-01-98, assentou a possibilidade de cassação de aposentadoria, pela via administrativa, quando comprovado que o agente público, no exercício de suas funções, praticara ato de improbidade administrativa. Disse o acórdão que a cassação da aposentadoria equivaleria a uma "pena" administrativa. Ademais, assentou o seguinte: "Inexistência do *bis in idem* pela circunstância de, pelos mesmos fatos, terem sido aplicadas a pena de multa peloTribunal de Contas da União e a pena de cassação da aposentadoria pela Administração. Independência das instâncias. Não aplicação ao caso da súmula 19 desta Corte". O vocábulo "pena" há de receber, portanto, interpretação elástica, compatível com o sistema constitucional. Há penas criminais e há penas administrativas, afora outras possíveis categorias.Arrolando várias sanções de natureza predominantemente administrativa, ver MOREIRA NETO, Diogo de Figueiredo, *Curso de Direito Administrativo*, revista, ampliada e atualizada, 11ª edição, Forense, Rio de Janeiro, 1996, pp. 290/294.

[12] Ver RJ 1996/4480, SENTENCIA de 17-5-1996, Recurso nº 5810/1992, TRIBUNAL SUPREMO espanhol, Sala 3ª, Sección 4ª, Relator D. RAFAEL FERNANDEZ MONTALVO, em que se traz à tona esse histórico da evolução teórica da unidade de pretensão punitiva estatal. O contraditório dessa jurisprudência é que, de um lado, reconhece a diversidade de regimes jurídicos dessas duas supostas manifestações do poder punitivo estatal e, de outro, proclama,

com aparente ênfase, a suposta unidade do *ius puniendi* do Estado. Essa contradição foi percebida, também, pela doutrina espanhola. Veja-se o teor do acórdão, *in verbis*: "El artículo 25 de la Constitución donde se reconoce implícitamente la potestad administrativa sancionadora, tiene como *soporte teórico la negación de cualquier diferencia ontológica entre sanción y pena*. Ahora bien, esta equiparación de la potestad sancionadora de la Administración y el *ius puniendi* del Estado tiene su antecedente inmediato, su origen y partida de nacimiento en la *'doctrina legal' de la vieja Sala Tercera del Tribunal Supremo, cuya Sentencia de 9 febrero 1972 (RJ 1972/876)* inició una andadura muy progresiva y anticipó lúcidamente con los materiales legislativos de la época, planteamientos y soluciones ahora consolidadas. En efecto, en esta decisión histórica, como así ha sido calificada, en este auténtico *leading case* se decía, con clara conciencia de su alcance, que *'las contravenciones administrativas no pueden ser aplicadas nunca de un modo mecánico, con arreglo a la simple enunciación literal, ya que se integran en el supra-concepto del ilícito cuya unidad sustancial es compatible con la existencia de diversas manifestaciones fenoménicas, entre las cuales se encuentran tanto el ilícito administrativo como el penal'*. Tal razonamiento se utilizó también por la misma Sala para distintas finalidades y en relación con otras facetas de la potestad sancionadora en varias sentencias posteriores, mientras que en muchas más se da por supuesta esta premisa. Y el Tribunal Supremo añadía, ya entonces *'ambos ilícitos exigen' un comportamiento humano, positivo o negativo una antijuricidad, la culpabilidad, el resultado potencial o actualmente dañoso y la relación causal entre éste y la acción; por tanto resulta claro que las directrices estructurales del ilícito tienden, también en el ámbito administrativo, a conseguir la individualización de la responsabilidad y vedan simétricamente cualquier veleidad de crear una responsabilidad objetiva o basada en la simple relación de una cosa, a título de propiedad o posesión, como consecuencia de su dimensión personal*. Esta progresiva andadura jurisprudencial encontró eco en otros ámbitos supranacionales y así el Tribunal de Derechos Humanos del Consejo de Europa, con sede en Estrasburgo, se pronunció en el mismo sentido cuatro años después. La Sentencia de 8 junio 1976, adoptada por el Pleno (caso Engel) se abre con una advertencia preliminar: El Convenio no impide que cada Estado pueda elegir entre el uso de la potestad penal (judicial) y la sancionadora o disciplinaria (administrativa), sin que la calificación del ilícito como delito o infracción sea decisiva al respecto, para evitar que al socaire de tal opción puedan eludirse las garantías establecidas en el Convenio. El concepto de materia penal - según el Tribunal - está dotado de autonomía y en su virtud hay que atener con preferencia a la verdadera naturaleza de la contravención, conectada por supuesto a la sanción que se le asigne. El Derecho Penal y el Administrativo, en este aspecto, no son compartimentos estancos y, por ello, la despenalización de conductas para tipificarlas como infracciones, cuya naturaleza intrínseca es la misma, no puede menoscabar los derechos fundamentales o humanos del imputado o acusado. A esta primera decisión seguirían algunas más 21 de febrero (caso Otzürk) y 2 de junio de 1984 (Caso Campbell y Fell) y 22 de mayo de 1990 (Caso Weber). Una vez promulgada la Constitución, resulta claro que su artículo 25, donde se reconoce implícitamente la potestad administrativa sancionadora tiene como soporte teórico la negación de cualquier diferencia ontológica entre sanción y pena. En tal sentido, resulta expresiva y concluyente la Sentencia de 8 junio 1981 (*RTC 1981/18), en la cual el Tribunal Constitucional afirma que los principios inspiradores del orden penal son de aplicación con ciertos matices*, (GRIFEI) *al derecho Administrativo sancionador, dado que ambos son manifestaciones del ordenamiento punitivo del Estado*, tal y como refleja la propia Constitución y una reiterada jurisprudencia de nuestro Tribunal Supremo, hasta el punto de *que un mismo bien jurídico puede ser protegido con técnicas administrativas o penales*, si bien en el primer caso con el límite que establece el propio artículo 25, en su número 3, al señalar que la Administración civil no podrá imponer penas que directa o subsidiariamente impliquen privación de libertad (STS de 9 enero 1991 [RJ 1991/3447])". Na doutrina, consulte-se o trabalho de CUTANDA, Blanca Lozano, (nota 9), p. 51 e ss. A autora, ao fazer um resumo da doutrina existente a respeito do assunto, conclui no sentido de que prevalece a concepção de que as penas e as sanções administrativas "constituyen dos subespecies del *ius puniendi* estatal", pelo que os princípios penais se aplicam ao direito administrativo sancionatório, "con ciertos matices o modulaciones", situação confirmada pelo Tribunal Supremo e Tribunal Constitucional espanhóis, além do Tribunal Europeu de Direitos Humanos. Saliento que a unidade de pretensão punitiva estatal resultaria, fundamentalmente, no que se refere às infrações penais e administrativas, da ausência de uma distinção ontológica entre estas. Não haveria diferenças substanciais a separar o ilícito penal do ilícito administrativo, mas apenas o critério dogmático. Assim o é, também, no direito brasileiro,

Esse poder sancionador estaria dividido, quando de sua concretização, através de dois grandes ramos jurídicos, a saber, direitos penal e administrativo, ambos submetidos a princípios de direito público estatal, com diferenças.

Não obstante essas considerações, parece-me frágil e inconsistente a teoria da unidade de pretensão punitiva do Estado, quando se trate de aplicação de normas penais e de direito administrativo sancionador, tendo em vista, singelamente, a diversidade substancial de regimes jurídicos dessas duas manifestações do poder punitivo estatal.

5.3.2. Crítica à tese do genérico *ius puniendi* do Estado

É possível, sem dúvida, falar-se em um direito constitucional limitador do *ius puniendi* do Estado. Nesse sentido, o direito constitucional limita, a um só tempo, qualquer exercício de pretensão punitiva, inclusive as sanções privadas, alcançando, portanto, a pretensão punitiva dos particulares. Por essa ampla perspectiva, não me parece razoável tratar de um unitário *ius puniendi* estatal, dada sua amplitude.

De outro lado, a inexistência de distinções ontológicas ou substanciais entre os ilícitos penal e administrativo, tese que fundamenta a suposta unidade de pretensão punitiva do Estado, ainda que resultasse plenamente comprovada, não inibe a liberdade de configuração normativa do Legislador em relação a esses ilícitos, como tem sido o entendimento dominante na Europa.

A existência de limites dogmáticos e formais a separar ilícitos de direito administrativo e de direito penal, de fato, não deveria causar maiores perplexidades, visto que resulta da essência do sistema de separação de Poderes, em que ao Legislativo é outorgada discricionariedade no desempenho de suas funções, uma ampla discricionariedade, muito mais ampla do que aquela que vigora na esfera administrativa.

O certo é que da discricionariedade legislativa, que pode criar ilícitos penais ou administrativos consoante critérios extremamente elásticos, resulta, inegavelmente, um regime jurídico absolutamente distinto a essas duas projeções do poder punitivo estatal, de tal sorte que, como conseqüência dessa diversidade de tratamentos dogmáticos, parece incoerente e inclusive impossível falar-se em uma unidade de pretensão punitiva estatal.

---

em que vinga o critério dogmático da sanção carcerária prevista no art. 1º da Lei de Introdução ao Código Penal, cujo comando estabelece claramente a linha que separa ilícitos penais e administrativos. Sem embargo, da ausência de uma distinção ontológica entre ilícitos penais e administrativos não decorre, como se sabe, identidade absoluta de regimes jurídicos a essas categorias, o que faz desmoronar a tese de unidade do *ius puniendi* estatal.

Na linha dessa diversidade de regimes jurídicos, indiscutível que se admite sancionamento administrativo de pessoas jurídicas,[13] o que revela as peculiaridades da responsabilidade administrativa e do próprio direito administrativo sancionador, cuja estruturação não parte do mesmo dogma da responsabilidade subjetiva que vigora no direito penal, embora essa ressalva se faça presente apenas em relação às pessoas jurídicas.

Diga-se que a tese da unidade do *ius puniendi* estatal é uma resposta ideológica e jurídica à tese do poder de polícia, vale dizer, às correntes que vinculavam o poder administrativo sancionador ao poder de polícia, inclusive como um poder implícito. Quem pode intervir na ordem pública, atuar, condicionar direitos e limitar liberdades, deve possuir, paralelamente, os respectivos poderes repressivos. Junto às competências administrativas de gestão estariam as competências repressivas. A sanção administrativa seria um meio de execução do cumprimento de deveres impostos aos cidadãos, eis a essência da tese em exame.

Sem embargo, não prospera, em sua globalidade, a teoria de que o poder sancionador estaria integrado no poder de polícia, diante das peculiaridades do direito administrativo sancionador, suas garantias, sua generalidade, tipicidade, legalidade, incompatibilidade com a flexível e extremamente elástica natureza que deveria ostentar para ser considerado integrante do poder de polícia.

Alejandro Nieto afirma, por seu turno, que a teoria do *ius puniendi* único do Estado peca pela "soberba", não tendo sido confirmada na *praxis*. O autor, após afastar-se da antiga tese que conectava o poder sancionador ao poder de polícia, enuncia sua desconfiança em relação à tese oficial de

---

[13] Ver NIETO, Alejandro, (nota 6), pp. 352 e ss, relatando o histórico das discussões a esse respeito no direito espanhol e a moderna posição do Tribunal Constitucional, que reconhece a chamada "capacidade infratora" às pessoas jurídicas. Disse o órgão julgador que o princípio da culpabilidade, ou o princípio da pessoalidade da pena ou sanção não impedem a responsabilidade direta das pessoas jurídicas, p. 356. Ver, ainda, RJ 1992/3946, SENTENCIA de 24-10-1989. Recurso nº 615/1988, TRIBUNAL SUPREMO espanhol, Sala especial, Relator Dr. RAFAEL DE MENDIZABAL ALLENDE, por maioria, estabelecendo a exigência de que a Pessoa Jurídica atuasse no mínimo "culposamente" para ser responsabilidade em terreno de direito administrativo sancionador. O voto vencido do Magistrado Dr. Paulino Martín, consignou discordância em relação ao entendimento de que seria necessária demonstração de concreta violação de deveres objetivos de cuidado por parte da Pessoa Jurídica, assinalando que bastaria, no caso, uma culpa *in vigilando*, sendo que seria uma responsabilidade quase objetiva, calcada na necessária proteção dos interesses sociais. Somente em caso de ausência de culpa dos funcionários, a Pessoa Jurídica resultaria eximida de suas responsabilidades.De fato, esta questão não está realmente em debate, porque é o exame da responsabilidade subjetiva de pessoas físicas que está em jogo. Faço essa referência acerca das pessoas jurídicas, porque necessário perceber que a culpabilidade, no direito administrativo sancionador, não possui alcance similar àquela do direito penal. Mesmo neste ramo jurídico (penal), aliás, se discute a respeito de modernas tendências de responsabilização da pessoa jurídica, o que suscita uma outra série de reflexões e debates, a começar pela eficácia e pela exeqüibilidade de sanções genuinamente penais.

"concebir a la potestad sancionadora de la Administración como una emanación del poder punitivo único del Estado". De fato, em sua opinião, o poder sancionador administrativo se integra no conceito genérico de "gestão" ou "intervenção".[14]

O problema básico da natureza jurídica do poder sancionatório da Administração Pública é algo distinto da natureza jurídica da sanção administrativa. São duas realidades diferentes, ainda que a sanção administrativa possa, via de regra, ser aplicada diretamente pelas Administrações Públicas ou gestores de serviços públicos típicos.

A sanção administrativa *lato sensu*, ora examinada, resulta de um exercício de pretensão punitiva do Estado, com finalidade de assegurar determinados valores sociais e reestabelecer a ordem jurídica violada, inibindo a possibilidade de novas infrações e tentando recuperar o infrator através de uma medida ressocializante. A base do direito administrativo sancionador é dogmática, visto que resulta intimamente conectado ao princípio da legalidade e ao âmbito formal e material de sua incidência.

Desde logo, o princípio da culpabilidade chama a atenção, dada sua inegável incidência no direito administrativo sancionador, sendo que será tal princípio objeto específico deste trabalho.

5.4. DO PRINCÍPIO CONSTITUCIONAL DA CULPABILIDADE

5.4.1. Caracterização teórica da culpabilidade

Há uma nítida relação histórica entre pena e dor. O homem foge, em geral, quando pode, da dor e do sofrimento. A pena busca intimidar. O efeito intimidatório da pena, por seu turno, passa pela idéia de evitabilidade do fato. Essa evitabilidade residiria no interior do ser humano, em sua capacidade de prever os acontecimentos, de não querer ou de querer esses acontecimentos, e, portanto, de evitá-los, de provocá-los em determinadas circunstâncias, de manipulá-los.[15]

---

[14] NIETO, Alejandro, (nota 6), p. 96.

[15] TOLEDO, Francisco de Assis, *Princípios Básicos de Direito Penal*, Ed. Saraiva, São Paulo, 3ª edição, 1987, pp. 204/207. Segundo afirma JESCHECK, Hans-Henrich, *Tratado de Derecho Penal*, Parte General, v. I, Bosch Casa Editorial S.A., Barcelona, 1981, trad. de S. Mir Pug e F. Muñoz Conde, pp. 562 e ss, a culpabilidade pressupõe, logicamente, a liberdade de decisão do homem. "La determinabilidad de la actuación descansa en la capacidad del hombre de controlar los impulsos que sobre él inciden y de dirigir su decisión según contenidos de sentido, valores y normas", p. 564. Aqui, o homem tem capacidade de decidir corretamente. "El medio por el que se perciben los conceptos valorativos y se enjuician de antemano las propias acciones es la consciencia" (...). "La consciencia es un *a priori* en el Hombre, se desarrolla desde la más tenra infancia pasando por varias etapas, para conducir a la personalidad adulta a aquel conocimiento natural del Derecho que generalmente capacita al hombre para evitar el injusto sin mayores reflexiones" (...). O direito exige de todos "esforzar la consciencia para disipar posibles dudas sobre el Derecho y el injusto", pp. 567/568.

Culpabilidade encerra um forte significado de "evitabilidade". Sem adentrar o debate filosófico e metafísico sobre "livre arbítrio" e "determinismo", concordo com FERRAJOLI quando sustenta que a culpabilidade se baseia, fundamentalmente, em um juízo normativo e traduz, ademais, as noções de exigibilidade ou inexigibilidade de conduta diversa. Concentra-se o direito penal nos fatos, não nos aspectos pessoais dos seres humanos. A culpabilidade de uma ação traduz a possibilidade, *ex ante*, de sua omissão. Aqui aparece a inexigibilidade de comportamentos impossíveis, que fundamenta excludentes clássicas e básicas como o estado de necessidade, a legítima defesa ou o cumprimento de deveres. As normas penais podem proibir o atuar, não o ser.[16]

De um lado, a culpabilidade exige que haja um autor de um fato censurável, vale dizer, que se constate "de que puede reprocharse el hecho a su autor". Assim, toda pena supõe culpabilidade. De outro lado, a pena não pode ultrapassar a medida da culpabilidade (a culpabilidade é o marco máximo da pena).[17]

Não fica o princípio da culpabilidade adstrito, na produção de seus efeitos e reflexos, ao campo penal. E isso porque tal princípio não tem natureza essencialmente penal, senão constitucional. É um princípio constitucional genérico, que limita o poder punitivo do Estado também no campo do direito administrativo, embora com contornos próprios. Trata-se, nesse passo, de garantia individual contra o arbítrio, garantia que se corporifica em direitos fundamentais da pessoa humana.[18]

---

[16] FERRAJOLI, LUIGI, (nota 3), pp. 487/505.

[17] Veja-se JESCHECK, Hans-Henrich, (nota 15), p. 30.

[18] Essa é a posição de NIETO, Alejandro, (nota 6), p. 344, ao analisar acórdão do Tribunal Constitucional espanhol. Penso que também no direito brasileiro se pode falar em exigência de culpabilidade nas infrações administrativas, e isto porque o exercício do poder punitivo estatal há de estar devidamente vinculado ao devido processo legal substancial, revestido das garantias de plenitude de defesa e contraditório, além das inafastáveis pessoalização e individualização da pena. Tudo isso seria ilusório, para não dizer hipócrita, se não houvesse a exigência de culpabilidade como fundamento para imposição de sanções administrativas. O problema persiste sendo a definição da "culpabilidade" diferenciada que se projeta no direito administrativo. Nesse passo, penso que a teoria dos direitos fundamentais da pessoa humana pode servir de razoável caminho ao intérprete. Se a sanção administrativa atinge direitos fundamentais, parece-me inevitável que se exija culpabilidade do autor do fato ilícito. Se, de outro lado, como ocorre com determinadas sanções, não entram em jogo, diretamente, direitos fundamentais, parece-me possível relativizar a exigência de culpabilidade. Assim o é, por exemplo, no campo das sanções pecuniárias, cuja operatividade potencializa, inclusive, a quebra da pessoalidade da sanção. Relativizar não significa afastar ou eliminar, mas refazer o conteúdo, compreender o instituto com suas peculiaridades. Nos atos de improbidade administrativa, as sanções da Lei 8.429/92 atingem direitos políticos e impõem privações de importantes direitos de cidadania, donde me parece lógico e razoável que haja exigência de culpabilidade. Por isso, este trabalho não busca uma teorização mais genérica a respeito das "sanções administrativas" e tampouco concentra atenções no poder sancionatório da administração pública, mas se limita ao exame de alguns princípios constitucionais que presidem o direito administrativo sancionador.

No direito administrativo sancionatório, em termos de pessoas físicas, é pacífica a exigência de culpabilidade para a imposição de sanções, ao menos tem sido assim na Espanha, Itália e Alemanha,[19] em legislações recentes e em jurisprudência e manifestações doutrinárias mais antigas.

O Tribunal Constitucional Espanhol assentou a necessidade de constatação da culpabilidade para imposição de uma sanção administrativa. Nesse passo, a exigência de culpabilidade não foi extraída do direito penal, e sim diretamente da Constituição Espanhola de 1978. Assim, pode-se dizer que se trata de norma limitadora do poder punitivo do Estado.[20]

De qualquer sorte, o problema é que a culpabilidade que se projeta no direito penal não é a mesma que se vislumbra no direito administrativo sancionador, dadas as diversidades desses ramos jurídicos e suas peculiaridades. Já se disse, então, que a maior dificuldade não seria a identificação da culpabilidade como requisito genérico para imposição de uma pena, mas sim a conceituação da culpabilidade no campo do direito administrativo sancionador.[21]

Com efeito, nem todas sanções administrativas apresentam íntimo parentesco com as sanções penais. Veja-se, por exemplo, a multa administrativa. Esta parece muito mais próxima do direito civil do que do direito penal. "La sanción consistente en pagar una suma de dinero, incluso no estando relacionada con el daño, presenta caracteres de tipo civil (...)".[22]

---

[19] Ver a notícia em NIETO, Alejandro, (nota 6), pp. 345 e ss. Consulte, também, MODERNE, Franck, (nota 4), pp. 2756 e ss, analisando a aceitação do princípio da culpabilidade em textos de várias legislações européias. O autor analisa especialmente o direito francês. Aduz que o Conselho Constitucional, em um primeiro momento, é discreto na transposição da culpabilidade penal do direito administrativo repressivo, p. 281. Isso, no dizer do autor, não significa que a Corte seja hostil a uma evolução no sentido de aceitar a culpabilidade. Ao contrário, a regra é que a repressão administrativa atenda ao princípio da culpabilidade, vale dizer, as sanções administrativas não podem ser impostas sem que haja um comportamento pessoal do autor da infração, uma falta, que poder ser fruto da intenção do agente ou de sua negligência, p. 283. A culpabilidade, como exigência, é ligada aos princípios da segurança jurídica e legalidade. No mesmo sentido, como algumas poucas ressalvas, segue o sistema português, p. 284.

[20] NIETO, Alejandro, (nota 6), p. 344.

[21] Idem, p. 347.

[22] Idem p. 394. Por isso, pode-se vislumbrar a diferente natureza do ressarcimento ao erário e seus pressupostos. Não raro, bastarão determinados pressupostos que não se ajustam, necessariamente, ao conceito tradicional de culpa ou dolo, para imposição de uma sanção de ressarcimento ao erário ou pagamento de multas. É o caso das responsabilizações que se apuram mediante ações populares. De qualquer modo, importa anotar que a própria multa civil da Lei 8.429/92 se diferencia das demais sanções, dada sua natureza essencialmente patrimonial. Seu descumprimento importa uma execução patrimonial, nada mais. Daí também se vê o tratamento distinto, pelo ângulo dogmático, que haverá de receber o direito administrativo sancionatório no campo das multas de trânsito, em que a distribuição do ônus probatório costuma ser francamente desfavorável aos imputados. O ato administrativo que impõe a multa goza, inclusive, da chamada presunção – ainda que relativa – de veracidade. Para uma distinção entre reparação e repressão, ver DELLIS, Georges, (nota 1), pp. 192 e ss, situando a obrigação de reparar o

A culpabilidade, sem dúvida, é um princípio comumente trabalhado no direito penal que, sem embargo, também atinge o direito administrativo sancionador, porém com conotações diferenciadas. Daí a importância e inclusive a urgência de seu exame.

5.4.2. Desdobramentos da culpabilidade no direito administrativo sancionador

5.4.2.1. Da responsabilidade subjetiva do agente

Há diversas funções da culpabilidade, funções que se projetam no direito administrativo sancionatório e não se esgotam, portanto, no direito penal. O melhor modo de compreender a culpabilidade é a compreensão de suas funções e seus reflexos no direito administrativo sancionador.

A síntese das funções da culpabilidade é a responsabilidade subjetiva do agente. Aliás, é essa responsabilidade necessariamente subjetiva que se encontra consagrada na Constituição brasileira, que até para as ações de mero regresso (restritas, portanto, ao conteúdo patrimonial) do Estado contra agentes públicos, exige, para fixação das responsabilidades, dolo e culpa.

Nesse sentido, fala-se em culpabilidade em três acepções distintas, porém ligadas entre si, vale dizer: culpabilidade como fundamento da pena; culpabilidade como medição da pena; e culpabilidade como conceito contrário à responsabilidade objetiva.[23]

Parece-me que, ao ser um preceito contrário à responsabilidade objetiva, a culpabilidade fundamenta a pena e, ao mesmo tempo, lhe serve de

---

dano como mais próxima da responsabilidade civil, restando ausente o caráter sancionatório, ainda que, em alguma medida, possa apoiar-se, eventualmente, em considerações de natureza repressiva. Há quem diga, como o faz MIR, José Cerezo, (nota 9), p. 40, que a reparação do dano decorrente do delito pode atender algumas finalidades da pena criminal, reforçando a reafirmação do ordenamento jurídico, pondo de manifesto, ademais, a desnecessidade da resposta penal do ponto de vista da prevenção especial. Conclui, de qualquer modo, no sentido de que a eficácia intimidatória dessa responsabilidade civil é muito inferior a da pena criminal, razão pela qual não poderia substituí-la, mas no máximo atenuá-la. No CP espanhol de 1995 há uma circunstância atenuante nesse sentido. É possível vislumbrar a responsabilidade civil decorrente do delito como uma possível providência a ser adotada pelo Juiz penal, tal como ocorre em muitas legislações contemporâneas. Todavia, daí não se pode extrair natureza essencialmente sancionatória da responsabilidade civil de reparação do dano. Pode-se, isto sim, relacioná-la ao ilícito penal ou ao ato de improbidade administrativa. Porém, há situações em que estes não se configuram e resulta configurada, não obstante, a responsabilidade civil ou de reparação do dano. São pressupostos distintos que orientam essas categorias de responsabilidade do agente.

[23] Nesse sentido, leia-se JESCHECK, Hans-Henrich, (nota 15), com as anotações de FRANCISCO MUÑOZ CONDE e MIR PUIG. No direito brasileiro, reproduzindo essa lição, veja-se BITENCOURT, Cezar Roberto, *Manual de Direito Penal*, Parte Geral, ed. RT, 4ª edição, 1997, pp. 40/41, 293/294.

medida. Creio ser possível analisar essa matéria a partir do significado mais importante da culpabilidade - que, em grande medida, se relaciona aos demais - vale dizer, o princípio da responsabilidade subjetiva, que envolve vvários significados possíveis

Pode-se afirmar, com efeito, que a culpabilidade, em um primeiro momento, aparece como princípio constitucional contrário à responsabilidade objetiva, daí derivando notáveis conseqüências teóricas e pragmáticas, a saber: a) não há responsabilidade objetiva pelo simples resultado; b) a responsabilidade penal é pelo fato, e não pelo autor; c) a culpabilidade é a medida da pena.[24]

Percebe-se, na Carta Constitucional de 1988, os princípios de pessoalidade e da individualização da pena, ambos inscritos como direitos fundamentais da pessoa humana,[25] disso derivando, por evidente, vedação absoluta a qualquer pretensão estatal de responsabilidade penal objetiva, mas não apenas responsabilidade penal, senão também responsabilidade que atinge direitos fundamentais da pessoa humana.

---

[24] Ver, no campo penal, BITENCOURT, Cezar Roberto, (nota 23), pp. 40/41. Essas lições se revelam pertinentes, a meu ver, ao direito administrativo sancionatório, porque essas três dimensões da culpabilidade aparecem, necessariamente, neste campo. Basta lembrar dos requisitos para o sancionamento judicial de um ato de improbidade administrativa. Segundo a palavra de NIETO, Alejandro, (nota 6), p. 345, o primeiro corolário da exigência de culpabilidade, no direito administrativo sancionador, é a exclusão da responsabilidade objetiva. Argumenta que, de fato, é exigível uma conduta pessoal do autor, sendo que não há ação sem dolo ou culpa.

[25] Art. 5º, incisos XLV e XLVI, da CF/88, respectivamente. Nenhuma pena passará da pessoa do condenado, diz o primeiro dispositivo, com o que a pena fica vinculada ao praticante do ilícito, sendo impensável seu cumprimento por representação ou a chamada substituição subjetiva, garantia que resulta, como se sabe, problemática no terreno das penas pecuniárias. Já o segundo dispositivo consagra que a lei regulará a individualização da pena. Essa individualização pode ocorrer, todavia, em três fases distintas: a legislativa-abstrata, a judiciária e a executória ou administrativa, consoante se percebe na correta lição de LUISI, Luiz, *Os princípios constitucionais penais*, Porto Alegre, Fabris Editor, 1991, pp. 36/37. A pessoalidade da pena é, insisto, não raro, quebrada ou pelo menos burlada com a chamada sanção pecuniária, porque a natureza dessa sanção permite que outrem a cumpra no lugar do réu. Trata-se de um dos maiores paradoxos da "multa", que a posiciona de forma bastante diversa das demais sanções, sejam as privativas de liberdade, sejam as privativas ou restritivas de direitos. Há quem diga que a multa sequer seria uma sanção, conforme o faz FERRAJOLI, Luigi, (nota 3), p. 418, ao apontar a intrínseca desproporcionalidade, ademais, dessas sanções, que ficam sempre abaixo do mínimo que se espera em termos de gravidade da resposta estatal ao ilícito. Nesse ponto, o autor pondera que a multa se assemelha mais a uma "taxa" do que a uma pena. Paradoxalmente, parece-me que multas pesadas surtem pedagógicos efeitos nos infratores, sendo inegavelmente fontes de "dor" e "sofrimento psicológico", ao menos quando apresentam alguma repercussão no patrimônio do agente, ou seja, produzem uma sensível redução desse patrimônio. É compreensível que apenas a multa não possa esgotar uma sanção penal ou mesmo uma sanção a ato de improbidade administrativa, por regra, dadas as dificuldades na pessoalização da sanção e, ainda, na produção de prevenção especial no agente, notadamente quando se trate de agentes ricos e poderosos. Ficaria a impressão de que o agente pode "comprar" do Estado o direito de cometer fatos ilícitos, o que revelaria distorção intolerável.

Não há dúvidas de que, em alguma medida, a exigência de culpabilidade impede que pessoas sejam responsabilizadas com sanções que atingem seus direitos políticos, suas liberdades públicas, de forma meramente objetiva.

Nesse sentido, culpabilidade é um princípio amplamente limitador do poder punitivo estatal, aparecendo como exigência de responsabilidade subjetiva.

5.4.2.2. Dolo e culpa

O Tribunal Supremo espanhol teve oportunidade de assentar, em várias decisões, a doutrina de que o direito administrativo sancionador exige, para efeitos de responsabilidade subjetiva, malícia, negligência, imprudência ou ignorância inescusável do suposto infrator.[26]

A CF/88 prevê que agentes públicos somente podem ser responsabilizados por dolo ou culpa, ao tratar do direito de regresso do Estado lesado, que é obrigado a indenizar particulares por faltas de seus funcionários. Trata-se de inegável projeção da culpabilidade, embora aí não esteja escrito, com todas as letras, nominalmente, esse princípio.[27]

---

[26] RJ 1992/7313, SENTENCIA de 16-2-1990, Recurso nº 117/1989, TRIBUNAL SUPREMO espanhol, Sala especial, Relator Dr. JUAN MANUEL SANZ BAYON. "Junto a la exigencia de la tipicidad y antijuridicidad como requisitos ineludibles del ejercicio de toda potestad sancionadora, ha de situarse el elemento o principio de culpabilidad que presupone que la acción u omisión enjuiciada ha de ser imputable a su autor por malicia, o imprudencia, negligencia o ignorancia inexcusable".

[27] É discutível, insisto nessa idéia, que as mesmas exigências de dolo e culpa que fundamentam a responsabilidade patrimonial do agente público sirvam de fundamento para a incidência da lei de improbidade (Lei 8.429/92) administrativa ou de outras sanções administrativas, como a perda do cargo público, a imposição de restrições profissionais, vedações ao exercício de determinados direitos (proibição de conduzir veículos em via pública ou tantos outros). A mera responsabilidade de ressarcir os cofres públicos não é uma sanção e não está rigorosamente submetida aos princípios norteadores do direito administrativo sancionador. Não se trata de sanções administrativas. Consulte-se, nesse sentido, DELLIS, Georges, (nota 1), p. 203, quando afirma, com razão, que a responsabilidade dos agentes públicos, que, com ações ou omissões, causam danos à administração pública, com faltas pessoais, não está regida pelo sistema de repressão administrativa. Em outras palavras, a obrigação de indenizar os cofres públicos não decorre de uma sanção administrativa, pp. 203/204. Parece-me, de fato, que as obrigações indenizatórias são regidas por princípios diversos daqueles que orientam o direito administrativo sancionatório, situação que se projeta, por exemplo, no âmbito da Lei de Ação Popular. Todavia, creio que, ao adotar-se, na própria CF/88, a exigência de dolo ou culpa para embasar a ação de regresso, se está a consagrar um mínimo de culpabilidade, uma responsabilidade subjetiva, e não objetiva do agente público. A responsabilidade deste se diferencia da responsabilidade objetiva do Estado. Há, portanto, uma culpabilidade, que até pode ser analisada com diferenças, com um conteúdo distinto daquela culpabilidade que fundamenta a responsabilidade por ato de improbidade ou outros ilícitos administrativos. Mas parece-me que já há, aí, uma projeção do princípio da culpabilidade. Situando dolo e culpa como exigências decorrentes da culpabilidade, nas infrações administrativas, está NIETO, Alejandro,(nota 6), p. 344, citando decisões jurisprudenciais do Tribunal Constitucional espanhol.

Note-se que somente após a constatação de um autor culpável, é possível imposição de pena. Nesse sentido, é a culpabilidade fundamento da pena, porque esta se dirige a homens capazes de evitar, em tese, os atos ilícitos. Não se dirigem as penas aos fenômenos físicos ou da natureza, mas sim a homens dotados de certa liberdade e autodeterminação capazes de embasar sua responsabilidade. Ser culpável é ser passível de ser responsabilizado, é possuir capacidade de ser punido, castigado por seus atos, com um sentido pedagógico. Culpabilidade fundamenta a pena estatal, embasa as sanções administrativas, aplicadas direta ou indiretamente pelo Estado.

As noções de "dolo" e "culpa" se mostram importantes. São figuras que se fazem presentes no ordenamento jurídico como um todo. Não são elementos privativos do direito penal, visto que também utilizados no direito civil, no direito trabalhista, no direito processual, no direito administrativo, tendo suas origens, ademais, no direito romano.[28]

É certo que em determinados sistemas, como o francês, admite-se grande quantidade de infrações administrativas involuntárias, sendo que a regra, inclusive, é a culpa, não o dolo. No silêncio do legislador, a infração admite modalidade culposa. Há as chamadas "contravenções", que são qualificadas, não raro, de infrações materiais, vale dizer, é suficiente a constatação material do fato para a punição de seu autor. Em todo caso, o certo é que a vontade do infrator é levada em linha de consideração, pois tolera-se a existência de causas exculpantes. A idéia de subjetividade do agente tem prevalecido também no sistema francês, rejeitando-se a tese da

---

[28] GARRIDO, Manuel Jesus García, *Derecho Privado Romano*, 7ª ed., Dickinson, Madrid, 1998, pp. 524 e ss. O autor se reporta a ULPIANO, que, por seu turno, apontou os conceitos de SERVIO: "cierta maquinación para engañar a otro, de simular una cosa y hacer otra"; LABEÓN: "toda malicia, engaño o maquinación para valerse de la ignorancia de otro engañarle o defraudarle". O dolo era levado em linha de conta nos contratos, à luz do princípio da boa-fé. Cláusulas de dolo eram comuns nos contratos. O *edicto* tipificava como delito o *dolus malus*, concedendo à vítima uma ação de dolo para obter a reparação do prejuízo sofrido. A fórmula se deve ao jurista AQUILIO GALO, que foi pretor peregrino no ano 66 a.C. Já a culpa era a falta de diligência devida, sendo que merecia análise no âmbito dos contratos. Diligência se aplica principalmente às obrigações derivadas dos negócios de gestão, mas depois de estendeu aos contratos de boa-fé. Falava-se em culpa contratual e *aquiliana*, esta relacionada à existência de delitos de dano, com natureza extracontratual, p. 623. A culpa, ademais, subdividia-se em diversas categorias (culpa *lata*, ou seja, a negligência excessiva, o "não ver o que todos podem ver"; culpa *levis*, ou seja, a negligência do que não observa, dividida em conduta típica do *buen paterfamilias* ou tomando como padrão o "cuidado ou a diligência que se teria com suas próprias coisas, essa última chamada culpa *levis in concreto*), p. 625. Outra divisão abarcava a culpa levíssima, ou seja, a falta de observância de uma *diligentia exactissima*. Já havia, portanto, um dolo diferenciado no direito. Conforme a intensidade ou sua natureza, seria "penal" ou "extrapenal". Essas noções evoluíram enormemente. É certo que no direito administrativo o dolo não se confunde, necessariamente, com a má-fé, caso se considerasse uma concepção clássica dessa categoria. Dolo é a consciência e vontade de cometer a infração típica, o que pode significar a realização de um conduta típica, sempre observado o princípio geral de que especialmente aos agentes públicos não é dado alegar o desconhecimento das leis, situação que, como se sabe, tampouco é radicalmente considerada.

responsabilidade objetiva ou sem falta pessoal, em que pese precedentes jurisprudenciais antigos admitindo infrações com "falta presumida".[29]

Na configuração dos atos de improbidade administrativa, no direito brasileiro, dolo e culpa desempenham importantes papéis. Os tipos de enriquecimento ilícito e agressão aos princípios somente admitem modalidades comportamentais dolosas, ao passo que os tipos de lesão ao erário toleram, cumulativamente, espécies culposas e dolosas de condutas.[30]

A existência de infrações dolosas desempenha importante função garantista na limitação do poder punitivo estatal. O dolo é a vontade e a consciência de realizar a conduta, ou seja, o caminho intencional percorrido pelo agente. A intenção pressupõe a consciência.

Há notórias dificuldades na definição do dolo à luz de teorias penais. Não se conseguiu, até hoje, pacificar a doutrina penalística a respeito das diversas possibilidades de conceituação de dolo e notadamente a respeito de sua posição na teoria geral do crime. Não se sabe onde situá-lo, se na estrutura típica ou na culpabilidade. Tampouco se chegou a um acordo a respeito dos elementos integrantes do dolo, seu alcance, sua essência. É um terreno complicado para os penalistas. Dá lugar – e assim vem ocorrendo de longa data – a intermináveis debates.[31]

---

[29] Ver DELLIS, Georges, (nota 1), pp. 268/269.

[30] Essa é a correta opinião de MELLO, Cláudio Ari, *Improbidade administrativa - considerações sobre a Lei 8.429/92*, in Revista do Ministério Público do Estado do Rio Grande do Sul nº 36, ed. RT, 1995, p. 176. Note-se que, nesse passo, a culpa aparece como exceção, não a regra. Tal decorre de expressa e soberana opção do legislador ordinário, ao tratar, na parte geral, da lei de improbidade e ao dispor, no art. 10 da LIA, sobre atos culposos, silenciando nos demais dispositivos legais. Poderia ser diferente, porque seria lícito optar pela aceitação genérica da modalidade culposa de ilícitos, mormente no que diz respeito aos fatos catalogados no art. 11 e incisos da LIA. Há que se respeitar, de qualquer modo, a escolha legislativa. Saliento apenas que não haveria um óbice constitucional ao reconhecimento de infrações administrativas em regra culposas e dolosas, ou seja, o princípio da excepcionalidade do ilícito culposo não parece possuir raízes constitucionais. Se tal princípio existe na seara penal, e isso é incontestável no direito brasileiro, assim ocorrem em virtude de exigências legais, não constitucionais. Não vejo na CF/88 dispositivo prevendo o princípio da excepcionalidade dos ilícitos culposos. Daí que outras legislações podem prever, como regra geral, o cometimento de infrações culposas, emergindo o dolo como elemento diferenciador da intensidade da responsabilidade pessoal do agente.

[31] Ver BRUNO, Aníbal, *Direito Penal*, ed. Forense, Tomo 1º, 4ª edição, Rio de Janeiro, 1984, pp. 281 e ss, sustentando o causalismo, com um modelo de ação típica neutra (BINDING), restando à culpabilidade as categorias de dolo e culpa; CORREIA, Eduardo, *Direito Criminal*, Livraria Almedina, Coimbra, 1971, pp. 235 e ss, com idêntica posição; SCHÖNE, Wolfgang, *Ação, Omissão, Conduta*, in Revista de Direito Penal, v. 27, janeiro/junho de 1980, ed. Forense, Rio de Janeiro, pp. 27/28, já propugnando pelo finalismo; COSTA JÚNIOR, Paulo José da, *Curso de Direito Penal*, v.1, Parte Geral, ed. Saraiva, 1991, fazendo críticas ao dolo embutido no tipo, porquanto os loucos não agiriam dolosamente, aproximando-se, assim, tacitamente, das correntes causalistas, p. VIII; WESSELS, Johannes, *Direito Penal*, Parte Geral, Fabris Editor, Porto Alegre, 1976, pp. 104 e ss, optando por uma linha eclética, mais próxima do finalismo, situando dolo e culpa, a um só tempo, no tipo e na culpabilidade, porém em verdade defendendo a chamada teoria social da ação; LUNA, Everardo da Cunha, *Teoria Finalista da Ação*, in Revista

de Direito Penal, v. 26, julho/dezembro de 1979, ed. Forense, Rio de Janeiro, p. 46, fazendo jus ao título do trabalho; ZAFFARONI, Eugenio Raul, *Manual de Derecho Penal*, Parte General, Primera reimpresión, 1991, Cordenas editor y distribuidor, Mexico, p. 373, advogando a tese do finalismo, com duras críticas às teorias causal e social da ação, esta última qualificada de arbitrária e perigosa; LUISI, Luiz, *O tipo penal, a teoria finalista e a nova legislação penal*, Fabris Editor, Porto Alegre, 1987, pp. 34 e 200 e LUNA, Everardo da Cunha, *Capítulos de Direito Penal*, Ed. Saraiva, SP, 1985, pp. 84/85, ambos propugnando pela teoria finalista da ação. Leia-se, para uma profunda visão do finalismo e dos debates a respeito do assunto, MIR, José Cerezo, *Curso de Derecho Penal Español*, I, Parte General, Teoria Jurídica del Delito, Tecnos, Madrid, 6ª edição, 1998, pp. 81 e ss e 129 e ss, quando busca justificar o posicionamento do dolo apenas no tipo, fora, portanto, da culpabilidade. Arremata, todavia, no sentido de que "la conducta típica y antijurídica, al constituir el objeto del juicio de reproche, pertenece, ya, por ello, a la culpabilidad. En la culpabilidad se examina la reprochabilidad de la resolución delictiva y de los restantes elementos subjetivos de lo injusto", p. 130. Há uma forte corrente doutrinária que situa, portanto, dolo e culpa também na culpabilidade. A divisão do delito em categorias distintas atende, em realidade, exigências metodológicas, de facilitação do trabalho intelectual de compreensão do ilícito a partir de uma estrutura analítica e funcional. No fundo, a grande divisão entre as teorias finalista e causal da ação reside na distribuição dos elementos na teoria geral do crime. Para os causalistas, o tipo é neutro, puro, despido de conteúdos valorativos. Dolo e culpa estão na culpabilidade. A vontade é bipartida, pois a mera voluntariedade mecânica, causal, fica no tipo, e a finalidade fica na culpabilidade, junto ao dolo. Aí também se situa a culpa. Há algumas subdivisões teóricas, mormente no que tange à concepção psicológica e normativo-psicológica da culpabilidade, em que dolo e culpa ora aparecem como elementos da culpabilidade, ora como espécies. Já os finalistas, que partiram da obra de Hans Welzel, da década de 1930, cujo pensamento predomina no Brasil e na Espanha, sustentam que dolo e culpa estão no tipo, ao passo que a culpabilidade é puramente normativa, compondo-se de potencial consciência da ilicitude e exigibilidade de conduta conforme o direito. A imputabilidade aparece como pressuposto da culpabilidade e se assenta em critérios etários e biopsicológicos, ligando-se à capacidade genérica de o agente ser responsabilidado penalmente. O erro mereceu tratamento dividido: erro de tipo e erro de proibição. As principais diferenças entre essas teorias, no campo dos elementos e sua distribuição na teoria geral do delito, repercutem no terreno processual, porque os finalistas permitem antecipado juízo acerca da subjetividade do agente. Há, ainda, a teoria social da ação, que possui uma quantidade interminável de vertentes e divisões teóricas. Consulte-se a obra de JESCHECK, Hans-Henrich, (nota 15), pp. 296 e ss, quando anuncia as diversas e múltiplas correntes doutrinárias que trabalham a teoria social da ação. Na visão de Johannes Wessels, por exemplo, busca-se combinar elementos do finalismo com o causalismo, emergindo uma espécie de corrente eclética. É que, em realidade, a culpabilidade não ficaria esvaziada de toda sua riqueza subjetiva, como querem os finalistas, tanto que na fixação da pena o agente é avaliado em sua subjetividade, ou seja, pela intensidade do dolo ou da culpa. Haveria, portanto, uma culpabilidade normativa, porém integrada, também, por elementos subjetivos. As discussões estão longe de terminar. Poucas, todavia, têm sido as repercussões pragmáticas desses debates no mundo jurídico, porque, ao fim e ao cabo, tudo se reduz a uma controvérsia a respeito da distribuição de elementos na estrutura do delito. Claro que, no terreno processual, há importantes conseqüências. Percebe-se uma tendência de antecipação do exame dos elementos subjetivos da conduta delitiva já no campo das investigações. De todas, a teoria social da ação é a que traz mais novidades, pois realmente amplia os poderes hermenêuticos dos Magistrados e membros do Ministério Público, permitindo-lhes um corte bastante antecipado da tipicidade. Não me parece que todo esse debate deva se reproduzir no direito administrativo sancionatório, principalmente porque a realidade, aqui, é outra. Desnecessária, a meu ver, uma repetição de todas as discussões que se travam na esfera penal, até porque o importante não é tanto a distribuição dos elementos em uma teoria geral da infração administrativa ou do ato de improbidade, mas sim sua correta identificação. Parece-me adequado situar a análise de dolo e culpa na categoria geral da culpabilidade. Isto significa que essa categoria, de índole constitucional, fundamenta a idéia de responsabilidade subjetiva. Não se trata da culpabilidade como elemento da teoria geral da infração, mas sim da culpabilidade constitucional que traduz uma série de exigências, óbices, conseqüências aos operadores jurídicos. Não se está a sustentar a pertinência das correntes causalistas do terreno penal, situando

Inegavelmente, sabe-se que o direito administrativo sancionador alcança, em tese, situações tão díspares como as atitudes de particulares que atentam contra a ordem pública, v.g., nos casos de infrações urbanísticas, como as atitudes submetidas a especiais relações jurídicas, v.g., agentes públicos praticantes de atos de improbidade ou simples ilícitos funcionais geradores de danos aos particulares e conseqüente responsabilidade patrimonial do Estado, sem falar nas relações disciplinares, sejam dentro do Estado, sejam fora dele, como ocorre com os Colégios Profissionais. São hipóteses distintas, é de se convir, e essa distinção há de ser reconhecida aos efeitos de distintas exigências quanto ao elemento subjetivo da conduta.

No caso dos particulares submetidos a normas administrativas, v.g., pessoas que atentam contra normas administrativas de trânsito, tributárias, fiscais, sanitárias, saúde, consumo, urbanismo, ordem econômica, e outras, a legalidade administrativa sancionatória resulta de uma tipicidade estrita, bastante similar àquela do direito penal, em que pese a maior intensidade dos regulamentos completivos. De qualquer sorte, cumpre destacar que os particulares não podem ser obrigados a fazer ou deixar de fazer algo, senão em virtude de lei. Em tese, vigora o estado de liberdade, que somente admite limitações legais.

Na hipótese de agentes públicos vinculados ao Estado, no exercício de suas funções, imperioso registrar que a legalidade opera em sentido diverso, a saber, estes somente podem atuar ou deixar de atuar com suporte em uma legalidade permissiva. Tal premissa parece incontestável e resulta da idéia de divisão de poderes. Agentes públicos, no desempenho de atribuições públicas, amparam suas ações ou omissões na legalidade. Se não o fazem, há, desde logo, uma tipicidade proibitiva resultante da ilegalidade comportamental. A tipicidade é conseqüência da violação da legalidade administrativa.

---

dolo e culpa na culpabilidade, mas apenas se está enfatizando que mesmo no terreno penal a origem constitucional desses elementos seria o princípio da culpabilidade, vale dizer, a exigência inarredável de responsabilidade subjetiva do agente. Daí por que a análise de dolo e culpa, no direito administrativo sancionador, resulta ligada ao princípio da culpabilidade. Sem embargo, nada impede uma posterior teoria geral do ato de improbidade ou do direito administrativo sancionador, ocasião em que seria possível delimitar claramente todos os elementos da infração e distribuí-los em uma teorização mais genérica, a semelhança do que ocorre no direito penal, em que pese as prováveis dificuldades de uma teoria semelhante, dada a amplitude da empreitada. Todavia, insisto, não me parece conveniente e necessário, desde logo, reproduzir, pura e simplesmente, todos os debates travados pelos penalistas agora no terreno do direito administrativo sancionador. Seria inadequada semelhante operação, em face de que outra e bem diversa é a realidade vivenciada pelo direito administrativo, mormente no que diz respeito à punição dos atos de improbidade administrativa. Ademais, repito que há dificuldades na elaboração de uma teoria geral do ato de improbidade administrativa, tendo em vista que o dever de probidade não se esgota no direito administrativo. Seria uma teoria, em verdade, multidisciplinar, porque haveria de passar, no mínimo, pelos direitos administrativo, penal e eleitoral, sem falar em ramos jurídicos diversos que utilizam essa categoria de ilícito, como pode ocorrer, eventualmente, com o direito fiscal.

É verdade que mesmo nas relações submetidas estritamente ao direito público, em que especiais sujeitos são tutelados pelo direito administrativo, como ocorre no caso dos agentes públicos, não se despreza o princípio da legalidade das infrações e das penas.[32] É que tal exigência decorre do princípio da segurança jurídica, da proporcionalidade, da necessária legalidade, enfim, das normas sancionadoras, do exercício do poder punitivo do Estado. Assim, indiscutível que, aqui também, há um princípio de legalidade a ser respeitado. Não se trata, todavia, de uma legalidade tão rígida como aquela que vigora no direito penal.

Finalmente, quanto às relações disciplinares, é natural que a legalidade se configure a partir de uma intensa utilização de conceitos jurídicos inde-

---

[32] CUTANDA, Blanca Lozano, (nota 9), pp. 64 e ss. A autora afirma que a legalidade e a tipicidade das sanções administrativas, nesse terreno, tem sido moldada de forma bastante peculiar, dadas as exigências específicas dessas relações. Anota, todavia, que essa flexibilização do princípio da legalidade encontra limites, consoante orientação mais atual do Tribunal Constitucional, pp. 67 e ss. Os princípios podem ser atenuados, jamais suprimidos. Necessária uma cobertura legal para as infrações e as penas. Sobre as diferenças das sanções administrativas e disciplinares, leia-se, ainda, DELLIS, Georges, (nota 1), pp. 208 e ss, quando arrola as diversas correntes doutrinárias e os debates a respeito do assunto. As sanções disciplinares atingem uma categoria especial de sujeitos, a saber, os agentes públicos, e tem finalidades de proteção da ordem administrativa interna. Há quem faça alusão aos princípios de *moralité administratif* e *bonne administration* para excluir a repressão disciplinar do domínio das sanções administrativas, como o faz MUNCH. Há quem exclua das sanções disciplinares a incidência do princípio da legalidade *nullum crimen sine lege*, como o faz JUGLART. Há as correntes unitárias, que visualizam sanções administrativas e disciplinares como um mesmo e único fenômeno jurídico. Tal é o pensamento de MOURGEON e de SALON. Há ponderações no sentido que existe um mesmo regime jurídico a esses dois campos. O certo é que o reconhecimento da especificidade da ação disciplinar resulta inevitável e, ademais, tem valor prático incontestável, o que não a exime de submissão a princípios gerais do direito administrativo sancionador. A legalidade é menos formal no campo disciplinar, pois o agente público possui deveres legais específicos, obrigações inerentes à qualidade de funcionário público. A finalidade da medida repressora, no terreno disciplinar, alcança diretamente a ordem interna administrativa, não se preocupando exatamente com a ordem pública. O objetivo primordial e básico da medida é assegurar o bom funcionamento administrativo, a organização institucional. A repressão administrativa - fora do campo disciplinar - é excepcional e negativa. Aos funcionários públicos ou membros de determinados grupos sociais, como as categorias profissionais, são impostas obrigações positivas, que, descumpridas, podem gerar responsabilidade disciplinar. A garantia do bom funcionamento dos serviços públicos é o principal objetivo das sanções disciplinares, p. 214. Acrescento que, mesmo dentro do âmbito disciplinar, necessário proceder diferenciações, conforme a natureza da função. Um servidor em regime de confiança, por exemplo, pode ser demitido segundo critérios subjetivos e altamente discricionários da chefia. Não possui, portanto, nenhuma garantia de permanência no cargo. Seu regime disciplinar, ao menos no que se refere à sanção de perda do cargo, será bem diverso daquele previsto a outro servidor dotado de garantias de estabilidade ou permanência no serviço público. A demissão de um estagiário não passa pelas mesmas formalidades da demissão de um servidor estável. Daí por que, aliás, sempre resulta de certo modo "vazio" e inclusive hipócrita dizer que um servidor ocupante de cargo de confiança possui direito ao "devido processo legal" antes de sua demissão, visto que a chefia possui poderes altamente discricionários, inclusive quanto às formalidades internas na apuração de um suposto fato ilícito e nas medidas cautelares que reputar cabíveis. O campo de legalidade, aqui, é diverso, bem mais elástico.

terminados, cláusulas gerais, dados os objetivos internos e corretivos que são perseguidos pela aplicação dessas medidas.

Postas tais considerações, observo que o dolo há de sofrer distintas interpretações, conforme se trate de analisar a situação dos particulares, desconectados de qualquer vínculo com o setor público, dos agentes públicos, estes submersos em universo jurídico intensamente vinculante, um mundo normativo permissivo que há de ser respeitado a todo instante, ou, ainda, dos profissionais que se sujeitam ao direito disciplinar público.

O dolo, em todo caso, não é necessariamente a má-fé, porque há ilícitos graves que resultam de desvios comportamentais em face de exigências legais específicas. O desvio de finalidade, em que o agente busca interesse público completamente distinto daquele definido na regra de competência, talvez não se ajuste a uma idéia comum de má-fé ou dolo. Porém, inegável que tal administrador ou agente público pode ser sancionado por seu comportamento ilegal, sendo que essa ilegalidade pode ser compreendida como um limite ao estilo patrimonialista ou personalista de governar, administrar ou simplesmente atuar.

Talvez não se pudesse sequer falar em interesse público – rigorosamente público - diverso daquele previsto na regra de competência, mas me parece adequada essa classificação, porque permite diferenciar esse interesse daquele que é notoriamente privado, particular, egoístico. Há diferenças e estas não podem ser ignoradas.

O dolo, portanto, no âmbito de relações em que se faz presente um agente público ou alguém exercente de funções públicas, pessoas submetidas à legalidade administrativa, ou situações disciplinares, é de ser analisado em conjugação com o tipo proibitivo, havendo, todavia, mais a diferenciada análise do tipo permissivo violado, que integra a estrutura da proibição. Veja-se que também nas atividades profissionais expressamente reguladas não há uma liberdade residual, visto que o conjunto das competências funcionais indica o campo de movimentação dos agentes.

Trata-se, portanto, de uma estrutura proibitiva complexa, que parte de uma ausência de permissão para a ação ou omissão do agente público ou particular. Diferente é a base do direito penal, que proíbe comportamentos originariamente permitidos ou não proibidos. A infração administrativa, nesses termos considerada, tem seu ponto de partida na ação ou omissão sem o permissivo legal. O ato penalmente típico, geralmente, tem seu núcleo na violação de uma proibição ou no ajuste da conduta do agente a uma norma penal implicitamente proibitiva e explicitamente descritiva de um comportamento.

Se o agente descumpre abertamente normas legais, pouco importa o interesse perseguido, há uma infração dolosa.

Vontade e consciência de realização dos elementos da figura típica, eis o dolo comumente conceituado no direito penal e que, de forma um pouco mais flexível e elástica, diante da maior amplitude típica da infração administrativa, há de ser aceito também no direito administrativo sancionatório.

Uma interpretação mais restritiva se impõe, por evidente, quando se trata de intervenções genéricas da Administração Pública na sociedade, em que impera natural estado de liberdade dos indivíduos. O dolo, aqui, há de ser analisado com maior rigor, vale dizer, com vinculação ao tipo proibitivo e às normas culturais vigentes em dado momento histórico.

5.4.2.2.1. Do tratamento dogmático do erro

A acusação deve comprovar que o agente poderia, com um mínimo de diligência, conhecer a figura típica, além de comprovar os fatos, eis o ônus probatório do acusador. Não necessita provar que o agente efetivamente conhecia a ilegalidade de sua conduta. Basta o potencial conhecimento.[33] Aqui, os princípios da razoabilidade e moralidade administrativas funcionarão com especial intensidade. A conduta do agente, seus sinais, seu proceder revelam, de regra, suas intenções. Além disso, seu cargo, sua condição fática, cultural, econômica, sua posição social, seu assessoramento, são fatores que contribuem para a análise do elemento subjetivo de sua conduta.

Já a defesa deve provar que, apesar de todas as diligências possíveis, o agente não logrou o conhecimento dos elementos da figura típica ou não conseguiu orientar adequadamente sua vontade. O erro deve ser provado pela defesa, não pela acusação. Pouco importa que se trate de erro de tipo ou de proibição. De qualquer modo, o erro invencível exclui a responsabilidade subjetiva e é tratado como causa excludente da imputação ou da responsabilidade.

A prova dos fatos incumbe ao acusador, mas o erro de tipo e de proibição incumbe à defesa provar, na medida em que a Administração – e, no caso de improbidade, o autor da ação - não tem que provar que o agente atuou sem erro. "Como la prueba de lo negativo nunca es exigible a nadie, es el autor el que tiene que alegar y probar que ha obrado con error". Ademais,

---

[33] Leia-se NIETO, Alejandro, (nota 6), pp. 348 e ss, quando afirma que uma noção básica, no direito administrativo repressivo, é a da diligência devida por parte do agente de um fato ilícito. Nem se deve presumir, de modo radical e absoluto, que o sujeito conhece todas as leis, regulamentos, normas jurídicas que devem pautar sua conduta, nem se deve outorgar-lhe o benefício genérico da ignorância. Em cada caso concreto, pondera o autor, resulta impossível determinar se o sujeito conhecia ou não o ilícito, ou seja, se era ou não culpável, mas, ao revés, é possível delimitar se estava obrigado a conhecê-lo ou não, pois isso se mede pelas diligências exigíveis de cada um, p. 348.

tratando-se de infrações cometidas por profissionais, vigora a presunção *iuris et de iure* de que não há erro.[34]

Diga-se que somente o erro inevitável, invencível há de ser eficaz no direito administrativo sancionador, sendo que o grau de exigência – para o reconhecimento dessa modalidade exculpatória – é tanto maior quanto o sejam as qualidades profissionais do agente, o qual passa a ter um dever de conhecimento de determinadas circunstâncias normativas.[35]

As infrações culposas, que normalmente são consagradas no direito administrativo sancionador, admitem, por seu turno, as modalidades da negligência, imprudência e imperícia. Trata-se da chamada inobservância de deveres objetivos de cuidado. O agente realmente comprova que desconhecia a ilegalidade de seu comportamento e que não queria atuar de modo a produzir o resultado típico, mas não demonstra que seu proceder foi cuidadoso, cauteloso, prudente, razoável. Assim, é a figura do administrador, agente público ou profissional relapso, negligente, que revela a necessidade de incidência das sanções.

Feitas tais breves ponderações, creio que se mostra relevante examinar alguns outros importantes desdobramentos do princípio da culpabilidade.

5.4.2.3. Da pessoalidade da sanção

A pena somente pode ser imposta ao autor da infração. A norma deve acompanhar o fato.[36] Igual exigência acompanha o direito administrativo sancionatório.[37]

Repele-se, fundamentalmente, a responsabilidade pelo fato de terceiro[38] e a responsabilidade objetiva. O delito é obra do homem, como o é a

---

[34] Idem, pp. 371, 372 e 385.

[35] Idem, p. 367.

[36] CERNICCHIARO, Luiz Vicente, e COSTA JÚNIOR, Paulo José da, *Direito Penal na Constituição*, 3ª edição revista e ampliada, ed. RT, 1995, p. 92.

[37] Sustentando a existência do princípio da pessoalidade da sanção administrativa, consulte-se DELLIS, Georges, (nota 1), pp. 275,276. O autor trata do princípio da responsabilidade subjetiva do agente.

[38] Idem, pp. 263 e ss, quando trata do *fait d'autrui*. A responsabilidade pelo fato de outrem é considerada incompatível com o princípio da pessoalidade dos ilícitos e das penas. É claro que uma atuação negligente ou falhas de *surveillance* podem embasar responsabilidade de determinados sujeitos por fatos alheios. Tal ocorre, no direito penal econômico, com os chefes de empresas, proprietários, profissionais e outros em razão de fatos cometidos por seus empregados, subordinados ou prepostos, p. 264. O certo é que o direito administrativo utiliza, em alguns momentos, a teoria da responsabilidade por fatos alheios, admitindo, todavia, excludentes de responsabilidade. No direito repressivo administrativo, exige-se uma falta do agente, no mínimo uma negligência, sob pena de se consagrar responsabilidade objetiva. Mesmo a responsabilidade por fatos alheios não é, portanto, objetiva, nem pode basear-se em presunções incompatíveis com a garantia da culpabilidade.

infração administrativa praticada por pessoa física, sendo inconstitucional qualquer lei que despreze o princípio da responsabilidade subjetiva.[39]

O princípio da pessoalidade da pena, de natureza constitucional, se estende, em tese, ao direito administrativo sancionatório e é um desdobramento do princípio da culpabilidade.

A pena criminal somente pode atingir o sentenciado (art. 5º, XLV, CF), exigência que me parece incidente no campo do direito administrativo sancionador. A pena administrativa somente pode atingir a pessoa sancionada, o agente efetivamente punido, não podendo ultrapassar de sua pessoa.

Pessoalidade da sanção administrativa veda, por certo, a chamada responsabilidade solidária, ainda que estabelecida por lei,[40] porque esta não pode violentar um princípio constitucional regente do direito administrativo sancionador.

5.4.2.4. Da individualização da sanção

Resulta evidente que a lei deve regular a individualização da pena (art. 5º, XLVI, CF), sendo que esse último direito se desdobraria em três etapas distintas, a saber: a legislativa, a judicial e a executória.[41] Essas observações se aplicam inteiramente ao direito administrativo sancionatório, com as diferenciações cabíveis.[42]

---

[39] CERNICCHIARO, Luiz Vicente, e COSTA JÚNIOR, Paulo José da, (nota 36), pp. 94 e 95. Sobre as diversas teorias da culpabilidade como fundamento da pena, leia-se BITENCOURT, Cezar Roberto, (nota 23), pp. 302 e ss, além de TOLEDO, Francisco de Assis, (nota 15), pp. 207 e ss. A exigência de responsabilidade pessoal protege direitos fundamentais da pessoa humana. Por isso, parece-me que seria inviável escapar dessa exigência através da administrativização de determinados ilícitos, retirando-os das malhas penais e situando-os no terreno do direito administrativo sancionador.

[40] RJ 1998/5362, SENTENCIA de 24-6-1998, Recurso de Casación nº 1776/1994, TRIBUNAL SUPREMO espanhol, Sala 3ª, Sección 6ª, Relator D. JUAN JOSE GONZALEZ RIVAS. Diz o acórdão: "La responsabilidad solidaria, como forma eficaz de garantir el cumplimiento de obligaciones contractuales o extracontractuales, no puede penetrar en el ámbito del Derecho sancionador porque, de lo contrario, se derrumbaría el fundamento del sistema punitivo, según el cual cada uno responde de sus propios actos, sin que quepa, con el fin de una más eficaz tutela de los intereses públicos, establecer responsabilidad alguna sancionable solidariamente por actos ajenos". No mesmo sentido, ver RJ 1998/5281, TS, SENTENCIA de 23-6-1998; RJ 1997/9205, TS, SENTENCIA de 10-11-1997 e muitas outras.

[41] LUISI, Luiz, (nota 25), p. 38.

[42] A autoridade administrativa, ao aplicar sanções do direito administrativo repressivo, deve observar o princípio da individualização das penas, consoante a correta opinião de DELLIS, Georges, (nota 1), pp.275, 278 e ss. Diz o autor que o Conselho Constitucional francês já demonstrou seu repúdio à existência de penas abstratamente fixas e automáticas, pp. 280/281. Parece-me que o princípio da proporcionalidade fornece bom caminho hermenêutico para que o intérprete não aplique automaticamente determinadas sanções legais aos atos de improbidade administrativa. Nem sempre todas as sanções incidirão automaticamente, sendo esse rigor abstrato facilmente controlável pelo princípio da proporcionalidade. Aqui, uma das críticas que se pode fazer a Lei 8.429/92 é exatamente essa de haver consagrado algumas sanções abstrata-

Culpabilidade também significa medição da pena, embora outros princípios igualmente aqui incidam, como é o caso da proporcionalidade, razoabilidade, motivação, interdição de arbitrariedade.

O autor de um ilícito deverá receber do Estado uma pena proporcional ao fato e às suas características pessoais que se revelem relevantes ao caso concreto. Inquestionavelmente, os elementos subjetivos do comportamento do agente devem ser levados em linha de conta pelos operadores jurídicos. A intensidade e o tipo de elemento subjetivo aparecem como notas relevantes na fixação da pena.[43]

Analisar a culpabilidade do autor de uma infração administrativa ou de um ato de improbidade significa medir-lhe a responsabilidade, ou seja, analisar o grau, o montante de pena que se deve impor a esse agente em decorrência do ato ilícito. Pode-se dizer que a culpabilidade é a tábua de medição da pena, pelo menos se poderia afirmar que é a principal medida da pena. E aí, uma vez mais, a culpabilidade tem aparecido como importante setor onde se examinam as intenções, motivos, inclinações do agente, como exigência de individualização do sancionamento.

Claro que a legalidade de produção das normas típicas – no direito administrativo sancionador - será muito mais aberta do que aquela do campo penal, mormente tendo em conta que, normalmente, os regulamentos administrativos, as leis estaduais e municipais interferem mais fortemente na tipicidade proibitiva.

A individualização da pena confere aos sentenciados direito subjetivo público perante o Estado-Juiz, traduzindo-se em exigência de fundamentação adequada e proporcional nos moldes exemplificativos e referenciais dos vetores do art. 59 do Código Penal, dispositivo que não consagra poderes discricionários e sim conceitos jurídicos indeterminados.

De igual modo, prosseguindo no raciocínio paralelo, a individualização das sanções, com suporte no direito administrativo sancionador, exige ato fundamentado das autoridades administrativas ou judiciárias, daí derivando direito subjetivo público aos jurisdicionados e administrados.

---

mente fixas e sem flexibilidade. Claro que o caminho da inconstitucionalidade seria absurdo, pois equivaleria a eliminação da sanção, deixando a sociedade ao desabrigo. Seria uma solução radical, desarrazoada e contrária aos princípios constitucionais da proporcionalidade e da moralidade administrativa. Há outros caminhos viáveis. É possível uma interpretação em conformidade com a Constituição, resgatando-se a possibilidade de atenuação do rigor abstrato da norma, adaptando-a às peculiaridades do caso concreto, afastando-a, eventualmente, ou reduzindo sua carga punitiva, consoante se faça necessário.

[43] A Lei espanhola nº 30/1992, que trata do regime jurídico das Administrações Públicas, prevê, em matéria de direito administrativo sancionador, expressamente, que a fixação das sanções deve atender ao princípio da proporcionalidade e, nessa medida, às intenções, vale dizer, aos elementos subjetivos da conduta do infrator.

A motivação, aliás, é especial requisito dos atos sancionadores,[44] o que a erige como condição de validade do ato, ligando-se, indiscutivelmente, ao princípio da individualização da sanção, além de sua autonomia enquanto requisito de fundamentação da medida.

Se cada ser humano é um indivíduo, cada infrator deve receber um tratamento individualizado, particular, com a possibilidade de conhecer as concretas e específicas razões do ato sancionador, podendo impugná-lo ou aceitá-lo.

5.5. CONSIDERAÇÕES FINAIS

Não tive pretensão de examinar o princípio da culpabilidade em toda sua extensão. Busquei, tão-somente, traçar um panorama inicial, de modo a permitir um ulterior aprofundamento do tema no campo do direito administrativo sancionador.

Os princípios do direito administrativo sancionatório carecem, em realidade, de uma visão sistemática, racional, geral, de modo a propiciar aos administrados e jurisdicionados a necessária segurança jurídica, coibindo-se ações arbitrárias dos Poderes Públicos. Ao mesmo tempo, uma correta elaboração dos princípios pode auxiliar no combate à impunidade, visto que não é raro que se transportem raciocínios essencialmente penais e excessivamente liberais ao campo do direito administrativo repressor, sem as imprescindíveis cautelas e diferenciações.

A culpabilidade, com suas múltiplas projeções dogmáticas, não deixa de ser um dos princípios do direito administrativo sancionador, talvez o princípio básico, um dos mais importantes certamente. Por uma idéia de justiça e atento às modernas exigências do direito internacional, o constituinte brasileiro de 1988 deixou bem claro que não tolera o regime de sancionamentos penal ou administrativo por responsabilidade objetiva, situação pendente de um exame mais atento e dedicado da doutrina administrativista. Com essas reflexões, tive o propósito de suscitar questionamentos e debates.

---

[44] Ver decisão da Sala 1ª do Tribunal Constitucional espanhol, RTC (Revista del Tribunal Constitucional) 1998/7, Relator Dr. PEDRO CRUZ VILLALON, SENTENCIA de 13-1-1998, nº 7/1998, Recurso de Amparo núm. 950/1995.

6. Repensando o "Princípio da supremacia do interesse público sobre o particular"

HUMBERTO BERGMANN ÁVILA
Professor da PUC/RS e advogado em Porto Alegre. Especialista em Finanças das Empresas na Fac. de Ciências Econômicas e Mestre em Direito Público na Fac. de Direito da UFRGS. Doutorando na Universidade de Munique (CNPq), Alemanha.

Sumário: 6.1. Introdução; 6.2. Definições preliminares; 6.2.1. Princípio como axioma; 6.2.2. Princípio como postulado; 6.2.3. Princípio como norma; 6.2.4. Distinções necessárias; 6.3. Pode ele ser considerado uma norma-princípio?; 6.3.1. Limites conceituais; 6.3.2. Limites normativos; 6.3.2.1. Ausência de fundamento de validade; 6.3.2.2. Indeterminabilidade abstrata; 6.3.2.3. Indissociabilidade do interesse privado; 6.3.2.4. Incompatibilidade com postulados normativos; 6.4. Pode ser ele um postulado normativo de acordo com o ordenamento jurídico brasileiro?; 6.4.1. Delimitação de interesse público; 6.4.1.1. Pluralidade significativa; 6.4.1.2. Pressupostos necessários; 6.4.2. A importância do interesse privado; 6.4.2.1. Relação com o interesse público; 6.4.2.2. Sua função nas relações administrativas; 6.4.2.3. Privado como individual; 6.5. Conclusões.

6.1. INTRODUÇÃO

A dogmática jurídica brasileira – do Direito Administrativo e também do Direito Tributário – sustenta que dentre aqueles princípios que regulam a relação entre o Estado e o particular está o "princípio da supremacia do interesse público sobre o particular". O grande publicista Bandeira de Mello afirma: *"Trata-se de verdadeiro axioma reconhecível no moderno Direito Público. Proclama a superioridade do interesse da coletividade, firmando a prevalência dele sobre o do particular, como condição, até mesmo, da sobrevivência e asseguramento deste último"*.[1]

---
[1] BANDEIRA DE MELLO, Celso Antonio. *Curso de Direito Administrativo*, 9. ed., São Paulo, Malheiros, 1997, p. 29.

Decorreria desse "princípio" a posição privilegiada do órgão administrativo nas relações com os particulares, malgrado sua limitação pelo ordenamento jurídico.[2] No bojo desse "princípio" – descrito como um "princípio de supremacia" – está a ligação das normas administrativas ao interesse público que visam a preservar, bem como o exercício da função administrativa pelos órgãos administrativos, aos quais é defeso representar interesses meramente pessoais, senão que devem atuar sob o influxo da finalidade pública instituída pela lei. É também a partir desse "princípio" que se procura descrever e explicar a indisponibilidade do interesse público e a exigibilidade dos atos administrativos, assim também a posição de supremacia da administração e os seus privilégios frente aos particulares, especialmente os prazos maiores para intervenção ao longo de processo judicial e a presunção de validade dos atos administrativos.[3]

A dogmática do Direito Tributário, em sintonia com aquela do Direito Administrativo, descreve esse "princípio" entre aqueles que regulariam a relação entre o poder tributário e o contribuinte. Barros Carvalho descreve-o como um "princípio constitucional implícito" de grande importância para a interpretação das normas de Direito Público.[4] Derzi explica-o como um "princípio implícito" que não limita diretamente o poder de tributar, mas direciona a ponderação das limitações constitucionais estabelecidas.[5]

A adequação do interesse público (não da sua supremacia) para a teoria do Direito Administrativo foi devidamente esclarecida. Não há dúvida de que a administração não possui autonomia de vontade, mas apenas deve executar a finalidade instituída pelas normas jurídicas constantes na lei dando-lhe ótima aplicação concreta. Por isso a administração não exerce atividade desvinculada, mas apenas exerce, nos fundamentos e limites instituídos pelo Direito, uma função. A utilidade do interesse público é manifestada também na descrição dos seus vários tipos (primário, secundário, etc.).[6]

Só a um primeiro olhar, contudo, é adequada a descrição desse "princípio de supremacia". Apesar de o dito "princípio" ser descrito como um princípio fundamental do Direito Público, ele é explicado – e aqui começa o problema – com duas características específicas. Primeiro, ele seria um «*princípio jurídico*» (ou norma-princípio), cuja função primordial seria

---

[2] BANDEIRA DE MELLO, Celso Antonio. *Curso de Direito Administrativo*, 9. ed., São Paulo, Malheiros, 1997, pp. 30 e 33.

[3] Idem, ibidem, pp. 31 e 30.

[4] CARVALHO, Paulo de Barros. *Curso de Direito Tributário*. 7. ed. São Paulo, Saraiva, 1995, p. 98.

[5] DERZI, Misabel de Abreu Machado. Notas a BALEEIRO, Aliomar. *Limitações Constitucionais ao Poder de Tributar*. 7. ed. Rio de Janeiro, Forense, 1997, pp. 21, 35.

[6] BANDEIRA DE MELLO, Celso Antonio. Idem, p. 56. ISENSEE, Josef. *Gemeinwohl und Staatsaufgaben im Verfassungsstaat*, in: HStR III, § 57 Rn. 117.

regular as relações entre o Estado e o particular. Sua pressuposta validade e posição hierárquica no ordenamento jurídico brasileiro permitiriam que ele fosse descoberto *a priori*, sem o prévio exame da sua referência ao ordenamento jurídico («axioma»).[7] Segundo, ele não seria apenas um princípio, mas um «*princípio relacional*»: ele regularia a «supremacia» do interesse público sobre o particular, não relativamente ao funcionário público, que não pode representar senão o interesse público, mas com referência à «relação entre o Estado e o particular». O seu conteúdo normativo pressupõe, portanto, a possibilidade de conflito entre o interesse público e o interesse particular no exercício da função administrativa, cuja solução deveria ser (em abstrato e em princípio) em favor do interesse público.

O problema – como mais tarde será demonstrado – não é propriamente a descrição e a explicação da importância do interesse público no ordenamento jurídico brasileiro, mas o modo mesmo como isso é feito. A importância do interesse público (que determina os fins e fundamentos legítimos da atuação estatal), do bem comum (como o mais compreensivo e abstrato fim, verdadeiro fundamento da permanência da vida social, a ser entendido como *medida* ou *proporção* estabelecida entre bens jurídicos exteriores conflitantes e distribuíveis) ou mesmo dos fins estatais (qualquer interesse público tornado próprio para o Estado), como Isensee os define,[8] não são objeto primordial de nossa análise. A finalidade deste estudo é, apenas, analisar criticamente o "princípio da supremacia do interesse público sobre o particular". Ele, tal como vem sendo descrito pela doutrina, não se identifica com o bem comum. Bem comum é a própria composição harmônica do bem de cada um com o de todos; não, o direcionamento dessa composição em favor do "interesse público".[9] O discutido "princípio da supremacia" explica, antes, uma «regra de preferência», como adiante demonstrado.

Nossa tarefa é, pois, responder a duas perguntas intimamente relacionadas entre si. Primeira: – Pode o "princípio" em tela ser descrito como um princípio jurídico instituído pelo ordenamento jurídico brasileiro, vale dizer, como uma norma-princípio? Segundo: – Pode ser ele descrito como um princípio estrutural ou condição para a explicação do Direito Administrativo, isto é, como um postulado normativo?

---

[7] Sobre o assunto, conferir: BANDEIRA DE MELLO, Celso Antonio. *Curso de Direito Administrativo*, 9. ed., São Paulo, Malheiros, 1997, p. 29.

[8] ISENSEE, Josef. *Gemeinwohl und Staatsaufgaben im Verfassungsstaat*, in: HStR III, § 57.

[9] Sobre o tema, ver: REALE, Miguel. *Lições preliminares do Direito*. 23. ed., São Paulo, Saraiva, 1996, p. 60. VILLEY, Michel. *Philosophie du droit*. Vol. 1, Definitions du droit. 3. ed. Paris, Dalloz, 1982. pp. 66, 73, 200.

6.2. DEFINIÇÕES PRELIMINARES

Uma descrição unitária dos princípios jurídicos enfrenta soberbas dificuldades, como bem demonstrou Guastini.[10] O uso do termo "princípio" está longe de ser uniforme. E não há qualquer problema nisso. Problema há, sim, quando fenômenos completamente diversos são explicados mediante o emprego de denominação equivalente, de tal sorte que um só termo passa a fazer referência igual e indistintamente não só a fenômenos pertinentes a planos ou ciências distintas como também a explicar fenômenos diversos descobertos em um mesmo objeto-de-conhecimento. É o que vem ocorrendo com os "princípios". Eles passam a significar tudo, e, por isso mesmo, terminam por não significar coisa alguma.

Daí resultam várias conseqüências. A dogmática jurídica, em vez de descrever e explicar o ordenamento jurídico, passa, em virtude da equivocidade dos seus enunciados, a encobri-lo ou não desvendá-lo. As teorias jurídicas passam a padecer de *inadequação sintática*, na medida em que utilizam termos iguais para explicar fenômenos desiguais, instalando, na ciência do Direito, o germe da ambigüidade. A interpretação e a aplicação do Direito, com a finalidade de explicar aquilo que o ordenamento determina, proíbe ou permite, passa a explicar, também, aquilo que não encontra sequer referibilidade indireta ao objeto descrito. A teoria jurídica padece, nesse caso, de *inadequação semântica*.[11]

Faz-se necessário estipular o significado de "princípio". Isso é somente possível se forem feitas *distinções* quanto à *finalidade* de sua utilização e o *objeto de conhecimento* do qual ele é extraído e ao qual deve manter referência. Compreender é distinguir. Dos vários significados atribuídos aos "princípios" podemos identificar três principais variantes, por sua vez delimitadas segundo sua finalidade e seu fundamento.

6.2.1. Princípio como axioma

Axioma (usado, originalmente, como sinônimo de postulado) denota uma proposição cuja veracidade é aceita por todos, dado que não é nem

---

[10] GUASTINI, Riccardo. *Teoria e dogmatica delle fonti*. Giuffrè, Milano, 1998, p. 276. O autor fala de uma diferenciação tipológica dos princípios. Idem, *Distinguendo: studi di teoria e metateoria del diritto*. Milano, Giapichelli, 1996, p. 115 e ss. ALEXY, Robert. *Theorie der Grundrechte*. 2. ed. Frankfurt am Main, 1994, p. 93. Ver também DERZI, Misabel de Abreu Machado, *in*: (Notas) BALEEIRO, Aliomar. *Limitações Constitucionais ao Poder de Tributar*. 7. ed. Rio de Janeiro, Forense, 1997, p. 41 (princípios podem ser conceitos ou tipos).

[11] Sobre o assunto, ver: BORGES, José Souto Maior. O problema fundamental da base empírica para a ciência do Direito e seus reflexos em questões indecidíveis pela doutrina do Direito Tributário. In: *Ciência Feliz: sobre o mundo jurídico e outros mundos*. Recife, Fundação de Cultura do Recife, 1994, p. 116. Também p. 124.

possível nem necessário prová-la.[12] Por isso mesmo são os axiomas aplicáveis exclusivamente por meio da lógica, e deduzidos sem a intervenção de pontos de vista materiais.[13]

A literatura jurídica faz uso do termo "axioma" para explicar tipos de raciocínio jurídico aceitos por todos, e por isso mesmo não-sujeitos ao debate. A veracidade dos axiomas é demonstrada pela sua própria e mera afirmação, como se fossem auto-evidentes. O "princípio da supremacia do interesse público sobre o particular" é definido como um axioma justamente porque seria auto-demonstrável ou óbvio.

6.2.2. Princípio como postulado

Postulado, no sentido kantiano, significa uma condição de possibilidade do conhecimento de determinado objeto, de tal sorte que ele não pode ser apreendido sem que essas condições sejam preenchidas no próprio processo de conhecimento.[14] Os postulados variam conforme o objeto cuja compreensão condicionam. Daí dizer-se que há postulados normativos e ético-políticos.

Os postulados normativos são entendidos como condições de possibilidade do conhecimento do fenômeno jurídico. Eles, também por isso, não oferecem argumentos substanciais para fundamentar uma decisão, mas apenas explicam como pode ser obtido o conhecimento do Direito.[15] As condições de possibilidade do conhecimento jurídico reveladas pela hermenêutica jurídica são postulados normativos.[16] Entre eles, vale salientar os seguintes: o conhecimento da norma pressupõe o do sistema e o entendimento do sistema só é possível com a compreensão das suas normas (*postulado da coerência*); só é possível conhecer a norma com a análise simultânea do fato, e descrever os fatos com recurso aos textos normativos

---

[12] Á. SZABÓ. Axiom, in: *Historisches Wörterbuch der Philosophie*, Vol. 1, Basel, Schwabe und Co., 1974, p. 737. Também: L. OEING-HANHOFF, idem, p. 743.

[13] CANARIS, Claus-Wilhelm. *Systemdenken und Systembegriff in der Jurisprudenz*. Berlin, Duncker und Humblot, 1983, pp. 59 e 60.

[14] EISLER, Rudolf. *Kant-Lexikon*, Hildersheim u.a., Georg Olms Verlag, 1994, p. 427. KANT. Kants Werke, Akademie Textausgabe, V, *Kritik der praktischen Vernunft*, Berlin, Walter de Gruyter und Co., 1968 (1902), pp. 135 (244).

[15] ALEXY, Robert. *Juristische Interpretation*. In: Recht, Vernunft, Diskurs. Frankfurt am Main, 1995, S. 77.

[16] ESSER, Josef. *Vorverständnis und Methodenwahl in der Rechtsfindung; Rationalitätsgrundlagen richterlicher Entscheidungspraxis*, 2. ed. 1972. ESSER, Josef. *Grundsatz und Norm in der richterlichen Fortbildung des Privatrechts*, 4. ed. 1990. LARENZ, Karl. *Methodenlehre der Rechtswissenschaft*. 6. ed. München, Beck, 1991, p. 437 ff. ENGISCH, Karl. *Logische Studien zur Gesetzesanwendung*, 3. ed., Heidelberg, 1963, p. 15 ff. KAUFMANN, Arthur. *Rechtsphilosophie*, 2. ed. 1997, p. 127 ss. KAUFMANN, Arthur. *Analogie und Natur der Sache*. 2. ed. Heidelberg, Müller, 1982. p. 38. SCHÜNEMANN, Bernd. *Zum Verhältnis von Norm und Sachverhalt bei der Rechtsanwendung, von Ober- und Untersatz im Justizsyllogismus und von Rechts- und Tatfrage im Prozessrecht*. In: FS Aurthur Kaufmann, p. 299.

(*postulado da integridade*); só é possível conhecer uma norma tendo em vista a sua pré-compreensão pelo sujeito cognoscente, definida como a expectativa quanto à solução concreta, já que o texto sem a hipótese não é problemático, e a hipótese, por sua vez, só surge com o texto (*postulado da reflexão*).[17]

O que a doutrina comumente denomina de «princípio como idéia normativa geral» (ou princípio explicativo), como fundamento ou pressuposto para o conhecimento do ordenamento jurídico ou de parte dele, são verdadeiros postulados normativos. Esses fundamentos jurídicos decorreriam da idéia de Direito e do princípio da justiça, mas embora possuam caráter normativo, não possuem a qualidade de normas de comportamento, dada a sua falta de determinação.[18] Bandeira de Mello define princípio como "*mandamento nuclear de um sistema, verdadeiro alicerce dele, disposição fundamental que se irradia sobre diferentes normas compondo-lhes o espírito e servindo de critério para sua exata compreensão e inteligência por definir a lógica e a racionalidade do sistema normativo, no que lhe confere tônica e lhe dá sentido harmônico*".[19]

Há, também, postulados ético-políticos, como condições de conhecimento do fenômeno jurídico do ponto de vista das ciências políticas. Condições comumente aceitas como necessárias ao convívio social e explicativas do surgimento das normas existentes podem ser havidas como postulados ético-políticos, na medida em que procuram investigar e explicar as *causas* do surgimento de determinadas normas jurídicas, e não propriamente o seu conteúdo de acordo com um sistema jurídico.[20]

6.2.3. Princípio como norma

Norma é o conteúdo de sentido de determinada prescrição normativa, em função do qual é delimitado o que um dado ordenamento jurídico determina, proíbe ou permite. A norma-princípio tem fundamento de validade no direito positivo, de modo expresso ou implícito. Caracteriza-se estruturalmente por ser concretizável em vários graus: seu conteúdo depende das

---

[17] Sobre esse uso de postulados, em vez de princípios, sobretudo: ALEXY, Robert. *Juristische Interpretation*. In: Recht, Vernunft, Diskurs. Frankfurt am Main, 1995, p. 75. CANARIS, Claus-Wilhelm. *Systemdenken und Systembegriff in der Jurisprudenz*. Berlin, Duncker und Humblot, 1983, p. 16. Conferir: BYDLINSKY, Franz. *Fundamentale Rechtsgrundsätze*. Springer, Wien, 1988.
[18] Nesse sentido: FORTHOFF, Ernst. *Lehrbuch des Verwaltungsrechts*, Vol. I, Allgemeiner Teil, 10. ed., München, Beck, 1973, p. 70. WOLFF, Hans/BACHOF, Otto/STOBER, Rolf. *Verwaltungsrecht*, I, 10. ed., München, Beck, 1994, pp. 264-5. Sobre essa problemática, conferir: BANDEIRA DE MELLO, Celso Antonio. *Curso de Direito Administrativo*, 9. ed., São Paulo, Malheiros, 1997, p. 572.
[19] BANDEIRA DE MELLO, Celso Antonio. *Curso de Direito Administrativo*, 9. ed., São Paulo, Malheiros, 1997, p. 572.
[20] Sobre o tema: ISENSEE, Josef. *Gemeinwohl und Staatsaufgaben im Verfassungsstaat*, in: HStR III, § 57 Rn. 30.

possibilidades normativas advindas dos outros princípios, que podem derrogá-lo em determinado caso concreto. Daí dizer-se que os princípios, à diferença das metanormas de validade, instituem razões *prima facie* de decidir. Os princípios servem de fundamento para a interpretação e aplicação do Direito. Deles decorrem, direta ou indiretamente, *normas de conduta* ou *instituição de valores e fins* para a interpretação e aplicação do Direito.[21]

A teoria geral do Direito define os princípios jurídicos como normas de otimização concretizáveis em vários graus, sendo que a medida de sua concretização depende não somente das possibilidades fáticas, mas também daquelas jurídicas; eles permitem e necessitam de ponderação (*"abwägungsfähig und - bedürftig"*), porque não se constituem em regras prontas de comportamento, precisando, sempre, de concretização.[22] Justamente porque consistem em normas jurídicas, ainda que carecedoras de concretização, não possuem fundamento de validade *auto-evidente* ou meramente reconduzível ao *comumente aceito*, antes decorrem da idéia de Direito positivamente constituída, dos textos normativos ou do seu conjunto, ou, ainda, dos fins positivamente instituídos pelo Direito.[23] A solução de uma colisão de normas-princípios depende da instituição de regras de prevalência entre os princípios envolvidos, a ser estabelecida de acordo com as circunstâncias do fato concreto e em função das quais será determinado o peso relativo de cada norma-princípio. A solução de uma colisão de princípios não é estável nem absoluta, mas móvel e contextual. A regra de prevalência, segundo a qual determinada norma-princípio em determinadas condições tem preferência sobre outra norma-princípio, institui uma hierarquia móvel entre ambas as medidas, já que pode ser modificada caso alterado o contexto normativo e fático.[24]

O importante é que uma relação de prevalência (*"Vorrangrelation"*) entre as normas-princípios só pode ser determinada em casos concretos, quando a norma-princípio com peso respectivo maior sobrepõe-se, momen-

---

[21] Inicialmente: CANARIS, Claus-Wilhelm. *Systemdenken und Systembegriff in der Jurisprudenz*. Berlin, Duncker und Humblot, 1983, p. 55. Sobre a distinção entre princípio e regra, sobretudo ALEXY, Robert. *Rechtssystem und praktische Vernunft*. In: Recht, Vernunft, Diskurs. Frankfurt am Main, 1995, pp. 216-217; ALEXY, Robert. *Theorie der Grundrechte*. 2. ed. Frankfurt am Main, 1994, p. 77. GUASTINI, Riccardo. *Distinguendo: studi di teoria e metateoria del diritto*, Milano, Giappichelli, 1996, pp. 115 e ss. Ver também: LARENZ, Karl. *Richtiges Recht*. München, Beck, 1979, p. 26. LARENZ, Karl. *Methodenlehre der Rechtswissenschaft*. 6. ed. München, Beck, 1991, p. 474.

[22] VOGEL, Klaus. *Steuergerechtigkeit und soziale Gestaltung*. In: Der offene Finanz- und Steuerstaat. Müller, Heidelberg, 1991, p. 499. LARENZ, Karl. *Richtiges Recht*. München, Beck, 1979, p. 26. LARENZ, Karl. *Methodenlehre der Rechtswissenschaft*. 6. ed. München, Beck, 1991, p. 474.

[23] LARENZ, Karl. *Richtiges Recht*. München, Beck, 1979, p. 178.

[24] ALEXY, Robert. *Rechtssystem und praktische Vernunft*. In: Recht, Vernunft, Diskurs. Frankfurt am Main, 1995, p. 216-218. GUASTINI, Riccardo. *Distinguendo: studi di teoria e metateoria del diritto*, Milano, Giappichelli, 1996, p. 145.

to em que se estabelece uma relação de prevalência condicional (*"bedingte Vorrangrelation"*) entre as normas-princípios envolvidas: a norma-princípio "A" sobrepõe-se à "B" sob determinadas condições "X", "Y" e "Z".

As regras jurídicas, de outro lado, são normas cujas premissas são, ou não, diretamente preenchidas, e no caso de colisão, será a contradição solucionada, seja pela introdução de uma exceção à regra, de modo a excluir o conflito, seja pela decretação de invalidade de uma das regras envolvidas.[25]

6.2.4. Distinções necessárias

As definições acima estipuladas evidenciam, antes de tudo e sobretudo, que há fenômenos diversos a serem compreendidos. Se todos eles serão explicados mediante o emprego do termo "princípio" é secundário, a não ser – e é este o caso – que a utilização do mesmo termo termine por explicar – confundindo-os – diferentes fenômenos do entendimento (categorias). A diferença entre os fenômenos é evidente. Um axioma não se confunde com uma norma-princípio, já que essa, ao contrário daquele, deve ser necessariamente reconduzida a fontes materiais de produção normativa e deve ser aplicada com referência a pontos de vista prático-institucionais.[26] Um postulado normativo não se confunde com uma norma-princípio, na medida em que a norma não explica (apenas) as condições de conhecimento do Direito, senão que revela o seu próprio conteúdo relativamente ao comportamento ou à aplicação de outras normas constantes no ordenamento jurídico.

Diante disso, é preciso delimitar qual o significado do debatido "princípio da supremacia do interesse público sobre o particular". Duas questões serão postas e, nos limites desta análise, discutidas. A primeira questão analisa se esse referido "princípio" pode ser descrito como um princípio jurídico ou norma-princípio de acordo com o ordenamento jurídico brasileiro (parte "B"). A segunda questão analisa se o debatido princípio pode ser entendido com uma condição para a explicação do ordenamento jurídico

---

[25] ALEXY, Robert. *Rechtssystem und praktische Vernunft*. In: Recht, Vernunft, Diskurs. Frankfurt am Main, 1995, p. 216-217; ALEXY, Robert. *Theorie der Grundrechte*. 2. ed. Frankfurt am Main, 1994, p. 77. Sobre a limitação da subsunção na aplicação do Direito, ver nosso: *Subsunção e concreção na aplicação do Direito*. Livro comemorativo do cinqüentenário da PUC-RS, Porto Alegre, Edicpuc, 1997, p. 413 e ss. As metanormas que regulam a existência e eficácia de outras normas, e que são normalmente denominadas princípios (p. ex. irretroatividade, anterioridade, legalidade) seriam melhor definidas como meta-regras de validade, já que mantêm uma relação de colisão específica com as outras normas-princípios. Elas não oferecem razões de decidir concretizáveis em vários graus, como as normas-princípios *prima facie*, mas pressupostos de validade de outras normas, com as quais mantêm uma relação hierárquica de validade material.

[26] ALEXY, Robert. *Juristische Interpretation*. In: Recht, Vernunft, Diskurs. Frankfurt am Main, 1995, p. 75. Sobre o caráter institucional e prático do Direito, sobretudo: WEINBERGER, Ota. *Norm und Institution: Eine Einführung in die Theorie des Rechts*, Wien, Manz, 1988.

brasileiro (parte "C"). Objeto da análise será também o significado do interesse público para o esclarecimento do ordenamento jurídico-administrativo, bem como as relações que ele mantém com o bem comum, com as finalidades estatais e com o interesse particular.

O objetivo primordial do presente trabalho é diminuir a equivocidade que a descrição e a eventual aplicação deste "princípio" proporcionam. Ao final, será demonstrado, de um lado, que a atividade administrativa (e a interpretação das normas de Direito Público, especialmente de Direito Administrativo), não pode ser exercida sob o influxo deste "princípio", e, de outro lado, que o interesse público (ou interesses públicos) pode possuir significado jurídico, mas não pode ser descrito como prevalente relativamente aos interesses particulares.

6.3. PODE ELE SER CONSIDERADO UMA NORMA-PRINCÍPIO?

A análise da primeira questão implica, de um lado, explicar a definição de norma-princípio fornecida pela Teoria Geral do Direito e, de outro, verificar se o ordenamento jurídico brasileiro corrobora sua existência como norma-princípio. Quanto ao primeiro aspecto, será demonstrado que o conceito de norma-princípio contém elementos que não podem ser encontrados no referido "princípio". Quanto ao segundo, será demonstrado, primeiramente, que a análise sistemática dos direitos fundamentais e das normas de competência feita à luz da atual metodologia jurídica não permite a descoberta do citado "princípio" e, secundariamente, que seu conteúdo é objetivamente indeterminável, além de ser indissociável dos interesses particulares e não poder ser deles separado ou a eles contrariamente descrito.

6.3.1. Limites conceituais

A incompatibilidade do "princípio" da supremacia do interesse público sobre o particular com o conceito de princípio jurídico fornecido pela teoria geral do Direito só pode ser bem demonstrada com a referida distinção entre princípios e regras. O elemento «fundamento jurídico de validade», se o objeto a ser descrito é um princípio jurídico, deve sempre ser verificado.[27]

Com os esclarecimentos anteriores pode-se perguntar, então, se o dito "princípio da supremacia do interesse público sobre o particular" é, ou não,

---

[27] GUASTINI, Riccardo. *Teoria e dogmatica delle fonti*. Giuffrè, Milano, 1998, p. 276. O autor fala de uma diferenciação tipológica dos princípios. ALEXY, Robert. *Theorie der Grundrechte*. 2. ed. Frankfurt am Main, 1994, p. 93. Ver também DERZI, Misabel de Abreu Machado, *in*: (Notas) BALEEIRO, Aliomar. *Limitações Constitucionais ao Poder de Tributar*. 7. ed. Rio de Janeiro, Forense, 1997, p. 41 (Princípios podem ser conceitos ou tipos).

uma norma-princípio. Do modo como a teoria geral do Direito modernamente analisa os princípios *prima facie*, cujo significado resulta de uma recíproca implicação entre os princípios, não há dúvida de que ele não é uma norma-princípio: sua descrição abstrata não permite uma concretização em princípio gradual, pois a prevalência é a única possibilidade (ou grau) normal de sua aplicação, e todas as outras possibilidades de concretização somente consistiriam em exceções e, não, graus; sua descrição abstrata permite apenas uma medida de concretização, a referida "prevalência", em princípio independente das possibilidades fáticas e normativas; sua abstrata explicação exclui, em princípio, a sua aptidão e necessidade de ponderação, pois o interesse público deve ter maior peso relativamente ao interesse particular, sem que diferentes opções de solução e uma máxima realização das normas em conflito (e dos interesses que elas resguardam) sejam ponderadas; uma tensão entre os princípios não se apresenta de modo principial, pois a solução de qualquer colisão se dá mediante regras de prevalência, estabelecidas *a priori* e não *ex post*, em favor do interesse público, que possui abstrata prioridade e é principialmente independente dos interesses privados correlacionados (p. ex. liberdade, propriedade).

O referido "princípio" é – tal como seria definido pela teoria geral do Direito – uma «regra abstrata de preferência no caso de colisão» («*Kollisionspräferenzregel*») em favor do interesse público, nunca, porém, uma norma-princípio *prima facie*. A questão sobre o seu fundamento de validade fica irrespondida, e o método, por meio do qual ele pode ser descoberto ou por meio do qual ele poderia funcionar como fundamento de uma dada decisão concreta, permanece nebuloso, como adiante aprofundado.

Como as normas-princípios resguardam interesses diversificados e abstrata e estaticamente contraditórios, a sua interpretação sistemática (e sincrônica) acaba por evidenciar uma relação de tensão ("*Spannungsverhältnis*") entre elas, aqui explicada por meio do «postulado da reciprocidade» (*"Gegenseitigkeitspostulat"*). O que pode ser descrito em abstrato é somente uma espécie de dependência entre as diferentes normas jurídicas e os bens jurídicos por elas protegidos. Uma relação de prevalência só pode ser verificada, entretanto, diante do caso concreto.

O importante foi registrado por Alexy: "*Essa relação de tensão não poderia ser resolvida no sentido de uma absoluta prevalência de uma dessas obrigações do Estado, nenhuma dessas obrigações ganha diretamente a prevalência. O conflito deve ser resolvido, muito mais, por meio de uma ponderação entre os interesses conflitantes*".[28] Em vez de uma «relação abstrata de prevalência absoluta», deve ser descrita uma «relação concreta de prevalência relativa», cujo conteúdo depende das circunstân-

---

[28] ALEXY, Robert. *Theorie der Grundrechte*. 2. ed. Frankfurt am Main, 1994, p. 80.

cias do caso e cujos efeitos só são desencadeados caso verificadas as condições de prevalência do princípio envolvido.[29]

6.3.2. Limites normativos

6.3.2.1. Ausência de fundamento de validade

Há – como já mencionado – também fundamentos normativos para negar o qualificativo de "princípio" ao referido princípio da supremacia do interesse público sobre o particular.

A ele faltam fundamentos jurídico-positivos de validade. Ele não pode ser descrito como um «princípio jurídico-constitucional imanente», mesmo no caso de ser explicado com um princípio abstrato e relativo, pois ele não resulta, *ex constitutione*, da análise sistemática do Direito.

Primeiro, porque a Constituição brasileira, por meio de normas-princípios fundamentais (arts. 1 a 4), dos direitos e garantias fundamentais (arts. 5 a 17) e das normas-princípios gerais (p. ex. arts. 145, 150 e 170), protege de tal forma a liberdade (incluindo a esfera íntima e a vida privada), a igualdade, a cidadania, a segurança e a propriedade privada, que se se tratasse de uma regra abstrata e relativa de prevalência seria (não o é, como se verá[30]) em favor dos interesses privados em vez dos públicos. A Constituição brasileira institui normas-princípios fundamentais, também partindo da dignidade da pessoa humana: direitos subjetivos são protegidos, procedimentos administrativos garantidos;[31] o asseguramento da posição dos indivíduos e de seus interesses privados é estabelecido frente ao concorrente interesse público;[32] etc. A Constituição brasileira, muito mais do que qualquer outra, é uma Constituição cidadã, justamente pela particular insistência com que protege a esfera individual e pela minúcia com que define as regras de competência da atividade estatal.

Dessa garantia em favor da vida e dos direitos privados resulta – assim o arguto ALEXY – um ônus de argumentação (*"Argumentationslast"*) em favor dos interesses privados e em prejuízo dos bens coletivos, no sentido de que, sob iguais condições ou no caso de dúvida, deve ser dada prioridade aos interesses privados, tendo em vista o caráter fundamental que eles assumem no Direito Constitucional. Seu conteúdo, porém, é diverso de uma regra absoluta ou relativa de prevalência. Esse ônus diz respeito, apenas, a uma valoração abstrata e relativa do *individuum* (incluindo, aí, seus interes-

---

[29] Idem, ibidem, p. 83.
[30] RODI, Michael. *Die Rechtfertigung von Steuern als Verfassungsproblem.* München, Beck, 1994, p. 46.
[31] Sobre esse tema, no Direito alemão, ver: MAURER, Hartmut. *Allgemeines Verwaltungsrecht.* 10. ed. München, Beck, 1995. p. 22.
[32] A respeito dessa problemática no Direito alemão: HÄBERLE, Peter. *Öffentliches Interesse als juristisches Problem.* Bad Homburg, Athenäum, 1970, p. 530.

ses) na Constituição brasileira, no sentido de um *ônus de argumentação em favor do indivíduo*, a exigir que *"devam corresponder razões maiores para a solução exigida pelos bens coletivos do que para aquelas exigidas pelos direitos individuais"*.[33] O dever de fundamentação e a exigência expressa de repartição de competência para qualquer atividade do Estado relativamente à esfera privada corroboram essa idéia.

A questão de saber se um ônus argumentativo tal qual o «*in dubio pro libertate*» constitui uma norma-princípio com fundamento de validade ou deve ser descrito apenas como uma presunção não deve ser aqui respondida. Para nós basta a constatação de que se o "princípio da supremacia do interesse público sobre o particular" pudesse ser descoberto por meio da dedução, isto é, fosse uma idéia direcionadora obtida por meio da análise conjunta de vários dispositivos,[34] teria ele certamente um conteúdo de sentido bem diverso de uma supremacia do interesse público sobre o particular. Uma tal prevalência é, entretanto, uma questão de concretização do Direito. De modo similar afirma Müller: *"Não é nem metódica nem constitucionalmente apropriado dizer, se deve ser atribuída ou se deixar reconhecer a prevalência realmente para 'a' liberdade, na forma de uma norma envolvida numa questão jurídica, ou se a outro dispositivo. Além disso, não é correto tratar o princípio como 'presunção'"*.[35]

Não se pode olvidar que a qualificação jurídica de um princípio permanece questionável se ele se apresenta em absoluta contradição com outras normas-princípios, se ele não se deixa reconduzir à natureza das coisas ou à idéia de Direito (como, por exemplo, a segurança, o bem comum como repartição de bens exteriores).[36]

Uma relação de prevalência, como a abrangida pelo discutido "princípio", colide com a análise sincrônica do Direito, exigida pela unidade da Constituição ou do sistema jurídico. Sobre isso, Häberle: *"Somente depois que todas as – reconhecidas – tensões entre os interesses públicos e privados forem compreendidas, e que ao princípio do Estado de Direito e do Estado Social de Direito possam corresponder prescrições não indiretamente sobre o interesse particular, mas diretamente sobre o interesse público e que sua posição seja encontrada no conjunto da Constituição, será o interesse público um princípio jurídico imanente. Somente depois disso é que são postas as questões teóricas relativas ao interesse público."*[37]

---

[33] ALEXY, Robert. *Individuelle Rechte und kollektive Güter*. In: Recht, Vernunft, Diskurs. Frankfurt am Main, Suhrkamp, 1995, pp. 216-217.
[34] CANARIS, Claus-Wilhelm. *Die Feststellung von Lücken im Gesetz*, p. 98.
[35] MÜLLER, Friedrich. *Juristische Methodik*. 7. ed. Berlin, Duncker und Humblot. 1997, p. 264.
[36] Idem, ibidem, p. 100.
[37] HÄBERLE, Peter. *Öffentliches Interesse als juristiches Problem*. Bad Homburg, Athenäum, 1970. p. 526.

Essa conseqüência decorre de uma característica fundamental da relação entre os princípios, bem esclarecida por CANARIS: "*...eles recebem seu conteúdo de sentido somente por meio de um processo dialético de complementação e limitação*".[38] Mas então a descoberta do debatido princípio é metodicamente insustentável: a descoberta de uma prevalência do interesse público sobre o interesse particular exige dois objetos autônomos. Esse não é, porém, o caso. Ambos os interesses estão atrelados *in abstracto* e somente podem ser descritos como *resultado* de uma análise sistemática. Somente *in concreto* possuem eles conteúdo objetivamente mínimo e assumem uma *relação condicionada de prioridade*. Não antes.

6.3.2.2. Indeterminabilidade abstrata

Além disso, esse "princípio" possui um conteúdo não só indeterminável, como, caso descrito como princípio geral, inconciliável com os interesses privados. De outro lado, é questionável se "o" interesse público pode ser descrito objetivamente, considerando-se que ele se relaciona com diferentes normas e conteúdos (p. ex. normas de competência e normas que prescrevem direitos e garantias), é concretizado por meio de diversos procedimentos (p. ex. judicial, administrativo) e constitui-se por meio de um permanente processo diacrônico de compreensão do Estado em uma dada comunidade (p. ex. compreensão do significado de Estado de Direito).[39]

O importante é que a indeterminabilidade empírica vai de encontro ao postulado da explicitude das premissas, decorrente da própria segurança jurídica.[40]

6.3.2.3. Indissociabilidade do interesse privado

O interesse privado e o interesse público estão de tal forma instituídos pela Constituição brasileira que não podem ser separadamente descritos na análise da atividade estatal e de seus fins. *Elementos privados estão incluídos nos próprios fins do Estado* (p. ex. preâmbulo e direitos fundamentais). Por isso afirma HÄBERLE, referindo-se à Lei Fundamental Alemã, muito menos insistente na proteção da esfera privada do que a brasileira: "*Exa-

---

[38] CANARIS, Claus-Wilhelm. *Systemdenken und Systembegriff in der Jurisprudenz*. Berlin, Duncker und Humblot, 1983, p. 55.

[39] HÄBERLE, Peter. *Öffentliches Interesse als juristisches Problem*. Bad Homburg, Athenäum, 1970. p. 719: *"Como valor direcionador da administração possui o interesse público diferenciadas densidades normativas"*. RUPP, Hans Heinrich. *Wohl der Allgemeinheit und öffentliche Interessen. Bedeutung der Begriffe im Verwaltungsrecht*. Schriftenreihe der Hochschule Speyer, Band 39, Berlin, Duncker und Humblot, 1968, p. 117. HÄBERLE, Peter. *Die Gemeinwohlproblematik in rechtswissenschaftlicher Sicht*. Rechtstheorie 14 (1983), p. 274: *"Sua função varia conforme às relações fáticas e o grau de concretização"*.

[40] Sobre esse assunto, ver: ALEXY, Robert. *Juristische Interpretation. In*: Recht, Vernunft, Diskurs. Frankfurt am Main, 1995, p. 81.

gerando: o interesse privado é um ponto de vista que faz parte do conteúdo de bem comum da Constituição".[41] Em vez de uma relação de contradição entre os interesses privado e público há, em verdade, uma «conexão estrutural» (*ein struktureller Zusammenhang*).[42] Se eles – o interesse público e o privado – são conceitualmente inseparáveis, a prevalência de um sobre outro fica prejudicada, bem como a contradição entre ambos.[43] A verificação de que a administração deve orientar-se sob o influxo de interesses públicos não significa, nem poderia significar, que se estabeleça uma relação de prevalência entre os interesses públicos e privados. Interesse público como finalidade fundamental da atividade estatal e supremacia do interesse público sobre o particular não denotam o mesmo significado. O interesse público e os interesses privados não estão principialmente em conflito, como pressupõe uma relação de prevalência. Daí a afirmação de HÄBERLE: "*Eles comprovam a nova, aberta e móvel relação entre ambas as medidas...*".[44]

6.2.3.4. Incompatibilidade com postulados normativos

Outro argumento a excluir um fundamento de validade a esse princípio de supremacia é a parcial incompatibilidade com postulados normativos extraídos de normas constitucionais, sobretudo com os postulados normativos da proporcionalidade e da concordância prática, hoje aceitos pela doutrina e jurisprudência brasileiras. Sendo o Direito o meio mediante o qual são estabelecidas *proporções* entre bens jurídicos exteriores e divisíveis, deve ser estabelecida uma *medida* limitada e orientada pela sua máxima realização.[45] Daí dizer-se – como o faz Alexy – que a proporcionalidade não consiste em uma norma-princípio, mas consubstancia uma *condição* mesma da realização do Direito, já que não entra em conflito com outras normas-princípios, não é concretizado em vários graus ou aplicado mediante criação de regras de prevalência diante do caso concreto, e em virtude das quais ganharia, em alguns casos, a prevalência.[46] A instituição simultâ-

---

[41] HÄBERLE, Peter. *Öffentliches Interesse als juristisches Problem*. Bad Homburg, Athenäum, 1970, p. 526.
[42] RYFFEL, Hans. *Öffentliche Interessen und Gemeinwohl. Reflexionen über Inhalt und Funktion*. Schriftenreihe der Hochschule Speyer, Band 39, Berlin, Duncker und Humblot, 1968, p. 21. RUPP, Hans Heinrich. *Wohl der Allgemeinheit und öffentliche Interessen. Bedeutung der Begriffe im Verwaltungsrecht*. Schriftenreihe der Hochschule Speyer, Band 39, Berlin, Duncker und Humblot, 1968, p. 117.
[43] ESCOLA, Héctor Jorge. *El interés público como fundamento del derecho administrativo*. Buenos Aires, Depalma, 1989, p. 243.
[44] HÄBERLE, Peter. *Öffentliches Interesse als juristisches Problem*. Bad Homburg, Athenäum, 1970, p. 528.
[45] Sobre o tema, ilustrativo ver: ARISTÓTELES. *Etica Nicomachea*, vol. 1 (texto greco a fronte), Milano, Rizzoli, 1994, p. 339 (1131b, 10 e ss.).
[46] ALEXY, Robert. *Theorie der Grundrechte*. 2. ed. Frankfurt am Main, 1994, p. 100.

nea de direitos e garantias individuais e de normas de competência *implica* (logicamente) o dever de ponderação, cuja exata medida só é obtida mediante a obediência à proporcionalidade.

Em face disso, resulta claro que eles não podem coexistir no mesmo sistema jurídico, pelo menos com o conteúdo normativo que lhes têm atribuído a doutrina e a jurisprudência até o momento: de um lado, o debatido "princípio" que direciona a interpretação para supremacia na relação entre os interesses; de outro, os referidos postulados que direcionam a interpretação, não para uma principial prevalência, mas para a máxima realização dos interesses envolvidos.

A proporcionalidade (*"Verhältnismässigkeitsgrundsatz"*) determina que um meio deva ser adequado, necessário – isto é, dentre todos os meios adequados aquele menos restritivo – e mantenha relação de proporcionalidade relativamente ao fim instituído pela norma.[47] O postulado da proporcionalidade em sentido estrito (elemento da ponderação) exige que o meio e o fim devam estar em uma relação de proporção (não podem ficar em relação de desproporção).[48] Essa é a *condição negativa*. Os interesses, que estão (estaticamente) em posição de contraposição (*"Gegenüberstellung"*), devem ser de tal forma ponderados, que a coordenação entre os bens jurídicos constitucionalmente protegidos possa atribuir máxima realização (*"optimale Wirklichkeit"*) a cada um deles. Essa é a chamada concordância prática (*"praktische Konkordanz"*),[49] a *condição positiva* da qual se ocupou HESSE com rara clareza: "*A fixação de limites ("Grenzziehungen") deve, por conseguinte, ser proporcional no respectivo caso concreto; ela não pode ir além do necessário para estabelecer a concordância de ambos os bens jurídicos*".[50]

O Ministro Luiz Gallotti, decidindo sobre a suspensão de obra pela autoridade administrativa, reconheceu a importância dos interesses de terceiros de boa-fé, em função dos quais – complementa-se – é necessária uma *ponderação multipolar*, precisamente porque os *interesses paralelos* devem ser preservados por meio de uma decisão unitária:" Os parágrafos do citado artigo 305 (CPC), embora referentes a hipótese de demolição, claramente traduzem o espírito da lei, no sentido de *conciliar o interesse público com os demais interesses em causa, ordenando que a construção não seja de-*

---

[47] HIRSCHBERG, Lothar. *Der Grundsatz der Verhältnismässigkeit*. Göttingen, 1981, p. 245. JAKOBS, Michael Ch. *Der Grundsatz der Verhältnismässigkeit*. Köln, Carl Heymanns, 1985, p. 217.
[48] HIRSCHBERG, Lothar. Idem, p. 247.
[49] HESSE, Konrad. *Grundzüge des Verfassungsrechts der Bundesrepublik Deutschland*. 20. ed., Heidelberg, CF Müller, 1995. p. 28. JAKOBS, Michael Ch. *Der Grundsatz der Verhältnismässigkeit*. Köln, Carl Heymanns, 1985, p. 84.
[50] HESSE, Konrad. *Grundzüge des Verfassungsrechts der Bundesrepublik Deutschland*. 20. ed., Heidelberg, CF Müller, 1995. p. 28.

molida, mesmo quando contraria as condições legais, se por outro meio se puder evitar o dano ao bem comum".[51]

O Supremo Tribunal Federal (STF) vem, reiteradamente, decidindo que qualquer medida deve obedecer ao "princípio" da proporcionalidade, decorrente dos direitos e garantias fundamentais instituídos na CF/88.[52] É que, se ao Estado incumbe respeitar os valores consagrados na Lei Maior, um *pensamento conseqüente* leva à utilização de instrumentos metódicos idôneos ao seu *máximo* desenvolvimento. Dois lados da mesma moeda.

Uma medida é *adequada* se o meio escolhido está apto para alcançar o resultado desejado. "*É inadequado tentar tapar o sol com uma peneira*". O STF (Rp nº 930-DF, DJU 02.09.77) declarou inadequado exigir atestado de "condições de capacidade" para os corretores de imóveis se isso não é adequado ao exercício da profissão e a lei não o exigia.

A medida é *necessária* se, dentre todas as disponíveis e igualmente eficazes para atingir um fim, é a menos gravosa em relação aos direitos dos sujeitos envolvidos. "*É desnecessário amputar a perna para solucionar o rompimento de menisco*". O STF (ADIn nº 855-2, DJU 01.10.93) declarou inconstitucional a lei que previa a obrigatoriedade de pesagem de botijão de gás à vista do consumidor, não só por impor um ônus excessivo às companhias, que teriam de dispor de uma balança para cada veículo, mas também por que o interesse público e a proteção dos consumidores poderiam ser atingidos de outra forma, menos restritiva.

A medida é *proporcional* se, relativamente ao fim perseguido, não restringir excessivamente os direitos envolvidos. "*É desproporcional matar um pardal com um tiro de canhão*" (Jellinek). O mesmo STF (Rp nº 1077, RTJ 112:34-67) declarou inconstitucional a criação de taxa judiciária, de percentual fixo, por considerar que, em alguns casos, seria tão alta que impossibilitaria o exercício de um direito fundamental – obtenção de prestação jurisdicional –, além de não ser *razoavelmente* equivalente ao custo real do serviço.

Pois bem. Se a proporcionalidade e a concordância prática forem considerados postulados normativos, como o são pela doutrina e pela jurisprudência com o nome de "princípios", então resulta claro que ambas as categorias direcionam a interpretação de forma bem diversa. De um lado, estão os aqui denominados *postulados de medida* a direcionar uma ponderação pautada pela máxima realização dos direitos envolvidos, sem uma solução pré-concebida; de outro, o "princípio da supremacia" a direcionar a aplicação para a prevalência do interesse público sobre o particular. Em

---

[51] Recurso de mandado de segurança, DJ 16.12.64, p. 04649 (destaque não presente no original).

[52] Sobre o tema e a jurisprudência, conferir: BARROS, Suzana de Toledo. *O princípio da proporcionalidade e o controle de constitucionalidade das leis restritivas de direitos fundamentais*. Brasília, Brasília Jurídica, 1996.

vez de o debatido "princípio" instituir uma decisão valorativa sobre interesses ou bens e direcionar a aplicação de outras normas,[53] como qualquer norma-princípio, ele direciona o processo recíproco e dialético da ponderação (*"dialektische Wechselprozess der Abwägung"*) por meio de uma regra abstrata de prevalência em favor do interesse público ou o limita intensamente. *"Podem existir casos nos quais o interesse público ainda hoje receba a supremacia. Decisivo é apenas que os tribunais fundamentem normativamente esta superior hierarquia e não sucumbam à uma fórmula tradicional ou a postulados em vez de dar uma fundamentação"*, esclarece Häberle.[54] E mesmo quando se tratasse apenas da finalidade de interesse público como princípio geral – e não, portanto, da sua prevalência sobre o interesse privado –, seria o postulado da proporcionalidade substancialmente limitado e, por isso mesmo, modificado.[55] O que acaba tornando-se evidente é a especial importância do procedimento – incluindo, aí, sua normativa fundamentação – para a determinação e instituição autoritativa do interesse público, tanto maior quanto mais discutido for o interesse da coletividade.[56]

Aqui deve ser apenas compreendido que o "princípio" sob exame limita intensamente a necessidade, acima tratada como elemento integrante da proporcionalidade. E isso ocorre, porque ele estabelece um fim utópico inconciliável com a fundamentada relação meio-fim e com o dever de explicitação das premissas da argumentação jurídica. O dever de necessidade exige, e pressupõe, uma determinabilidade empírica do fim.[57] E assim completa Luhmann: *"Bem comum não é um fim pensável"*.[58] Por isso, seria inaplicável em muitos casos a proporcionalidade ou, pelo menos, seria ela totalmente limitada, já que a relação meio-fim não seria objetivamente determinável, caso fosse o interesse público aceito como *estruturador* de uma dada relação jurídica. O essencial é que mesmo que o elemento da necessidade não seja descrito como um dever decisivo e que a proporcio-

---

[53] LARENZ, Karl. *Richtiges Recht*. München, Beck, 1979, p. 23.
[54] HÄBERLE, Peter. *Öffentliches Interesse als juristisches Problem*. Bad Homburg, Athenäum, 1970, p. 527.
[55] MARTENS, Wolfgang. *Öffentlich als Rechtsbegriff*. Bad Homburg, Gehlen, 1969, p. 190. SCHNUR, Roman. *Gemeinwohl in den Verfassungen und Gesetzen*. Schriftenreihe der Hochschule Speyer, Band 39, Berlin, Duncker und Humblot, 1968, p. 61. RUPP, Hans Heinrich. *Wohl der Allgemeinheit und öffentliche Interessen. Bedeutung der Begriffe im Verwaltungsrecht*. Schriftenreihe der Hochschule Speyer, Band 39, Berlin, Duncker und Humblot, 1968, p. 118.
[56] RYFFEL, Hans. *Öffentliche Interessen und Gemeinwohl. Reflexionen über Inhalt und Funktion*. Schriftenreihe der Hochschule Speyer, Band 39, Berlin, Duncker und Humblot, 1968, p. 27-8. RUPP, Hans Heinrich. *Wohl der Allgemeinheit und öffentliche Interessen. Bedeutung der Begriffe im Verwaltungsrecht*. Schriftenreihe der Hochschule Speyer, Band 39, Berlin, Duncker und Humblot, 1968, p. 120.
[57] HIRSCHBERG, Lothar. *Der Grundsatz der Verhältnismässigkeit*. Göttingen, 1981, p. 158.
[58] *Apud* HIRSCHBERG, Lothar. Idem. p. 158.

nalidade seja aplicada mesmo sem relação a fins determinados ou determináveis, ainda assim deve ser feita uma ponderação entre os interesses conflitantes.[59] Eis o juridicamente decisivo. Com razão esclarece Jakobs: *"Outras similitudes entre o princípio da proporcionalidade e aquele da concordância prática resultam da constatação de que ambos consistem em processos de ajuste ou equilíbro ("Ausgleichverfahren") e que ambos excluem a abdicação de um bem jurídico com base em uma ponderação orientada por uma prevalência".*[60]

Não são convincentes os possíveis contra-argumentos no sentido de que o debatido "princípio" de nenhum modo direcionaria a ponderação dialética em favor do interesse público, já que – como qualquer norma-princípio – possuiria exceções ou somente consiste numa idéia norteadora quer para a administração, quer para a análise sistemática do Direito. Tal como ele é descrito – como um «princípio» «jurídico» de «supremacia» –, ele não encontra fundamento de validade, simplesmente porque não pode ser descoberto no ordenamento jurídico por meio de qualquer método (dedução ou indução, análise das palavras ou do seu conjunto, etc.). As exceções, que a aplicação condicional concreta de uma norma-princípio revela, devem manter-se dentro de uma quantidade mínima, sob pena de não mais serem consideradas exceções. O que não é, definitivamente, o caso. *O mais importante é a descrição e determinação intersubjetivamente controlável dos critérios para a definição do interesse público.* A determinação desses critérios, porém, só sucede mediante a criação jurisprudencial de regras de conflito, em função das quais o interesse público recebe prevalência em determinados casos de conflito com os interesses privados, quando isso ocorrer.[61] E se esses critérios devem ser obtidos por meio da análise da Constituição e das normas contidas nas leis – o que Bandeira de Mello com razão afirma[62] –, perde a expressão «interesse público» a sua relevância normativa como norma-princípio.[63] Dito mais claramente: *"A expressão 'bem público' sempre representa a abreviatura daquilo que a Constituição entende por limites permitidos ou não"*.[64] Disso, porém, resulta uma importante consequência: em vez de um princípio de preferência, deve ser atribuída a importância, então, às prescrições constitucionais e legais, já que

---

[59] Idem, ibidem, p. 171.
[60] JAKOBS, Michael Ch. *Der Grundsatz der Verhältnismässigkeit.* Köln, Carl Heymanns, 1985, p. 86 (negrito não presente no original). SCHNEIDER, Harald. *Die Güterabwägung des Bundesverfassungsgerichts bei Grundrechtskonflikten.* Baden-Baden, Nomos, 1979. p. 203.
[61] RYFFEL, Hans. *Öffentliche Interessen und Gemeindwohl. Reflexionen über Inhalt und Funktion.* Schriftenreihe der Hochschule Speyer, Band 39, Berlin, Duncker und Humblot, 1968, p. 17.
[62] BANDEIRA DE MELLO, Celso Antonio. *Curso de Direito Administrativo,* 9. ed., São Paulo, Malheiros, 1997, p. 56.
[63] SCHNUR, Roman. *Gemeinwohl in den Verfassungen und Gesetzen.* Schriftenreihe der Hochschule Speyer, Band 39, Berlin, Duncker und Humblot, 1968, pp. 64, 66.
[64] Idem, ibidem, p. 72.

elas – e não, portanto, o citado "princípio" – é que são *juridicamente decisivas*. Sobre a necessidade de previsão normativa, ver o voto de Moreira Alves a respeito de matéria administrativa: *"Se a legislação local posterior determinou, como reconhece o acórdão recorrido, que os requerimentos de licença de construção fossem apreciados à luz da jurisprudência vigente ao tempo de sua apresentação, não pode a administração pública sobrepor o seu critério de avaliação a esse respeito ao da própria lei. Essa circunstância afasta o argumento 'a fortiori' com base na revogação de licença de construção, cuja obra não foi iniciada, sob o fundamento de conveniência ditada pelo interese público, pois, neste caso, essa conveniência não foi apreciada nem afastada pela lei vigente".*[65]

O Ministro Sepúlveda Pertence asseverou, em julgamento sobre matéria processual: *"Verdadeiramente inconciliável com o Estado de Direito e a garantia constitucional da jurisdição seria impedir a concessão ou permitir a cassação da segurança concedida, com base em motivos de conveniência política ou administrativa, ou seja, a superposição do direito do cidadão das 'razões de Estado'; não é o que sucede na suspensão de segurança (...)".*[66]

Essas decisões não tratam diretamente da existência, ou não, do "princípio" em causa. Não obstante, demonstram a necessidade de previsão normativa para qualquer intervenção estatal, ficando o "interesse público" sem significado autônomo. Como foi visto, é característica própria das normas-princípios terem seu sentido resultante de limitações e complementações advindas de outras normas-princípios. Cada qual, porém, contribui, limitando ou acrescendo, para a determinação do significado das outras normas-princípios envolvidas. Resta saber, portanto, qual a contribuição que o dito "princípio da supremacia do interesse público sobre o particular" traz para a interpretação sistemática do Direito e como isso pode ser intersubjetivamente controlado por instrumentos racionais de interpretação.

Da constatação de que os órgãos administrativos possuem em alguns casos uma posição privilegiada relativamente aos particulares[67] não resulta, de modo algum, na corroboração da supremacia do interesse público sobre

---

[65] Recurso Extraordinário 93108/SP, DJ 13.02.81, p. 00754 (destaque não constante do original).

[66] Agravo Regimental em Suspensão de Segurança, DJ 09.05.97, p. 18138.

[67] BANDEIRA DE MELLO, Celso Antonio. *Curso de Direito Administrativo*, 9. ed., São Paulo, Mallheiros, 1997, p. 30. Ação direta de inconstitucionalidade nº 1753/DF, DJ 12.06.98, p. 00051, Ministro Sepúlveda Pertence: "(...) A igualdade das partes é imanente ao *procedural due process of law*; quando uma das partes é o Estado, a jurisprudência tem transigido com alguns favores legais que, além da vetustez, tem sido reputados não arbitrários por visarem a compensar dificuldades da defesa em juízo das entidades públicas; se, ao contrário, desafiam a medida da razoabilidade ou da proporcionalidade, caracterizam privilégios inconstitucionais: parece ser esse o caso das inovações discutidas, de favorecimento unilateral aparentemente não explicável por diferenças reais entre as partes e que, somadas a outras vantagens processuais da Fazenda Pública, agravam a consequência perversa de retardar sem limites a satisfação do direito do particular já reconhecido em juízo".

o particular. Essa posição indica, tão-só, que os órgãos administrativos exercem uma função pública, para cujo ótimo desempenho são necessários determinados instrumentos técnicos, devidamente transformados em regras jurídicas.[68] E essas regras procedimentais (não regras que instituem finalidades) decorrem tanto das normas constitucionais como do desinteresse pessoal que define a função administrativa (*"Selbstlösigkeit"*). Isensee bem o afirmou: *"À liberdade dos cidadãos corresponde a vinculação normativa dos funcionários públicos"*.[69] Isso tudo não tem nada a ver com uma regra geral de prevalência.[70] No Direito Administrativo, especialmente no caso do serviço público, estão o desinteresse pessoal e o bem comum necessariamente ligados. Eles devem, porém, ser diferenciados, tal como Isensee o esclarece: *"O bem público e o bem particular determinam fins, enquanto o desinteresse pessoal e o interesse pessoal marcam caminhos. No primeiro caso trata-se de objeto, no segundo, de procedimento; aqui de programa, lá de realização"*.[71]

A constatação de que os funcionários não representam interesses outros além do público não resulta do interesse público propriamente dito (definido, aliás, pela finalidade), mas do desinteresse, por sua vez reconduzido à função pública e ao princípio republicano.[72] E é o princípio republicano que estrutura o bem público, a ser constatado no direito positivo.[73] Perquirir sobre as causas que levaram o legislador a instituir prazos maiores para a administração ou a atribuir determinadas características ao ato administrativo, por exemplo, é objeto da ciência política. Seu aspecto jurídico circunscreve-se a descrever e explicar o sentido e o alcance das normas que instituíram determinadas prerrogativas que os particulares não possuem. Esse aspecto normativo, contudo, nada tem a ver com um princípio de supremacia.

Um princípio (como postulado) fundamental do Direito Público, especialmente do Direito Administrativo, deve consistir em algo bem diverso de um princípio de supremacia. E se fosse deduzível do direito positivo uma norma-princípio de prevalência, seria possível a dedução de uma norma-princípio antinômica à debatida, asseguratória dos interesses privados garantidos aqui-e-acolá na Constituição, como já analisado. Procurar um

---

[68] Sobre a questão, essencial analisar a obra de FREITAS, Juarez. *O controle dos atos administrativos e os princípios fundamentais*. São Paulo, Malheiros, 1997, p. 54 e 55.
[69] ISENSEE, Josef. *Gemeinwohl und Staatsaufgaben im Verfassungsstaat*, in: HStR III, § 57 Rn. 62.
[70] Idem, ibidem, § 57 Rn. 30.
[71] Idem, ibidem, § 57 Rn 9 e 37, 28.
[72] ISENSEE, Josef. *Staat und Verfassung*. in: HStR I, § 13, RN. 106.
[73] HÄBERLE, Peter. *Die Gemeinwohlproblematik in rechtswissenschaftlicher Sicht*. Rechtstheorie 14 (1983), p. 283. Sobre esse assunto, conferir: ATALIBA, Geraldo. *República e Constituição*. São Paulo, Malheiros, 1998. CARRAZZA, Roque Antonio. *Curso de Direito Constitucional Tributário*. 11. ed., São Paulo, Malheiros, 1998.

postulado normativo explicativo de um ordenamento jurídico-administrativo que protege interesses tão diferenciados constitui tarefa difícil. Além disso, é necessário esclarecer que o Direito Administrativo regulador das atividades externas da administração (*"Aussenverwaltungsrecht"*) prescreve – contrariamente ao que faz o Direito Administrativo interno (*"Innenverwaltungsrecht"*) ou o Direito Administrativo privado (*"Verwaltungsprivatrecht"*) – justamente a relação entre o Estado e o cidadão. Não a pressupõe como algo pré-decidido ou mesmo a ser decidido em favor do interesse público.

Uma norma de preferência só pode ser uma norma individual e concreta, algo bem diverso de uma tendência abstrata.[74]

Trata-se, em verdade, de um dogma até hoje descrito sem qualquer referibilidade à Constituição vigente. A sua qualificação como axioma bem o evidencia. Esse nominado princípio não encontra fundamento de validade na Constituição brasileira. Disso resulta uma importante conseqüência, e de grande interesse prático: a aplicação do Direito na área do Direito Administrativo brasileiro não pode ser feita sobre o influxo de um princípio de prevalência (como norma ou como postulado) em favor do interesse público.

Essas ponderações reconduzem a discussão para resultado diverso: se o ordenamento jurídico regula justamente uma relação de tensão (*"Spannungsverhältnis"*) entre o interesse público e o particular, bem exemplificada pela repartição de competência nos vários níveis estatais e pelo contraponto da instituição de direitos fundamentais, por sua vez só ajustável – com a ajuda de formas racionais de eqüidade[75] – por meio de uma ponderação concreta e sistematicamente orientada, então a condição racional para o conhecimento do ordenamento jurídico deve ser outra, precisamente consubstanciada no «*postulado da unidade da reciprocidade de interesses*» (*"Gegenseitigkeitspostulat"*).[76] Ou nas palavras de Ladeur: *"Ponderação de bens é uma figura dogmática que não mais submete os direitos a limites imanentes e explícitos, isto é, a regras de preferência estáveis (p. ex. em favor do interesse público), mas procura trabalhar situativa e estrategicamente um complexo, uma conexão de interesses de generalização limitada, sobretudo por meio da formulação de standards ou de valores flexíveis."*[77]

---

[74] SCHNEIDER, Harald. *Die Güterabwägung des Bundesverfassungsgerichts bei Grundrechtskonflikten*. Baden-Baden, Nomos, 1979. p. 237.

[75] ALBRECHT, Rüdiger Konradin. *Zumutbarkeit als Verfassungsmassstab*, Berlin, Duncker und Humblot, 1995, p. 78.

[76] Sobre a questão, de forma similar: FRIAUF, Karl Heinrich. *Verfassungsrechtliche Anforderungen an die Gesetzgebung über Steuern vom Einkommen und vom Ertrag*, in: Steuerecht und Verfassungsrecht, (Hrsg.) ders, DStJG 12 (1989), p. 8. Sobre a necessidade de atentar para o impulso decorrente dos direitos fundamentais para a redefinição do direito administrativo, ver: SCHMIDT-ASSMANN, Eberhard. *Das allgemeine Verwaltungsrecht als Ordnungsidee: Grundlagen und Aufgaben der verwaltungsrechtlichen Systembildung*. Berlin u.a., Springer, 1998, p. 57.

[77] LADEUR, Karl-Heinz. «*Abwägung*» *Ein neues Paradigma des Verwaltungsrechts. Von der Einheit der Rechtsordnung zum Rechtspluralismus*. Frankfurt am Main, Campus Verlag, 1984, p. 218.

Conclui-se, ao final, duplamente. De uma lado, que um princípio de supremacia e a compreensão formal do Direito Administrativo devem ser ultrapassados em favor de prescrições materiais, no sentido de normas jurídicas substanciais, só desvendáveis mediante a análise sistemática das normas constitucionais materiais, vale dizer, daquelas normas que dizem respeito, direta ou indiretamente, explícita ou implicitamente, aos bens jurídicos que se quer descrever e explicar. De outro lado, que uma dogmática material só é explicável com a ajuda de uma hierarquização constitucional imanente das normas materiais (e de seus contrapontos formais).

6.4. PODE SER ELE UM POSTULADO NORMATIVO DE ACORDO COM O ORDENAMENTO JURÍDICO BRASILEIRO?

6.4.1. Delimitação de interesse público

6.4.1.1. Pluralidade significativa

A segunda questão, referida como teorético-científica, trata da adequação do referido princípio da supremacia do interesse público sobre o particular para explicar o sistema jurídico-administrativo e a relação Estado-cidadão. Ela, no entanto, será tratada de modo reduzido.[78]

Eis a pergunta: – Qual o significado geral que o interesse público pode possuir em um Estado de Direito? Essa é uma questão de teoria geral do Direito Público. Algumas observações devem ser feitas aqui, sem que sejam, no entanto, tratadas as questões ético-jurídicas ou ético-políticas relacionadas ao tema.

Inicialmente, deve ser aprofundada uma distição já feita. Interesse público pode referir-se sobretudo a duas realidades: a uma norma ou (conjunto delas) que encontre fundamento jurídico de validade em um dado ordenamento jurídico; ou a uma idéia que represente uma necessidade racional para a comunidade política.[79] No primeiro caso, trata-se de uma «*norma-princípio*», cuja definição já foi analisada.

Quando o grande publicista Bandeira de Mello descreve – nomeando ora como axioma ora como princípio – a supremacia do interesse público afirmando ser um "... *pressuposto de uma ordem social estável, em que*

---

[78] Quanto à perspectiva político-jurídica e histórica, ver: ISENSEE, Josef. *Staat und Verfassung*. in: HStR I, § 13. STOLLEIS, Michael. *Gemeinwohlformeln im nationalsozialistischen Recht*, 1974. HÄBERLE, Peter. *Öffentliches Interesse als juristisches Problem*. Bad Homburg, Athenaeum, 1970. HÄBERLE, Peter. *Die Gemeinwohlproblematik in rechtswissenschaftlicher Sicht*. Rechtstheorie 14 (1983), p. 257-284.

[79] ISENSEE, Josef. *Gemeinwohl und Staatsaufgaben im Verfassungsstaat*, in: HStR III, § 57 Rn 37 e 38.

todos e cada um possam sentir-se garantidos e resguardados",[80] refere-se ao interesse público como uma necessidade racional para a comunidade política, cuja validade precede a qualquer positivação. Não se trata, aqui, de uma norma-princípio ou de um postulado normativo, mas do bem comum como princípio fundamental da ética comunitária ou da política jurídica.[81] Trata-se de um postulado ético-político, portanto.

A investigação sobre a causa do surgimento do desinteresse intrínseco ao exercício da função administrativa pelo funcionário, da indisponibilidade dos interesses públicos e da executabilidade do ato administrativo, da posição privilegiada da administração e dos seus "privilégios" relativamente aos administrados não é objeto da Ciência do Direito. Objeto dessa investigação consiste em importantes postulados ético-políticos, ao seu modo inconfundíveis com normas jurídicas (regras ou princípios).

Já a análise desses elementos (posições, direitos, bens) enquanto ínsitos à função administrativa e instituídos pelo ordenamento jurídico diz, sim, respeito à Ciência do Direito. Nesse âmbito de conhecimento, entretanto, não são *auto-evidentes*, como os axiomas. Nem surgem de *per se*. Resultam, antes, de normas, sem as quais não existiriam juridicamente. A sua explicação deve manter-se fiel a esse objeto. E mesmo quando há expressa menção normativa ao interesse público, definido pela finalidade relacionada à comunidade, nada é dito sobre a sua supremacia.[82] Nesse âmbito, em vez de postulados, teríamos ou uma norma-princípio, cuja existência, no entanto, não restou corroborada, mas foi antes mesmo refutada, ou um postulado normativo, cuja referibilidade ao ordenamento jurídico ora se discute.

E o que pode e deve ser dito relativamente a esta segunda questão é que um postulado explicativo do Direito Administrativo não pode ser uma regra de prevalência, mesmo que essa preferência seja "apenas" abstrata e relativa. Ao contrário de uma regra de preferência, poder-se-ia falar sobre o bem comum como idéia por detrás das normas e dos fins estatais, mas que representaria a unidade de uma multiplicidade de interesses públicos verificáveis no Direito e na sociedade (o que terminaria, por via diversa, por corroborar o aqui inauguralmente formulado postulado da reciprocidade, em vez do "princípio da supremacia").[83] Importante, porém, a advertência de Schmidt-Assmann: "*A determinação do bem comum é antes de tudo uma*

---

[80] BANDEIRA DE MELLO, Celso Antonio. *Curso de Direito Administrativo*, 9. ed., São Paulo, Mallheiros, 1997, p. 30.
[81] ISENSEE, Josef. *Gemeinwohl und Staatsaufgaben im Verfassungsstaat*, in: HStR III, § 57 Rn 9 e 37, 38.
[82] SCHMIDT-ASSMANN, Eberhard. *Das allgemeine Verwaltungsrecht als Ordnungsidee: Grundlagen und Aufgaben der verwaltungsrechtlichen Systembildung*. Berlin u.a., Springer, 1998, p. 136.
[83] ISENSEE, Josef. *Gemeinwohl und Staatsaufgaben im Verfassungsstaat*, in: HStR III, § 57 Rn 2.

questão de direito positivo, que para respondê-la deixa normalmente à disposição prescrições procedimentais e materiais".[84]

6.4.1.2. Pressupostos necessários

O "princípio da supremacia do interesse público sobre o particular" pressupõe a verificação de algumas condições, sem as quais ele não pode ser havido como uma *condição necessária à explicação do ordenamento jurídico* (postulado normativo): o interesse público deve ser descrito ou explicável separadamente do interesse privado, ou ser dele dissociável, para que possa ser concebida, ainda que abstratamente, uma posição de supremacia em favor do primeiro; a relação bipolar entre os citados interesses deve ser de significado geral e fundamental para a explicação do Direito Administrativo, a qual pressupõe uma relação Estado-cidadão; o interesse público deve ser determinável normativa e objetivamente, mesmo no caso concreto, sob pena de ser insustentável uma supremacia intersubjetivamente controlável.

6.4.2. A importância do interesse privado

6.4.2.1. Relação com o interesse público

Como já observado – embora isso nem sempre mereça a devida atenção – na definição de interesse público estão também contidos elementos privados.[85] Isensee esclarece: *"Na prática política é bastante discutido o que proporciona o interesse público numa concreta situação, se ele obtém a primazia frente a interesses particulares colidentes ou como deve ser obtido um ajuste. Mas não se trata de medidas inconciliáveis ou antinômicas. Então o bem comum inclui o bem de suas partes (...) Interesses privados podem transformar-se em públicos. Bonum commune e bonum particulare exigem-se reciprocamente. Essa principial coordenação exclui uma irreconciliável contraposição. A tensão entre ambos é, no entanto, evidente"*.[86]

Todo o exposto conduz à negação de uma supremacia. Quando – e isso não é um caso necessário – o interesse público contrapõe-se ao privado, não tem o primeiro, *ipso facto*, a primazia. Muito menos *a priori*. Schmidt-Assmann trata exatamente da questão: *"Não há uma automática supremacia dos interesses públicos"*.[87] Deve haver, outrossim, uma ponderação, não

---

[84] SCHMIDT-ASSMANN, Eberhard. *Das allgemeine Verwaltungsrecht als Ordnungsidee: Grundlagen und Aufgaben der verwaltungsrechtlichen Systembildung*. Berlin u.a., Springer, 1998, p. 137.
[85] HÄBERLE, Peter. *Öffentliches Interesse als juristisches Problem*. Bad Homburg, Athenäum, 1970. p. 526. ESCOLA, Héctor Jorge. *El interés público como fundamento del derecho administrativo*. Buenos Aires, Depalma, 1989, p. 243.
[86] ISENSEE, Josef. *Gemeinwohl und Staatsaufgaben im Verfassungsstaat*, in: HStR III, § 57 Rn 19.
[87] SCHMIDT-ASSMANN, Eberhard. *Das allgemeine Verwaltungsrecht als Ordnungsidee: Grundlagen und Aufgaben der verwaltungsrechtlichen Systembildung*. Berlin u.a., Springer, 1998, p. 137.

somente dos interesses reciprocamente implicados, mas, também, dos interesses públicos entre si. Os interesses públicos são, como lembra LEISNER, igualmente carecedores de ponderação, tal como os interesses privados. Eles devem ser, entre si, ponderados, pois podem apresentar-se em situações de conflito interno ("*Insichkonflikte*").[88] Ou nas palavras do referido autor: *"A unidade dos interesses públicos parece ser uma necessidade estatal fundamental, além da unidade da entidade estatal; daí não resulta a mais valência ("Höherwertigkeit") deste mesmo interesse relativamente aos interesses dos cidadãos. No 'interesse público' estão múltiplos interesses em si não necessariamente supravalorados que são, sim, entre eles carecedores de ponderação, mas daí não hierarquicamente superiores".*[89]

6.4.2.2. Sua função nas relações administrativas

A análise do Direito Administrativo desenvolvida sob o influxo da contraposição entre o Estado e o cidadão e entre o interesse público e o privado deve ceder frente a uma descrição e explicação do Direito Administrativo que incorpore a multiplicidade das relações administrativas, também definidas como relações jurídicas multipolares (*"multipolare Verwaltungsrechtsverhältnisse"*).[90] Caminho ainda a ser descoberto pela doutrina do Direito Administrativo é justamente explicar o seu objeto – Direito Administrativo brasileiro – tendo em vista as normas de Direito Administrativo decorrentes de novas figuras até então inexistentes, sobretudo em consideração àquelas relações jurídicas que não envolvem estritamente uma contraposição entre interesse público e privado: administração cooperativa e Estado cooperativo (decorrência da privatização de serviços públicos ou mesmo da necessidade de fiscalização e cooperação em novas áreas como meio ambiente, saúde pública, comunicações, telefonia, cor-

---

[88] HÄBERLE, Peter. *Die Gemeinwohlproblematik in rechtswissenschaftlicher Sicht.* Rechtstheorie 14 (1983), p. 282.

[89] LEISNER, Walter. *Der Abwägungsstaat. Verhältnismässigkeit als Gerechtigkeit?* Berlin, Duncker und Humblot, 1997, p. 140. Ders.: *Privatinteressen als öffentliches Interesse.* DÖV 7 (1970), p. 217 ff.

[90] SCHMIDT-PREUSS, Matthias. *Kollidierende Privatinteressen im Verwaltungsrecht: das subjetive öffentliche Recht im multipolaren Verwaltungsrechtsverhältnis.* Berlin, Duncker und Humblot, 1992, p. 8. A doutrina administrativa alemã – no que deve ser devidamente ponderada, tendo em vista a diferença entre os ordenamentos jurídicos brasileiro e alemão nesse aspecto – descreve, para alterar a definição de relação administrativa, aquelas situações em que o particular exerce um Direito seu relativamente a outro particular, mas por intermédio da função administrativa, hipóteses em que não há uma *contraposição* direta de interesses, mas vários interesses envolvidos, como, por exemplo: a pretensão de impugnar ou de suspender, em favor do particular, uma autorização administrativa anteriormente concedida ou a obtenção de uma medida administrativa qualquer em face de outro particular (particular x particular x Estado). Sobre essa questão, no Direito Tributário alemão, ver: ECKHOFF, Rolf. Vom konfrontativen zum kooperativen Steuerstaat. *Steuer und Wirtschaft,* 2/1996, pp. 107 ss., 110, 111.

reios, mídia eletrônica, as quais não revelam tanto relações antinômicas, mas uma coordenação recíproca entre vários interesses), novos conceitos basilares do Direito Administrativo (resultado da modificação de titulares dos serviços: como fica a *definição de serviço público* sem ter como titular o Estado, como fica a proteção de *interesses* numa sociedade pluralista e diversificada), Direito Administrativo multipolar (decorrência dos vários interesses envolvidos: individuais, sociais, de grupos, etc.).[91]

Em vez de uma relação bipolar, esclarece Schmidt-Preuss sobre a relação administrativa, "*direciona-se esta para a forma de 'relações administrativas poligonais', nas quais direitos subjetivos se defrontam entre si ("untereinander in Frontstellung stehen"). A seguir aumentam as vozes que partem da orientação global do Direito Administrativo baseada na relação bipolar-clássica Estado-cidadão e de seus decorrentes limites para referirem-se à compreensão de relações multi-pessoais*".[92] A contraposição de ambos os interesses não ocorre nesses casos, muito menos, e por conseqüência, uma relação de prevalência. Com razão Häberle: "*A diferenciação das atuais relações de interesses públicos e privados apresenta profundas transformações. Do desenvolvimento do primado do interesse público (...) está o Judiciário a reforçar os interesses privados para uma ponderação diferenciada, orientada para o caso particular e para a constituição. A 'jurisprudência do bem particular' ("Privatwohlrechtsprechung") torna-se uma parte – indireta – da 'jurisprudência do bem comum' ("Gemeinwohlrechtsprechung")*".[93]

6.4.2.3. Privado como individual

A afirmação de que o interesse privado, no final das contas, também serve indiretamente ao interesse público não encontra corroboração principial, já que pode ser distinguido quando o particular deve juridicamente ser visto como *individuum* e quando deve ser compreendido como parte da comunidade. Nem sempre ficam os interesses privados absorvidos completamente pelo interesse público, mas interesses próprios dos individualmente atingidos também podem ser dignos de ponderação.[94]

---

[91] SCHMIDT-ASSMANN, Eberhard. *Das allgemeine Verwaltungsrecht als Ordnungsidee: Grundlagen und Aufgaben der verwaltungsrechtlichen Systembildung.* Berlin u.a., Springer, 1998, pp. 26, 27, 57, 129, 131.

[92] SCHMIDT-PREUSS, Matthias. *Kollidierende Privatinteressen im Verwaltungsrecht: das subjetive öffentliche Recht im multipolaren Verwaltungsrechtsverhältnis.* Berlin, Duncker und Humblot, 1992, p. 17.

[93] HÄBERLE, Peter. *Öffentliches Interesse als juristisches Problem.* Bad Homburg, Athenäum, 1970. p. 726.

[94] SCHMIDT-PREUSS, Matthias. *Kollidierende Privatinteressen im Verwaltungsrecht: das subjetive öffentliche Recht im multipolaren Verwaltungsrechtsverhältnis.* Berlin, Duncker und Humblot, 1992, p. 174.

Se ambos os interesses não podem ser verificados separadamente, se uma relação unitária bipolar entre Estado e cidadão não mais possui o significado fundamental no sistema jurídico interno, torna-se impensável um postulado explicativo do Direito Administrativo que seja baseado na supremacia do interesse público sobre o particular. O conhecimento do Direito Administrativo não se submete a essa condição.

Por fim, é importante lembrar que "o" interesse público não é determinável objetivamente. Há muitas dificuldades para a determinação do significado de «interesse»: ele representa, antes de tudo, um fenômeno psíquico, cuja descrição deve ser necessariamente feita com referência ao ordenamento jurídico. Igualmente a expressão «público». A esse respeito Martens: *"No Estado Constitucional Democrático são fundamentalmente as normas constitucionais que regulam quais interesses devem, nos seus pormenores, ser seguidos como interesses do Estado e como isso deve suceder, e isso será necessariamente determinado pelo legislador nos limites por elas estabelecidos. Sem essa juridicização ("Verrechtlichung") por meio da Constituição e das leis é, também na democracia, juridicamente irrelevante à invocação a interesses públicos e talvez adequado para a fundamentação de exigências político-jurídicas, cujos conteúdos orientam-se por objetos de interesse e por isso podem ser tão multiformes quanto esses"*.[95]

A possibilidade de uma definição abstrata mínima sem o recurso à concretização das normas constitucionais apresenta-se da mesma forma questionável.[96] A mesma dificuldade apresenta-se na aplicação das normas.

Seria possível descrever os interesses públicos como finalidades administrativas diacronicamente diferenciadas e normativamente limitadas. Dito de outro modo: tentar-se-ia explicar um princípio unitário a ser determinado no caso concreto, e não uma regra de prevalência relacionada a interesses privados.[97] Em vez de um "princípio de prevalência", seria valorada a importância do bem comum, o qual, porém, estaria intimamente relacionado com os objetivos estatais, com as normas de competência, com o conteúdo dos atos administrativos e com os direitos fundamentais.[98]

[95] MARTENS, Wolfgang. *Öffentlich als Rechtsbegriff*. Bad Homburg, Gehlen, 1969, p. 185.

[96] MARTENS, Wolfgang. *Öffentliche als Rechtsbegriff*. Bad Homburg, Gehlen, 1969, p. 173, 178. SCHMIDT-PREUSS, Matthias. *Kollidierende Privatinteressen im Verwaltungsrecht: das subjetive öffentliche Recht im multipolaren Verwaltungsrechtsverhältnis*. Berlin, Duncker und Humblot, 1992, p. 179.

[97] ISENSEE, Josef. *Gemeinwohl und Staatsaufgaben im Verfassungsstaat*, in: HStR III, § 57 Rn 20. SCHMIDT-ASSMANN, Eberhard. *Das allgemeine Verwaltungsrecht als Ordnungsidee: Grundlagen und Aufgaben der verwaltungsrechtlichen Systembildung*. Berlin u.a., Springer, 1998, p. 134.

[98] ISENSEE, Josef. *Gemeinwohl und Staatsaufgaben im Verfassungsstaat*, in: HStR III, § 57 Rn 54, 55 und 115. HÄBERLE, Peter. *Die Gemeinwohlproblematik in Rechtswissenschaftlicher Sicht*. Rechtstheorie 14 (1983), p. 275.

Resta, ao final, questionável, se a sua descrição teórica será ou poderia ser útil para a descrição e explicação do Direito Administrativo. Esta seria uma questão a ser respondida na teoria geral do Direito Administrativo. Não aqui.

6.5. CONCLUSÕES

Em face de todo o exposto – e assim passamos à conclusão –, entendemos que o "princípio da supremacia do interesse público sobre o privado" não é, rigorosamente, um princípio jurídico ou norma-princípio:

- *conceitualmente* ele não é uma norma-princípio: ele possui apenas um grau normal de aplicação, sem qualquer referência às possibilidades normativas e concretas;

- *normativamente* ele não é uma norma-princípio: ele não pode ser descrito como um princípio jurídico-constitucional imanente;

- ele não pode *conceitualmente* e *normativamente* descrever uma relação de supremacia: se a discussão é sobre a função administrativa, não pode "o" interesse público (ou os interesses públicos), sob o ângulo da atividade administrativa, ser descrito separadamente dos interesses privados.

As ponderações feitas tornam também claro que este "princípio" não pode ser havido como um postulado explicativo do Direito Administrativo:

- ele não pode ser descrito separada ou contrapostamente aos interesses privados: os interesses privados consistem em uma parte do interesse público;

- ele não pode ser descrito sem referência a uma situação concreta e, sendo assim, em vez de um "princípio abstrato de supremacia" teríamos "regras condicionais concretas de prevalência" (variáveis segundo o contexto).

Dessa discussão orientada pela teoria geral do Direito e pela Constituição decorrem duas importantes conseqüências. Primeira: não há uma norma-princípio da supremacia do interesse público sobre o particular no Direito brasileiro. A administração não pode exigir um comportamento do particular (ou direcionar a interpretação das regras existentes) com base nesse "princípio". Aí incluem-se quaisquer atividades administrativas, sobretudo aquelas que impõem restrições ou obrigações aos particulares. Segundo: a única idéia apta a explicar a relação entre interesses públicos e particulares, ou entre o Estado e o cidadão, é o sugerido postulado da unidade da reciprocidade de interesses, o qual implica uma principial ponderação entre interesses reciprocamente relacionados (interligados) fundamentada na sistematização das normas constitucionais. Como isso deve ser feito, é assunto para outra oportunidade.

O esclarecimento dos fatos na fiscalização de tributos, a determinação dos meios empregados pela administração, a ponderação dos interesses envolvidos, pela administração ou pelo Poder Judiciário, a limitação da esfera privada dos cidadãos (ou cidadãos contribuintes), a preservação do sigilo, etc. são, todos esses casos, exemplos de atividades administrativas que não podem ser ponderadas em favor do interesse público e em detrimento dos interesses privados envolvidos. A ponderação deve, primeiro, determinar quais os bens jurídicos envolvidos e as normas a eles aplicáveis e, segundo, procurar preservar e proteger, *ao máximo*, esses mesmos bens. Caminho bem diverso, portanto, do que direcionar, de antemão, a interpretação das regras administrativas em favor do interesse público, o que quer que isso possa vir a significar.

Não se está a negar a importância jurídica do interesse público. Há referências positivas em relação a ele. O que deve ficar claro, porém, é que, mesmo nos casos em que ele legitima uma atuação estatal restritiva específica, deve haver uma ponderação relativamente aos interesses privados e à medida de sua restrição. É essa ponderação para atribuir máxima realização aos direitos envolvidos o critério decisivo para a atuação administrativa. E antes que esse critério seja delimitado, não há cogitar sobre a referida supremacia do interesse público sobre o particular.

O objetivo desta análise crítica do "princípio da supremacia do interesse público sobre o particular" é apenas iniciar a discussão doutrinária e jurisprudencial sobre o tema, curiosamente inexpressiva. Não tem por finalidade – nem o poderia – renegar a grandiosa contribuição dos mestres citados, mas, antes, prestar a homenagem da reflexão sobre suas valiosas lições.

7. Os Direitos Fundamentais Sociais na Constituição de 1988

INGO WOLFGANG SARLET
Juiz de Direito no RS. Doutor em Direito pela Universidade de Munique, Alemanha. Professor de Direito Constitucional na Escola Superior da Magistratura (AJURIS) e na PUC/RS, na qual também leciona a disciplina "Direitos Fundamentais" no Mestrado em Direito.

Sumário: 7.1. Considerações introdutórias; 7.2. A crise do Estado Social de Direito e a crise dos Direitos Fundamentais; 7.3. Definição quanto à terminologia e conceito de direitos fundamentais na Constituição Federal de 1988; 7.4. Funções e classificação dos direitos fundamentais: os direitos sociais como direitos negativos e positivos; 7.4.1. A multifuncionalidade e a classificação dos direitos fundamentais na nossa Constituição; 7.4.2. Os direitos fundamentais como direitos de defesa e direitos a prestações; 7.4.2.1. Os direitos fundamentais como direitos de defesa; 7.4.2.2. Os direitos fundamentais como direitos a prestações; 7.4.3. Os direitos fundamentais sociais como direitos negativos (defesa) e direitos positivos (prestações); 7.4.4. O dualismo relativo entre os direitos de defesa e os direitos a prestações e o problema das distinções entre ambos os grupos de direitos fundamentais; 7.5. O problema da eficácia dos direitos fundamentais sociais; 7.5.1. Considerações introdutórias; 7.5.2. Significado e alcance da norma contida no art. 5°, § 1°, da CF: o princípio da eficácia plena e aplicabilidade imediata das normas definidoras de direitos e garantias fundamentais; 7.5.3. Significado do princípio da aplicabilidade imediata e plena eficácia para cada categoria dos direitos fundamentais, especialmente para os direitos sociais; 7.5.3.1. Direitos sociais de cunho defensivo (direitos sociais negativos ou "liberdades sociais"); 7.5.3.2. Os direitos sociais de cunho prestacional (positivos); 7.6. Considerações finais; 7.7. Referências bibliográficas.

7.1. CONSIDERAÇÕES INTRODUTÓRIAS

No limiar do terceiro milênio, podemos afirmar que os direitos fundamentais são construção definitivamente integrada ao patrimônio comum da humanidade. Resultantes do processo de constitucionalização (iniciado no final do século XVIII) dos assim denominados direitos naturais do homem, passaram a ser objeto de reconhecimento também na esfera internacional, de modo especial a partir do impulso vital representado pela Declaração da ONU, de 1948, hoje já com meio século de existência. É justamente sobre estes direitos fundamentais (ou, pelo menos, parte deles), que, há mais de duzentos anos, têm contribuído para o progresso moral da humanidade, que iremos centrar a nossa atenção. A inevitável amplitude do tema e os estreitos limites deste ensaio impõem, todavia, uma delimitação temática. Assim, optamos por discorrer sobre a problemática específica dos direitos fundamentais sociais na nossa Lei Fundamental, que acabou de completar a sua primeira década. A delimitação justifica-se, de outra parte, em face da natureza peculiar desta espécie de direitos fundamentais, notadamente por serem os direitos sociais os que mais têm suscitado controvérsias no que diz com sua eficácia e efetividade, inclusive quanto à problemática da eficiência e suficiência dos instrumentos jurídicos disponíveis para lhes outorgar a plena realização. Ademais, cumpre registrar que o ilustre homenageado por esta obra coletiva, Desembargador e Professor Ruy Ruben Ruschel, na condição de Magistrado e Jurista, exerceu e continua desempenhando papel de destaque na defesa intransigente da ordem constitucional e, de modo especial, dos direitos sociais, o que, por si só, já bastaria para justificar a delimitação temática. No mais, cuidando-se de abordagem centrada na perspectiva constitucional (ou estatal),[1] deixaremos, em princípio, de discorrer sobre a proteção internacional dos direitos fundamentais, ainda que, vez por outra, venhamos a fazer alguma alusão sobre esta outra perspectiva de abordagem e forma de positivação dos direitos fundamentais da pessoa humana.

Antes de mais nada, porém, empreenderemos a tentativa de - ainda que de forma tímida e meramente exemplificativa - tecer algumas considerações sobre o contexto histórico, político e, acima de tudo, socioeconômico: em suma, a respeito do pano de fundo no qual fatalmente se insere a problemática dos direitos fundamentais nos dias atuais. Assim, não poderíamos deixar de fazer referência à crise do Estado Social e ao impacto da globalização econômica e das doutrinas de matriz neoliberal sobre os direitos fundamentais, de modo especial, os direitos sociais, registrando, todavia, que de maneira alguma pretendemos aprofundar e esgotar - até mesmo por falta de formação específica - a gama de questões econômicas, sociais e políticas que o problema suscita. Superada esta etapa introdutória, passaremos a analisar alguns aspectos que dizem com os direitos fundamentais sociais na nossa ordem constitucional. Mesmo aqui, pelas razões já apon-

---
[1] Cf. J.C. Vieira de Andrade, *Os Direitos Fundamentais*, pp. 11 e ss., que nos fala, além da perspectiva constitucional, de uma perspectiva filosófica (ou jusnaturalista) e de uma perspectiva internacional (ou universalista) de abordagem dos direitos fundamentais.

tadas, priorizaremos os aspectos ligados ao conteúdo, significado e eficácia destes direitos, renunciando a qualquer pretensão de esgotamento da temática.

7.2. A CRISE DO ESTADO SOCIAL DE DIREITO E A CRISE DOS DIREITOS FUNDAMENTAIS

Em recente artigo veiculado na imprensa nacional, o economista Roberto Campos, de forma irônica e não sem uma ponta de cinismo, alertava os leitores para aquilo que denominou de "armadilhas semânticas", dentre as quais destacou a expressão "social", sustentando que o termo "social-democracia", assim como "justiça social", não passam de "bobagens semânticas", já que inexiste democracia que não seja social, ao passo que o segundo termo pressupõe a existência de "um clube de justiceiros capazes de distinguir, melhor que o mercado, entre quem merece e quem não merece."[2] Se efetivamente cumpre reconhecer que as expressões referidas pelo ilustre articulista (a exemplo de tantas outras) são de conteúdo extremamente indeterminado e aberto, passíveis das mais diversas interpretações, além de revelarem uma certa redundância, não é menos certo afirmar que o pensamento ora reproduzido, traduz, de forma significativa, a essência da doutrina neoliberal e, principalmente, o descaso com o qual ao menos parte de seus seguidores tratam temas e valores essenciais (por mais que se procure negar) para a humanidade.

Que todo o Estado, toda a democracia e até mesmo toda a Justiça são, em última análise, fenômenos ligados à vida humana em sociedade, realmente parece elementar (pelo menos, desde Aristóteles), sendo, portanto, absolutamente dispensáveis as referências feitas pelo ilustre economista (e não serão os termos "economia" e "neoliberalismo" eles próprios uma "armadilha semântica"?). Quando, no entanto, se pode afirmar que a expressão "social", agregada aos termos "Estado", "Democracia" e "Justiça" (assim como ao termo "Direito") sempre teve a função de ressaltar uma alteração substancial de conteúdo e significado dos referidos termos ao longo da História, ainda que não de forma similar nos mais variados quadrantes, verifica-se que a terminologia utilizada pode até ser objeto de controvérsia, mas certamente não se reduz a uma mera "bobagem semântica". A evolução do assim chamado Estado Liberal para o Estado Social de Direito (apenas o segundo seria uma "armadilha" ou "bobagem semântica"?) certamente representou para a humanidade bem mais do que um mero capricho semântico. Da mesma forma, haveríamos de reconhecer que todos os ilustres

---
[2] V. edição do Jornal Zero Hora (RS), do dia 14.02.99, p. 14.

juristas, economistas, sociólogos, políticos e filósofos que fizeram e ainda fazem largo uso destas expressões (de Marx e Lassale a Tony Blair, Bobbio, Gomes Canotilho e, entre nós, Paulo Bonavides), nada mais foram ou são do que "bobos" ou, na melhor das hipóteses, vítimas "das armadilhas semânticas" criadas pela fértil imaginação humana ao longo dos tempos.

Já que iniciamos pelo aspecto "semântico" da questão, cumpre evitar que nos enredemos na própria teia e sejamos, também nós, vítimas das armadilhas das quais nos falava o ilustre articulista, um dos mais destacados e ferrenhos representantes do pensamento liberal (no melhor estilo "neo") pátrio. Assim, até por falta absoluta de espaço para enfrentarmos o problema, haveremos de partir do consenso, em termos do que se poderia chamar de "acordo semântico", a respeito da terminologia "Estado Social de Direito", que aqui utilizaremos ao invés de outras expressões, tais como "Estado-Providência", "Estado de Bem-Estar Social", "Estado Social", "Estado Social e Democrático de Direito", "Estado de Bem-Estar" (*"Welfare State"*). Muito embora nem todos atribuam às expressões referidas exatamente o mesmo sentido, e respeitadas as diferenças entre os diversos modelos, cumpre reconhecer que, mesmo cada uma das terminologias utilizadas, já (mas não exclusivamente) pela sua inevitável abertura semântica, tem sido objeto das mais diversas interpretações e definições quanto ao seu conteúdo e significado. Todas, porém, apresentam, como pontos em comum, as noções de um certo grau de intervenção estatal na atividade econômica, tendo por objetivo assegurar aos particulares um mínimo de igualdade material e liberdade real na vida em sociedade, bem como a garantia de condições materiais mínimas para uma existência digna. Neste contexto, para justificarmos a nossa opção dentre as variantes apontadas, entendemos que o assim denominado "Estado Social de Direito" constitui um Estado Social que se realiza mediante os procedimentos, a forma e os limites inerentes ao Estado de Direito, na medida em que, por outro lado, se trata de um Estado de Direito voltado à consecução da justiça social.[3] Como se percebe, também nós, mais cedo ou mais tarde, acabamos por nos tornar vítimas de uma ou mais "armadilhas semânticas".

Visto o que entendemos, ainda que sumariamente, por Estado Social de Direito, e movimentando-nos - ainda - no âmbito das premissas sobre as quais se assenta este estudo, cumpre registrar a circunstância, mais do que reconhecida, de que este Estado Social de Direito (mesmo que utilizada qualquer das terminologias referidas) encontra-se gravemente enfermo, enfermidade esta que - de forma mais ou menos aguda - vem afetando todos os Estados que se enquadram no molde citado, acarretando, para cada

---

[3] Aderimos aqui, ainda que com alguma variação, à conceitução de H.-F. Zacher, in: HBStR I (1987), Rdnr. 96.

indivíduo (seja na Alemanha ou na França, seja na Argentina ou no Brasil) uma preocupação constante com a manutenção de seu padrão de vida e até mesmo com sua sobrevivência, na medida em que cada perda de um local de trabalho, cada corte nas prestações sociais, cada aumento de tributos para cobrir o déficit público, invariavelmente, afeta diretamente o cotidiano da vida humana, razão pela qual se pode sustentar que a crise do Estado Social de Direito é, também, uma crise da sociedade.[4]

Para além disso, cumpre fazer referência ao fato de que a crise do Estado Social de Direito é, também e de certa forma, a crise da democracia. Consoante assinalou Boaventura Santos, em recente e significativo ensaio, a fase que vivenciamos é marcada pela afirmação do que se tem denominado de "consenso libral", que, por sua vez, desdobra-se em quatro outros "consensos": a) o consenso econômico neoliberal ou "consenso de Washington, que se manifesta, em especial, na globalização econômica e suas conseqüências (liberalização dos mercados, desregulamentação, privatização, cortes das despesas sociais, concentração do poder nas empresas multinacionais, etc.); b) o consenso do Estado fraco, caracterizado, também e aparentemente de forma paradoxal, pelo enfraquecimento e desorganização da sociedade civil; c) o consenso democrático liberal, isto é, por uma concepção minimalista da democracia; e d) o consenso do primado do Direito e dos Tribunais, que prioriza a propriedade privada, as relações mercantis e o setor privado.[5] Inobstante a íntima vinculação e influência recíproca entre os quatro "consensos" referidos pelo ilustre cientista social lusitano, é de destacar, nesta quadra da exposição, que a citada concepção minimalista da democracia, por sua vez elemento integrante e conseqüência direta do "consenso liberal", tem gerado um gradativo enfraquecimento da democracia e, portanto, do Estado de Direito (necessariamente democrático), de modo especial, se encarados sob uma ótica não meramente formal, fenômeno este que, por sua vez, acabou influenciando diretamente os direitos fundamentais.

Na medida em que os efeitos nefastos da globalização econômica e do neoliberalismo, notadamente os relacionados com o aumento da opressão socioeconômica e da exclusão social, somados ao enfraquecimento do Estado, têm gerado a diminuição da capacidade do poder público de assegurar aos particulares a efetiva fruição dos direitos fundamentais,[6] além de reforçar a dominação do poder econômico sobre as massas de excluídos, verifi-

---

[4] Neste sentido, v.o nosso estudo "*Estado social de Direito, a Proibição de Retrocesso e a Garantia Fundamental da Propriedade*", *in*: AJURIS 73 (1998), pp. 210 e ss.

[5] Cf. Boaventura Souza Santos, *Reinventar a Democracia*, pp. 17-19.

[6] Cumpre registrar, neste sentido, a advertência de José Eduardo Faria, *Democracia e Governabilidade: os Direitos Humanos à Luz da Globalização Econômica*, in: J.E. Faria (Org) Direito e Globalização Econômica, pp. 127 e segs, em instigante ensaio sobre o tema.

ca-se que até mesmo a noção de cidadania como "direito a ter direitos" (Celso Lafer) encontra-se sob grave ameaça, implantando-se, em maior ou menor grau, aquilo que Boaventura Santos denominou de um autêntico "fascismo societal", notadamente nos países periféricos e em desenvolvimento. Dentre as diversas formas de manifestação desta nova forma de fascismo, tal como descrito pelo autor referido, cumpre destacar a crescente segregação social dos excluídos (fascismo do "apartheid social"), de tal sorte que a "cartografia urbana" passa a ser caracterizada por uma divisão em "zonas civilizadas", onde as pessoas - ainda - vivem sob o signo do contrato social, com a manutenção do modelo democrático e da ordem jurídica estatal, e em "zonas selvagens", caracterizadas por uma espécie de retorno ao estado de natureza hobbesiano, no qual o Estado, a pretexto de manutenção da ordem e proteção das "zonas civilizadas", passa a atuar de forma predatória e opressiva, além de subverter-se virtualmente a ordem jurídica democrática, fenômeno que Boaventura Santos designou de "fascismo do Estado pararelo".[7]

Neste mesmo contexto, há que deixar registrada a observação de José Eduardo Faria, para quem os segmentos excluídos da população, vítimas das mais diversas formas de violência física, simbólica ou moral - resultantes da opressão socioeconômica - acabam não aparecendo como portadores de direitos subjetivos públicos, não podendo, portanto, nem mesmo ser considerados como verdadeiros "sujeitos de direito", já que excluídos, em maior ou menor grau, do âmbito de proteção dos direitos e garantias fundamentais.[8] Assim, percebe-se que a redução do Estado, que de há muito - ainda mais sob a forma do Estado Social de Direito - transitou do papel de "vilão" (no sentido de inimigo da liberdade individual) para uma função de protetor dos direitos dos cidadãos, certamente nem sempre significa um aumento de liberdade e democracia.

---

[7] V. Boaventura Santos, *Reinventar a Democracia*, pp. 23 e ss., o qual ainda menciona outras formas de manifestação do fascismo, igualmente relevantes para o contexto dos direitos fundamentais, quais sejam: a) o "fascismo paraestatal", que diz com a usurpação das prerrogativas estatais de coerção e regulação social por parte de atores sociais poderosos, fenômeno intimamente ligado ao "fascismo contratual", no qual se aprofunda o desequilíbrio contratual e se busca a transformação do contrato de trabalho num contrato de direito civil, assim como ao "fascismo territorial", caracterizado pelo controle de partes do território nacional por atores sociais poderosos; b) o "fascismo da insegurança", caracterizado pela manipulação da insegurança das pessoas e grupos sociais, operando por meio da desmoralização dos serviços estatais de executar as políticas sociais de saúde, segurança social, habitação e educação, gerando a ilusão de que a solução reside na privatização destes serviços, o que se verifica com a expansão dos seguros de saúde e fundos de pensão privados; c) o "fascismo financeiro", o qual comanda os mercados financeiros, a especulação financeira, atuando num "espaço-tempo virtualmente global e instantâneo" que, "combinado com a lógica de lucro especulativa que o sustenta, confere um imenso poder discricionário ao capital financeiro, praticamente incontrolável, apesar de suficientemente poderoso para abalar, em segundos, a economia real ou a estabilidade política nde qualquer país." (v. Boaventura Santos, pp. 24-37).
[8] Cf. J. E. Faria, *Democracia e Governabilidade*, pp. 145-46.

Com efeito, no âmbito da globalização econômica e da afirmação do pensamento neoliberal, verifica-se que a redução do Estado, caracterizada principalmente pela desnacionalização, desestatização, desregulação e diminuição gradativa da intervenção estatal na economia e sociedade, tem ocasionado, paralelamente ao enfraquecimento da soberania interna e externa dos Estados nacionais (sem que se possa, contudo, falar em seu desaparecimento), um fortalecimento do poder econômico, notadamente na esfera supranacional.[9] De acordo com José Eduardo Faria, o gradativo enfraquecimento do Estado nacional acarreta, dentre outros aspectos, o fenômeno da "desterritorialização" da política, já que esta, com a proliferação de mecanismos de auto-regulação econômica, acaba perdendo o seu papel como instância privilegiada de decisão e deliberação, de tal sorte que "as decisões políticas tornam-se condicionadas por equilíbrios macroeconômicos que representam, mais do que um mero indicador, um verdadeiro princípio normativo responsável pela fixação de rigorosos limites às intervenções reguladoras dos Estados nacionais."[10] Assim, percebe-se facilmente que a crise do Estado Social de Direito é, também e de certa forma, a crise do Estado nacional, o qual, assim como a própria noção de soberania estatal, encontra-se igualmente submetido à prova e carece de uma profunda reavaliação.

A partir do exposto, tomando como premissa a idéia de que a crise do Estado Social é, também, uma crise da sociedade, da democracia e da cidadania, não nos será difícil sustentar - a exemplo do que já tem ocorrido no seio da doutrina - a existência de uma crise dos direitos fundamentais, crise que - à evidência - será mais ou menos aguda, quanto maior for o impacto dos efeitos negativos da globalização econômica e da ampla afirmação do paradigma neoliberal, de modo especial nos países tidos como periféricos ou em desenvolvimento, até mesmo diante de seu grau de dependência dos países industrializados, dependência esta que tende a se tornar cada vez maior, aprofundando, por sua vez, os sintomas da crise já referida.

Sem que tenhamos a pretensão de aprofundar a discussão e rastrear todas as causas e sintomas desta "crise dos direitos fundamentais", verifica-se que o aumento da opressão socioeconômica, vinculado a menor ou maior intensidade do "fascismo societal", tem gerado reflexos imediatos no âmbito dos direitos fundamentais, inclusive nos países desenvolvidos. Dentre estes reflexos, cumpre destacar: a) a intensificação do processo de exclusão da cidadania, especialmente no seio das classes mais desfavoreci-

---

[9] Cf. a lição, entre outros, de J. Gorender, *Estratégias dos Estados Nacionais diante do Processo de Globalização*, in: Globalização, Metropolização e Políticas Neoliberais, pp. 80 e segs., que, no entanto, sustenta a manutenção do papel de destaque do Estado nacional.
[10] Cf. J.E. Faria, *Democracia e Governabilidade*, p. 142.

das, fenômeno este ligado diretamente ao aumento dos níveis de desemprego e subemprego, cada vez mais agudo na economia globalizada de inspiração neoliberal;[11] b) redução e até mesmo supressão de direitos sociais prestacionais básicos (saúde, educação, previdência e assistência social), assim como o corte ou, no mínimo, a "flexibilização" dos direitos dos trabalhadores;[12] c) ausência ou precariedade dos instrumentos jurídicos e de instâncias oficiais ou inoficiais capazes de controlar o processo, resolvendo os litígios dele oriundos, e manter o equilíbrio social, agravando o problema da falta de efetividade dos direitos fundamentais e da própria ordem jurídica estatal.[13]

Esta assim denominada crise dos direitos fundamentais, ao menos na sua feição atual, a despeito de ser aparentemente mais aguda no âmbito dos direitos sociais (em função da redução da capacidade prestacional do Estado, da flexibilização dos direitos trabalhistas, etc.), é, contudo, comum a todos os direitos fundamentais, de todas as espécies e "gerações", além de não poder ser atribuída, no que diz com suas causas imediatas, exclusivamente ao fenômeno da globalização econômica e ao avanço do ideário e da *praxis* neoliberal. Basta, neste contexto, apontar para o impacto da tecnologia sobre a intimidade dos indivíduos (de modo especial no âmbito da sociedade informatizada), sobre o meio ambiente, isto sem falar no desenvolvimento da ciência genética, experiências com a reprodução humana, etc., demonstrando que até mesmo o progresso científico pode, em princípio, colocar em risco direitos fundamentais da pessoa humana.

Especificamente no que diz com os direitos sociais, cumpre destacar que nunca foram objeto de um reconhecimento consensual, além de sempre terem sido tratados, pelo menos predominantemente, de forma diferenciada, especialmente quanto à sua efetivação. Se isto já era verdade antes de se falar propriamente de uma crise do Estado Social de Direito, caracterizado justamente pelo reconhecimento e garantia de direitos sociais básicos, mais ainda este fenômeno se torna angustiante nos dias de hoje.

---

[11] A este respeito, v. também J.E. Faria, *Democracia e Governabilidade*, pp. 143 e ss.

[12] É em face desta erosão crescente dos direitos econômicos e sociais, agregada ao aumento da pobreza e níveis de desemprego estrutural, que Boaventura Santos oportunamente refere a ocorrência de uma passagem dos trabalhadores de um "estatuto da cidadania" para um "estatuto de lumpencidadania", isto é, para uma "cidadania de trapos", em se fazendo uma tradução literal do alemão. (v. ob. cit., p. 19).

[13] Neste sentido, v. J.E. Faria, *Direitos Humanos e Globalização Econômica: notas para uma discussão, in*: O Mundo da Saúde, vol. 22 (1998), pp. 74 e segs., alertando para a perda de uma parte significativa da jurisdição por parte do direito positivo e instituições oficiais, em face do policentrismo que caracteriza a economia globalizada, gerando, para além disso, um avanço das formas inoficiais ou não-oficiais de resolução dos conflitos, de tal sorte que se coloca a indagação de como os direitos fundamentais podem ser assegurados de forma eficiente pelo poder público quando este é relativizado pelo fenômeno da globalização, no âmbito do qual a política perde para o mercado seu papel de instância privilegiada de deliberação e decisão.

Para além disso, convém que fique registrado que - além de a crise dos direitos fundamentais não se restringir aos direitos sociais - a crise dos direitos sociais, por sua vez, atua como elemento de impulso e agravamento da crise dos demais direitos. Assim, apenas para ficarmos com alguns exemplos, constata-se que a diminuição da capacidade prestacional do Estado e a omissão das forças sociais dominantes, além de colocarem em xeque a já tão discutível efetividade dos direitos sociais, comprometem inequivocamente os direitos à vida, à liberdade e à igualdade (ao menos, no sentido de liberdade e igualdade real), assim como os direitos à integridade física, propriedade, intimidade, apenas para citar os exemplos mais evidentes. Basta, neste contexto, observar que o aumento dos índices de exclusão social, somado à crescente marginalização, tem gerado um aumento assustador da criminalidade e da violência nas relações sociais em geral, acarretando, por sua vez, um número cada vez maior de agressões ao patrimônio, à vida, à integridade corporal, à intimidade, dentre outros bens jurídicos fundamentais.

Cumpre, ainda no que diz com este aspecto, fazer uma breve alusão ao pensamento de Norberto Bobbio, ao sustentar que a paz, a democracia e os direitos fundamentais da pessoa humana constituem três momentos necessários do mesmo movimento histórico: a paz atua como pressuposto necessário para o reconhecimento e efetiva proteção dos direitos fundamentais, ao passo que não poderá haver democracia (considerada como a sociedade dos cidadãos, titulares de certos direitos) onde não forem assegurados os direitos fundamentais, da mesma forma que sem democracia não existirão as condições mínimas para a solução pacífica dos conflitos.[14] A paz, contudo, não deverá, salvo melhor juízo, ser encarada apenas sob o prisma bélico (no sentido de ausência de guerra entre os povos e Estados), mas sim como paz nas relações socioeconômicas e até mesmo interpessoais e afetivas em geral. A efetividade dos direitos fundamentais - de todos os direitos - depende, acima de tudo, da firme crença em sua necessidade e seu significado para a vida humana em sociedade, além de um grau mínimo de tolerância e solidariedade nas relações sociais, razão, aliás, pela qual de há muito se sustenta a existência de uma terceira dimensão (ou "geração") de direitos fundamentais, oportunamente designada de direitos de fraternidade ou solidariedade. A preservação do meio ambiente, o respeito pela intimidade e vida privada, a proteção da criança e do adolescente, a igualdade entre homens e mulheres, a liberdade de expressão, dependem de um ambiente familiar e de relações afetivas sadias e responsáveis, enfim, de muito mais do que um sistema jurídico que formalmente assegure estes valores

---

[14] V. N. Bobbio, *A Era dos Direitos*, p. 1.

fundamentais, assim como de Juízes e Tribunais que zelem pelo seu cumprimento.

Por fim, oportuno registrar que cada vez mais se torna perceptível que a crise dos direitos fundamentais não se restringe a uma crise de eficácia e efetividade, mas se revela também como uma crise na esfera do próprio reconhecimentro e da identidade dos direitos fundamentais, ainda que esta se encontre diretamente vinculada à crise da efetividade. Sem que tenhamos condições de desenvolver este aspecto, constata-se uma crescente descrença nos direitos fundamentais. Estes, ao menos na compreensível ótica da massa de excluídos, ou passam a ser encarados como verdadeiros "privilégios" de certos grupos (basta ver a oposição entre os "sem-terra" e os "com-terra", os "sem-teto" e os "com-teto", bem como entre os "com-saúde-e-educação" e os que a elas não têm acesso). Da mesma forma, chama a atenção o quanto têm crescido as manifestações, nos mais diversos segmentos da população, em prol da pena de morte, da desconsideração por princípios elementares do Estado de Direito, tais como o da ampla defesa, do contraditório, da vedação de penas cruéis e desumanas, etc. Quem abre as páginas dos jornais e se depara com depoimentos de cidadãos, apoiando e até mesmo elogiando, a atitude de integrantes da polícia militar que, após terem detido e imobilizado o autor de um simples furto, passaram a espancá-lo diante das câmeras da televisão, evidentemente não poderá deixar repetir a pegunta tão significativa que nos foi feita a todos - e que todos deveríamos nos fazer diariamente - em conhecida canção do repertório nacional (Renato Russo): "que país é este?!".

Feitas estas considerações gerais, na tentativa de delinear, ao menos esquemática e exemplificativamente, a conjuntura na qual se insere, não apenas a problemática da crise do Estado Social de Direito e a crise dos direitos fundamentais, mas, de modo especial, o contexto que caracteriza - de forma particularmente aguda - a nossa própria realidade constitucional, voltemo-nos à análise da problemática dos direitos fundamentais sociais na Constituição de 1988, tema precípuo deste estudo, o que, por sua vez, pressupõe uma breve incursão no âmbito conceitual e terminológico, assim como algumas considerações em torno das funções e da classificação dos direitos fundamentais na nossa Constituição.

7.3. DEFINIÇÃO QUANTO À TERMINOLOGIA E CONCEITO DE DIREITOS FUNDAMENTAIS NA CONSTITUIÇÃO FEDERAL DE 1988

Cientes da ausência de um consenso até mesmo na esfera terminológica e conceitual, acabamos por optar pela terminologia "Direitos Fundamentais", aderindo à fórmula adotada pelo Constituinte (na epígrafe do Título II de nossa Carta), que, por sua vez, se harmoniza com a tendência identificada no constitucionalismo mais recente, principalmente a partir da Lei Fundamental da Alemanha, de 1949.[15] Além disso, cumpre frisar o caráter anacrônico e substancialmente insuficiente dos demais termos habitualmente utilizados na doutrina nacional e estrangeira, visto que, ao menos em regra, atrelados a categorias específicas do gênero direitos fundamentais.[16] Ademais, sustentamos ser correta a distinção traçada entre os direitos fundamentais (considerados como aqueles reconhecidos pelo direito constitucional positivo e, portanto, delimitados espacial e temporalmente) e os assim denominados "Direitos Humanos", que, por sua vez, constituem as posições jurídicas reconhecidas na esfera do direito internacional positivo ao ser humano como tal, independentemente de sua vinculação com determinada ordem jurídico-positiva interna.[17] Com efeito, ainda que se possa e deva reconhecer uma crescente interpenetração, caracterizada particularmente pela influência recíproca entre as esferas internacional e constitucional (diga-se de passagem, expressamente consagrada na nossa Constituição, especialmente no seu art. 5º, § 2º), inexistem dúvidas quanto a seu distinto tratamento, de modo especial, o grau de eficácia alcançado, diretamente dependente da existência de instrumentos jurídicos adequados e instituições políticas e/ou judiciárias dotadas de poder suficiente para a sua realização.

Além dos aspectos já considerados, importa consignar, todavia, que os direitos humanos e os direitos fundamentais compartilham de uma fundamentalidade pelo menos no aspecto material, pois ambos dizem com o reconhecimento e proteção de certos valores, bens jurídicos e reivindicações essenciais aos seres humanos em geral ou aos cidadãos de determinado Estado, razão pela qual se poderá levar em conta tendência relativamente recente na doutrina, no sentido de utilizar a expressão "Direitos Humanos Fundamentais", terminologia que abrange as esferas nacional e internacional de positivação.[18] Assim, é a fundamentalidade na sua perspectiva formal – que se encontra intimamente ligada ao direito constitucional positivo - que irá, em última análise, distinguir os direitos fundamentais constitucionais. Na Constituição de 1988, esta fundamentalidade formal recebeu especial dignidade, revelando-se não apenas na hierarquia normativa superior

---

[15] Assim também nas Constituições de Portugal (1976), Espanha (1978), Turquia (1982) e da Holanda (1983).
[16] Neste sentido, v. J. A. da Silva, *Curso de Direito Constitucional Positivo*, pp. 157 e ss.
[17] A respeito do problema terminológico, v. o nosso *A Eficácia dos Direitos Fundamentais*, pp. 29 e ss.
[18] Assim, entre nós, M. G. Ferreira Filho, *Direitos Humanos Fundamentais*, 1996, e A. Moraes, *Direitos Humanos Fundamentais*, 1997.

das normas constitucionais em geral, mas principalmente no fato de que, de acordo com o disposto no art. 5º, § 1º, da nossa Carta Magna, "as normas definidoras dos direitos e garantias fundamentais têm aplicação imediata". Além disso, encontram-se os direitos fundamentais protegidos não apenas contra o legislador ordinário, mas até mesmo contra a ação do poder constituinte reformador, já que integram – ao menos de acordo com o nosso entendimento – o rol das "cláusulas pétreas" do art.60, § 4º, inc. IV, da CF.

Assim, com base no nosso direito constitucional positivo, e integrando a perspectiva material e formal já referida, entendemos que os direitos fundamentais podem ser conceituados como aquelas posições jurídicas concernentes às pessoas, que, do ponto de vista do direito constitucional positivo, foram, por seu conteúdo e importância (fundamentalidade material), integradas ao texto da Constituição e, portanto, retiradas da esfera de disponibilidade dos poderes constituídos (fundamentalidade formal), bem como as que, pelo seu objeto e significado, possam lhes ser equiparados, tendo, ou não, assento na Constituição formal (aqui consideramos a abertura material consagrada no art. 5º, § 2º, da CF, que prevê o reconhecimento de direitos fundamentais implícitos, decorrentes do regime e dos princípios da Constituição, bem como direitos expressamente positivados em tratados internacionais).[19]

7.4. FUNÇÕES E CLASSIFICAÇÃO DOS DIREITOS FUNDAMENTAIS: OS DIREITOS SOCIAIS COMO DIREITOS NEGATIVOS E POSITIVOS

7.4.1. A multifuncionalidade e a classificação dos direitos fundamentais na nossa Constituição

Principalmente a partir da constatação de que os direitos fundamentais assumem, na ordem constitucional, uma dupla perspectiva jurídico-objetiva e jurídico-subjetiva, exercendo um leque diversificado de funções na ordem jurídica,[20] mas também pelo fato de que o Constituinte de 1988 foi direta-

---

[19] Sobre o conceito de direitos fundamentais, v. o nosso *A Eficácia dos Direitos Fundamentais*, pp. 78 e ss., ressaltando-se que a conceituação proposta baseou-se na definição de R. Alexy (Teorie der Grundrechte, p. 407), mas levou em conta as especifitudes de nossa ordem constitucional positiva.

[20] Em que pese o ainda tímido desenvolvimento desta dupla perspectiva dos direitos fundamentais em nossa doutrina, tem sido reconhecido, também entre nós (neste sentido, v. P.Bonavides, *Curso de Direito Constitucional*, pp. 481 e ss. e pp. 532 e ss.), que os direitos fundamentais podem, em princípio, ser considerados tanto na sua condição de direitos subjetivos, quanto como elementos objetivos fundamentais da comunidade (assim a lição de K.Hesse, *Grundzüge*, p. 127). Como bem ressaltou o ilustrado jurista espanhol Pérez Luño, os direitos fundamentais passaram a apresentar-se no âmbito da ordem constitucional como um conjunto de valores objetivos básicos e fins diretivos da ação positiva dos poderes públicos, e não

mente influenciado, quando da formatação do catálogo dos direitos fundamentais, pelas diferentes teorias sobre estes formuladas, a doutrina vem sustentando a tese de uma multifuncionalidade dos direitos fundamentais, que consensualmente já não se restringem mais à função de direitos de defesa contra os poderes públicos, nem podem ser reduzidos à noção de direitos subjetivos públicos.[21]

Com base nesta premissa – que aqui não temos condições de desenvolver – verificamos que uma classificação dos direitos fundamentais que pretenda um certo grau de relevância prática não poderá desconsiderar nem a diversidade de funções exercidas, nem a distinta e complexa estrutura normativa dos direitos fundamentais. Portanto, sem que estejamos a minimizar o valor de outros critérios classificatórios, consideramos que apenas uma classificação sistemática, calcada em critérios objetivos, funcionais e diretamente embasados nas especifitudes do direito constitucional positivo poderá ser de efetiva utilidade prática. Neste contexto, reportamo-nos à classificação proposta pelo ilustre jusfilósofo alemão R. Alexy,[22] pelo menos parcialmente adotada (inobstante com as devidas adaptações ao direito positivo) pelo eminente publicista de Coimbra, J.J. Gomes Canotilho.[23]

Afastando-nos de formulação anterior sobre este tema,[24] entendemos que uma classificação dos direitos fundamentais constitucionalmente adequada e que, por sua vez, tenha como ponto de partida a perspectiva multifuncional, poderia partir – na esteira de Alexy e Canotilho – da distinção entre dois grandes grupos: os direitos fundamentais na condição de direitos de defesa e os direitos fundamentais como direitos a prestações (de natureza fática e jurídica). O segundo grupo – dos direitos a prestações - , dividir-se-ia igualmente em dois subgrupos, quais sejam, os direitos a prestações

---

apenas garantias negativas dos interesses individuais (*in: Los Derechos Fundamentales*, pp. 20-1). A respeito da dupla perspectiva dos direitos fundamentais v. também o nosso "*A Eficácia dos Direitos Fundamentais*", pp. 138 e ss.

[21] Cf., por exemplo, J.J. Gomes Canotilho, *Direito Constitucional*, pp. 522 e ss. Entre nós, cumpre citar, entre outros, G.F. Mendes, in: *CDTFP* nº 3 (1993), p. 23.

[22] A classificação de Alexy (que divide os direitos fundamentais em direitos de defesa e direitos a prestações), parte de uma estreita vinculação com uma concepção dos direitos fundamentais como direitos subjetivos com sede na Constituição, no sentido de posições subjetivas individuais justiciáveis, distinguindo-os de normas meramente objetivas (*Theorie der Grundrechte*, p. 405).

[23] V. J.J. Gomes Canotilho, *Direito Constitucional*, pp. 552 e ss.

[24] Referimo-nos aqui à classificação por nós proposta na tese de doutoramento apresentada perante a Universidade de Munique, Alemanha, publicada pela editora Peter Lang, de Frankfurt, sob o título "*Die Problematik der sozialen Grundrechte in der brasilianischen Verfassung und im deutschen Grundgesetz*"(A Problemática dos Direitos Fundamentais Sociais na Constituição Brasileira e na Lei Fundamental da Alemanha), na qual – em virtude do objetivo específico de oferecermos uma visão panorâmica sobre os direitos fundamentais na nossa Constituição – optamos por um modelo classificatório mais atrelado à sistemática (ou assistemática?) do texto constitucional, e não rigorosamente baseado num critério funcional.

em sentido amplo (englobando, por sua vez, os direitos à proteção e os direitos à participação na organização e procedimento) e o dos direitos a prestações em sentido estrito, salientando-se que a ambos se aplica a distinção entre direitos derivados e originários a prestações, que será oportunamente retomada.[25]

7.4.2. Os direitos fundamentais como direitos de defesa e direitos a prestações

7.4.2.1. Os direitos fundamentais como direitos de defesa

De acordo com a clássica concepção de matriz liberal-burguesa, os direitos fundamentais constituem, em primeiro plano, direitos de defesa do indivíduo contra ingerências do Estado em sua liberdade pessoal e propriedade.[26] Esta concepção, muito embora já não corresponda plenamente à realidade contemporânea, continua ocupando lugar de destaque, já que, como averba K. Hesse, mesmo uma ordem constitucional democrática necessita de direitos de defesa, na medida em que também a democracia não deixa de ser exercício de poder dos homens sobre seus semelhantes, encontrando-se exposta às tentações do abuso de poder, bem como pelo fato de que, mesmo num Estado de Direito, os poderes públicos correm o risco de praticar injustiças.[27] Acima de tudo, os direitos fundamentais – na condição de direitos de defesa – objetivam a limitação do poder estatal, assegurando ao indivíduo uma esfera de liberdade e lhe outorgando um direito subjetivo que lhe permita evitar interferências indevidas no âmbito de proteção do direito fundamental ou mesmo a eliminação de agressões que esteja sofrendo em sua esfera de autonomia pessoal.[28]

Com base no exposto, percebe-se, desde logo, que os direitos fundamentais de defesa se dirigem a uma obrigação de abstenção por parte dos poderes públicos, implicando para estes um dever de respeito a determinados bens e interesses da pessoa humana, por meio da omissão de ingerências ou pela intervenção na esfera de liberdade pessoal apenas em determinadas hipóteses e sob certas condições.[29] A título de síntese e de acordo com a plástica formulação de Gomes Canotilho, "os direitos fundamentais cum-

---

[25] A respeito da problemática da classificação dos direitos fundamentais, reportamo-nos também ao *nosso A Eficácia dos Direitos Fundamentais*, pp. 153 e ss.

[26] Cf., dentre outros, A. Bleckmann, *Die Grundrechte*, p. 247.

[27] Cf. K. Hesse, *Grundzüge*, p. 131.

[28] V., por todos, C. Starck, *in: von Mangoldt-Klein*, p. 84 e, mais recentemente, M. Sachs, *in:* M. Sachs (Org), *Grundgesetz*, p. 80. No direito luso-brasileiro, citem-se, por exemplo, J.J. Gomes Canotilho, *Direito Constitucional*, p. 552, e, por último, E. Pereira de Farias, *Colisão de Direitos*, p. 84.

[29] Esta a lição de G. Manssen, *Staatsrecht* I, p. 13.

prem a função de direitos de defesa dos cidadãos sob uma dupla perspectiva: (1) constituem, num plano jurídico-objetivo, normas de competência negativa para os poderes públicos, proibindo fundamentalmente as ingerências destes na esfera individual; (2) implicam, num plano jurídico-subjetivo, o poder de exercer positivamente direitos fundamentais (liberdade positiva) e de exigir omissões dos poderes públicos, de forma a evitar agressões lesivas por parte dos mesmos."[30]

Os direitos fundamentais, na sua função defensiva, caracterizam-se, portanto, essencialmente, como direitos negativos, dirigidos precipuamente a uma conduta omissiva por parte do destinatário (Estado ou particulares – na medida em que se pode admitir uma eficácia privada dos direitos fundamentais). Abrangem, além dos assim denominados direitos de liberdade, a igualdade perante a lei, o direito à vida e o direito de propriedade, os quais integram o que se convencionou chamar de primeira geração dos direitos fundamentais. No mais, fazem parte deste grupo todos os direitos fundamentais que objetivam, em primeira linha, a proteção de certas posições jurídicas contra ingerências indevidas, de tal sorte que, em princípio, se cuida de garantir a livre manifestação da personalidade (em todos os seus aspectos), assegurando, além disso, uma esfera de autodeterminação (autonomia) do indivíduo.[31] Percebe-se, pois, que o espectro dos direitos de defesa, os quais podem ser enquadrados no *status negativus* e/ou *libertatis* do qual já nos falava Jellinek,[32] é de uma amplitude ímpar, englobando também as garantias fundamentais (direitos-garantia), os direitos políticos, proteção da intimidade e da vida privada, parte dos direitos sociais e até mesmo os novos direitos contra manipulações genéticas e a assim denominada liberdade de informática e o direito a autodeterminação informativa.

7.4.2.2. Os direitos fundamentais como direitos a prestações

Vinculados à concepção de que ao Estado incumbe, além da não-intervenção na esfera de liberdade pessoal dos indivíduos, assegurada pelos direitos de defesa (ou função defensiva dos direitos fundamentais), a tarefa de colocar à disposição os meios materiais e implementar as condições fáticas que possibilitem o efetivo exercício das liberdades fundamentais, os direitos fundamentais a prestações objetivam, em última análise, a garantia não apenas da liberdade-autonomia (liberdade perante o Estado), mas também da liberdade por intermédio do Estado, partindo da premissa de que o

---

[30] Cf. J.J. Gomes Canotilho, *Direito Constitucional*, p. 552.

[31] Cf. K. Stern, in: *HBStR* V, pp. 70-1.

[32] Sobre a multicitada teoria dos quatro *status* de Georg Jellinek, desenvolvida na obra "Sistema dos Direitos Públicos Subjetivos", no final do século XIX, v., entre outros, a apresentação e crítica de R. Alexy, *Theorie der Grundrechte*, pp. 230 e ss.

indivíduo, no que concerne à conquista e manutenção de sua liberdade, depende em muito de uma postura ativa dos poderes públicos.[33] Assim, enquanto os direitos de defesa (*status libertatis* e *status negativus*) se dirigem, em princípio, a uma posição de respeito e abstenção por parte dos poderes públicos, os direitos a prestações, que, de modo geral, e ressalvados os avanços que podem ser registrados ao longo do tempo, podem ser reconduzidos ao *status positivus* de Jellinek, implicam postura ativa do Estado, no sentido de que este se encontra obrigado a colocar à disposição dos indivíduos prestações de natureza jurídica e material (fática).[34]

Os direitos fundamentais a prestações, inobstante possam ser referidos alguns precedentes, ainda que isolados e tímidos,[35] enquadram-se no âmbito dos assim denominados direitos de segunda geração (ou dimensão), correspondendo à evolução do Estado de Direito, na sua matriz liberal-burguesa, para o Estado democrático e social de Direito, consagrando-se apenas neste século, principalmente após a Segunda Guerra Mundial. Na Constituição vigente, os direitos a prestações encontraram uma receptividade sem precedentes no constitucionalismo pátrio, de modo especial no capítulo dos direitos sociais. Além disso, verifica-se que, mesmo em outras partes do texto constitucional (inclusive fora do catálogo dos direitos fundamentais), se encontra uma variada gama de direitos a prestações. Basta, neste contexto, uma breve referência aos exemplos do art. 17, § 3º, da CF (direito dos partidos políticos a recursos do fundo partidário), bem como do art. 5º, incs. XXXV e LXXIV (acesso à Justiça e assistência jurídica integral e gratuita), para que possamos perceber nitidamente que, até mesmo entre os direitos políticos e direitos individuais (para utilizar a terminologia de nossa Carta), encontramos direitos fundamentais que exercem precipuamente uma função prestacional.[36]

Para além do exposto, importa ter presente que também os direitos a prestações abrangem um feixe complexo e não necessariamente uniforme de posições jurídicas, que podem variar quanto a seu objeto, seu destinatário

---

[33] Cf., dentre tantos, Pieroth-Schlink, *Grundrechte*, p.19, e W. Krebs, in: *JURA 1988*, p. 624, este último recepcionado, entre nós, por G.F. Mendes, in: *CDTFP nº 3* (1993), p. 28.

[34] Neste sentido, v., por exemplo, C. Starck, *in: von Mangoldt-Klein*, p. 86. Entre nós, v. a lição de R. D. Stumm, *Princípio da Proporcionalidade no Direito Constitucional Brasileiro*, pp. 129 e ss., baseada principalmente na doutrina de R. Alexy. Mais recentemente, v. E. Pereira de Farias, *Colisão de Direitos*, pp. 86 e ss., arrimado nos ensinamentos de Gomes Canotilho, Vieira de Andrade e Alexy.

[35] É o caso, por exemplo, da Constituição Francesa de 1793 e, entre nós, da Constituição Brasileira de 1824, que previa um direito a instrução primária gratuita (art. 179, inc. XXXII) e, sob certo aspecto, um direito à assistência social, ao prever uma garantia dos socorros públicos (art. 179, inc. XXXI), revelando, de tal sorte, uma certa preocupação com o social mesmo em plena fase do constitucionalismo liberal-burguês.

[36] A este respeito, bem como sobre a caracterização dos direitos a prestações, v. o *nosso "A Eficácia dos Direitos Fundamentais"*, pp. 185 e ss.

e até mesmo quanto à sua estrutura jurídico-positiva, com reflexos na sua eficácia e efetivação. Assim, conforme o seu objeto, poder-se-á distinguir os direitos a prestações em direitos a prestações materiais ou fáticas e direitos a prestações normativas ou jurídicas.[37] Neste contexto, há que atentar para o fato de que os direitos a prestações não se restringem aos chamados direitos sociais, entendidos como direitos a prestações fáticas, englobando também os direitos à proteção e direitos à participação na organização e procedimento. Distingue-se, portanto, entre os direitos a prestações em sentido amplo (direitos à proteção e participação na organização e procedimento), que, de certa forma, podem ser reconduzidos primordialmente ao Estado de Direito na condição de garante da liberdade e igualdade do *status negativus*, e os direitos a prestações em sentido estrito (direitos a prestações sociais materiais), vinculados prioritariamente às funções do Estado Social.[38]

Por derradeiro, costuma-se classificar, sob outro critério, os direitos a prestações em direitos derivados e direitos originários a prestações, classificação esta que alcança tanto os direitos prestacionais em sentido amplo como restrito. Sob a rubrica de direitos derivados a prestações, compreendem-se, em síntese, de acordo com a formulação de Gomes Canotilho, tanto o direito de igual acesso, obtenção e utilização de todas as instituições criadas pelos poderes públicos, quanto o direito de igual participação nas prestações que estas instituições dispensam à comunidade.[39] Já no que diz com os direitos originários a prestações, estes podem ser definidos como direitos dos cidadãos ao fornecimento de prestações estatais, independentemente da existência de um sistema prévio de oferta destes bens e/ou serviços por parte do Estado, em outras palavras, direitos que podem ser deduzidos diretamente das normas constitucionais que os consagram.[40]

---

[37] Este o entendimento, entre nós, de E. Pereira de Farias, *Colisão de Direitos*, p. 87, baseado no entendimento do mestre lusitano Vieira de Andrade.

[38] Sobre a distinção entre direitos a prestações em sentido amplo e estrito v. o *nosso "A Eficácia dos Direitos Fundamentais"*, pp. 190 e ss., a partir da paradigmática formulação de R. Alexy, *Theorie der Grundrechte*, pp. 395 e ss.

[39] Cf. J. J. Gomes Canotilho, *Direito Constitucional*, p. 553, que, inspirado na doutrina germânica, conclui que os direitos derivados a prestações podem ser considerados, no sentido referido, como direitos dos cidadãos a participação igual nas prestações estatais na medida das capacidades existentes.

[40] Neste sentido, v. H. von Heinegg/U. Haltern, in: *JÁ 1995*, p. 337. Assim também W. Krebs, in: *JURA 1988*, p. 626 e K. Hesse, in: *EuGRZ 1978*, p. 433. Para J.J. Gomes Canotilho, *Direito Constitucional*, p. 554, pode afirmar-se a existência de direitos originários a prestações quando, "(1) a partir da garantia constitucional de certos direitos (2) se reconhece, simultaneamente, o dever do Estado na criação dos pressupostos materiais indispensáveis ao exercício efectivo desses direitos; (3) e a faculdade de o cidadão exigir, de forma imediata, as prestações constitutivas desses direitos."

7.4.3. Os direitos fundamentais sociais como direitos negativos (defesa) e direitos positivos (prestações)

A Constituição de 1988 – e isto pode ser tido como mais um de seus méritos – acolheu os direitos fundamentais sociais expressamente no título II (Dos Direitos e Garantias Fundamentais), concedendo-lhes capítulo próprio e reconhecendo de forma inequívoca o seu *status* de autênticos direitos fundamentais, afastando-se, portanto, da tradição anterior do nosso constitucionalismo, que, desde a Constituição de 1934, costumava abrigar estes direitos (ao menos parte dos mesmos), no título da ordem econômica e social, imprimindo-lhes reduzida eficácia e efetividade, ainda mais porquanto eminentemente consagrados sob a forma de normas de cunho programático. Basta, contudo, uma breve mirada sobre o extenso rol de direitos sociais da nossa Constituição, para que não se possa desconsiderar que o nosso Constituinte, sob a denominação genérica de "Direitos Sociais", acolheu dispositivos (e, portanto, normas neles contidas) da natureza mais diversa possível, o que evidentemente suscita uma série de dificuldades quando se cuida da tarefa de obter uma definição constitucionalmente adequada, assim como uma correta classificação dos direitos fundamentais sociais na nossa ordem constitucional vigente. Diversamente de outras ordens constitucionais, inexistem dúvidas quanto à terminologia a ser adotada, já que o Constituinte expressamente utilizou a expressão "direitos sociais" (leia-se direitos fundamentais sociais). A problemática restringe-se, portanto, à pergunta sobre qual o sentido (conteúdo) a ser imprimido à expressão, o que, de outra parte, nos remete também para o problema da classificação dos direitos fundamentais sociais.

De acordo com a tradição de nossa doutrina, os direitos fundamentais sociais têm sido compreendidos como direitos a prestações estatais,[41] havendo ainda quem os enquadre na doutrina das liberdades públicas, conceituando os direitos sociais como a liberdade positiva do indivíduo de reclamar do Estado certas prestações.[42] Considerados resultado de uma evolução que radica na já referida Constituição Francesa de 1793 e que passa pela assim denominada "questão social" do século XIX,[43] os direitos fundamentais sociais passaram a ser entendidos como uma dimensão específica dos direitos fundamentais, na medida em que pretendem fornecer os recursos fáticos para uma efetiva fruição das liberdades, de tal sorte que

---

[41] Neste sentido, entre outros, R. D. Stumm, *Princípio da Proporcionalidade no Direito Constitucional Brasileiro*, p. 129.

[42] Assim, por exemplo, P. Vidal Neto, *Estado de Direito – Direitos Individuais e Direitos Sociais*, p. 148, que remete especialmente para os ensinamentos de G. Burdeau, observando que os direitos sociais podem ser definidos como liberdades positivas, já que objetivam a libertação do homem concreto de todas as formas de opressão, notadamente, do medo e da necessidade.

[43] Assim também P. Vidal Neto, *Estado de Direito – Direitos Individuais e Sociais*, pp. 121 e ss.

têm por objetivo (na condição de direitos prestacionais) a garantia de uma igualdade e liberdade real, que apenas pode ser alcançada pela compensação das desigualdades sociais.[44] Justamente em virtude de sua vinculação com a concepção de um Estado social e democrático de Direito, como garante da justiça material, os direitos fundamentais sociais reclamam uma postura ativa do Estado, visto que a igualdade material e a liberdade real não se estabelecem por si só, carecendo de uma realização.[45] Para além disso, cumpre observar – arrimados na expressiva lição de J. Miranda - que por meio dos direitos sociais se objetiva atingir uma liberdade tendencialmente igual para todos, que apenas pode ser alcançada com a superação das desigualdades, e não por meio de uma igualdade sem liberdade.[46]

Todavia, ainda que se possa partir da premissa de que os direitos fundamentais sociais - na condição de direitos a prestações - se encontram, de certa forma, a serviço da efetiva fruição dos direitos fundamentais em geral (e, portanto, a serviço da liberdade e igualdade material), não há como desconsiderar a evidência de que a conceituação dos direitos fundamentais sociais como direitos a prestações estatais – ao menos do ponto de vista de nosso direito constitucional positivo – é manifestamente equivocada. Com efeito, se já logramos demonstrar que os direitos prestacionais, tomados em sentido amplo, não se restringem a direitos a prestações materiais, de tal sorte que nem todos os direitos positivos são direitos sociais, também os direitos sociais não se limitam a uma dimensão prestacional. Basta, neste sentido, apontar para os diversos exemplos que podem ser encontrados apenas no âmbito dos assim denominados "direitos dos trabalhadores", localizados nos arts. 7º a 11 da nossa Constituição.

À vista do exposto, percebe-se, com facilidade, que vários destes direitos fundamentais sociais não exercem a função precípua de direitos a prestações, podendo ser, na verdade, reconduzidos ao grupo dos direitos de defesa, como ocorre com o direito de greve (art.9º, da CF), a liberdade de associação sindical (art. 8º, da CF), e as proibições contra discriminações nas relações trabalhistas consagradas no art. 7º, incs. XXXI e XXXII, de nossa Lei Fundamental. O mesmo fenômeno se verificava, ao menos em parte e na sua formulação original, na Constituição Portuguesa de 1976, na qual diversos dos direitos fundamentais dos trabalhadores, inicialmente contidos no título dos direitos econômicos, sociais e culturais, foram integrados, na revisão de 1982, no título dos direitos, liberdades e garantias.[47] Esta categoria de direitos fundamentais sociais, de cunho notoriamente negativo (já que precipuamente dirigidos uma conduta omissiva por parte

---

[44] A este respeito, v. J.A da Silva, *Curso de Direito Constitucional Positivo*, p. 253.

[45] Esta, em síntese, a lição de J. Miranda, in: *CDCCP nº 1* (19992), pp. 199-200.

[46] Cf. J. Miranda, in: *CDCCP nº 1* (1992), p. 200.

[47] Neste sentido, v. J. Miranda, in: *RDP nº 82* (1987), pp. 16-17.

do destinatário, seja ele qual for, Estado ou particular), tem sido oportunamente denominada de "liberdades sociais",[48] integrando o que se poderia chamar – inspirados na concepção de Jellinek – de um *status negativus socialis* ou *status socialis libertatis*.

Os direitos sociais a prestações, por sua vez (direitos de cunho positivo), que não esgotam o grupo dos direitos prestacionais, já que excluem os direitos a prestações em sentido amplo (integrantes de um *status positivus libertatis*), compõem o grupo dos direitos a prestações em sentido estrito, formando o que oportunamente já se chamou de *status positivus socialis*.[49] Podendo ser considerados (também) como fatores de implementação da justiça social, por se encontrarem vinculados à obrigação comunitária para com o fomento integral da pessoa humana, percebe-se, desde logo, que os direitos sociais prestacionais (positivos) constituem expressão direta do Estado Social e, portanto, produto, complemento e limite do Estado liberal de Direito e dos direitos de defesa, especialmente dos clássicos direitos de liberdade de matriz liberal-burguesa.[50] Os direitos sociais (na sua dimensão prestacional) encontram-se, neste contexto, intimamente atrelados às tarefas do Estado como Estado Social, o qual justamente deve zelar por uma adequada e justa distribuição e redistribuição dos bens existentes.[51] É por esta razão que se justifica a opção por excluir do âmbito dos direitos sociais a prestações (direitos prestacionais em sentido estrito, portanto) os direitos a prestações em sentido amplo, que, apesar de sua dimensão positiva, dizem respeito principalmente às funções tradicionais do Estado de Direito.

A partir do exposto, constata-se que os direitos fundamentais sociais na nossa Constituição também não formam um conjunto homogêneo, não podendo ser definidos restritivamente como direitos a prestações estatais.[52] Esta ausência de homogeneidade não se baseia apenas no objeto diferenciado dos direitos sociais, que abrangem tanto direitos a prestações como direitos de defesa, mas também na diferenciada forma de positivação no

---

[48] Esta a posição de J.C. Vieira de Andrade, *Rapport sur la protection des droits fondamenteaux au Portugal*, p. 4.

[49] Cf. D. Murswiek, in: *HBStR V*, pp. 248 e ss., os direitos do *status positivus libertatis* (ou direitos a prestações em sentido amplo), são formados pelos direitos à proteção e direitos à participação na organização e procedimento, encontrando-se vinculados à atuação do Estado na condição de Estado liberal de Direito, ao passo que os direitos sociais a prestações (direitos do *status positivus socialis* ou direitos a prestações em sentido estrito), voltados precipuamente para a obtenção de prestações fáticas, devem ser reconduzidos à atuação do Estado como Estado social de Direito.

[50] A este respeito, v. as lições de K.-J. Bieback, in: *EuGRZ 1985*, p. 659, e H.F. Zacher, *Sozialpolitik und Menschenrechte in der Bundesrepublik Deutschland*, p. 11, para quem os direitos sociais objetivam o fomento ativo, por parte do Estado, do livre desenvolvimento da personalidade humana.

[51] Cf. G. Haverkate, *Verfassungslehre*, pp. 258 e ss.

[52] Embora desenvolvida no direito lusitano, é de acolher-se a lição de J.J. Gomes Canotilho e V. Moreira, *Fundamentos da Constituição*, pp. 112 e ss.

texto constitucional, assim como assumem feições distintas no que diz com a problemática da eficácia e efetividade, aspecto sobre o qual voltaremos a nos manifestar de forma mais detida. Ademais, também os direitos sociais não se limitam aos expressamente positivados no catálogo, podendo ser sustentada, à luz do disposto no art. 5º, § 2º, da nossa Constituição, não apenas a existência de direitos não-escritos (implícitos e decorrentes do regime e dos princípios), quanto direitos sociais positivados em tratados internacionais e, principalmente, localizados em outras partes do texto constitucional, especialmente na ordem social.[53] Aliás, mesmo nos dispositivos da ordem social que integram, entre outros, os direitos fundamentais sociais à saúde, educação, assistência e previdência social, encontramos posições jurídico-fundamentais de natureza eminentemente defensiva e, portanto, negativa, como ocorre com o art. 199, *caput* (a assistência à saúde é livre à iniciativa privada), art. 201, § 5º (vedação de benefício previdenciário não inferior ao salário mínimo), bem como o art. 206, incs. I, II e IV (igualdade de acesso e permanência na escola, liberdade de ensino e aprendizagem e a gratuidade do ensino público em estabelecimentos oficiais).

Concluindo este item do nosso estudo, podemos afirmar, em síntese, que a denominação de direitos sociais, à luz de nossa Constituição, não se prende – pelo menos não exclusivamente – ao fato de que se cuida de posições jurídicas a prestações materiais do Estado, mesmo que no cumprimento de sua função como Estado Social, ou mesmo ao fato de que se trata de direitos conferidos a uma determinada categoria social (como ocorre com os direitos dos trabalhadores). De qualquer modo, entendemos que a denominação de direitos fundamentais sociais encontra sua razão de ser na circunstância – comum aos direitos sociais prestacionais e aos direitos sociais de defesa – de que todos consideram o ser humano na sua situação concreta na ordem comunitária (social), objetivando, em princípio, a criação e garantia de uma igualdade e liberdade material (real), seja por meio de determinadas prestações materiais e normativas, seja pela proteção e manutenção do equilíbrio de forças na esfera das relações trabalhistas.[54] Neste sentido, considerando os aspectos referidos, poderíamos conceituar os direitos fundamentais sociais – na esteira da magistral formulação de J. Miranda – como direitos à libertação da opressão social e da necessidade.[55]

---

[53] Sobre o conceito, significado e alcance do conceito materialmente aberto de direitos fundamentais na nossa Constituição, remetemos o leitor ao nosso *"A Eficácia dos Direitos Fundamentais"*, pp. 81 e ss.

[54] A este respeito, v. o nosso *"Die Problematik der sozialen Grundrechte*, pp. 130 e ss.

[55] Cf. J. Miranda, *in: CDCCP* nº 1 (1992), p. 201. Próximo a este conceito – inobstante situado em outro contexto – encontramos a definição de A C. Wolkmer, *in: RIL nº 122* (1994), pp. 278 e ss., que vincula os direitos sociais com a necessidade de se assegurar as condições materiais mínimas para a sobrevivência e, para além disso, para a garantia de uma existência com dignidade.

7.4.4. O dualismo relativo entre os direitos de defesa e os direitos a prestações e o problema das distinções entre ambos os grupos de direitos fundamentais

Inobstante existam Constituições onde os direitos fundamentais sociais tenham sido contemplados com um regime jurídico diferenciado, como ocorre no caso da Constituição Portuguesa de 1976,[56] não é esta a hipótese verificada com relação ao direito pátrio, já que a decisão do Constituinte, ao acolher os direitos sociais no Título II da nossa Carta, parece inequívoca. Mesmo em Portugal, onde a normatividade reforçada dos direitos, liberdades e garantias (em suma, dos direitos de defesa) é decorrência da expressa vontade do Constituinte, e muito embora haja quem reconheça uma certa prevalência desses direitos, não se questiona a qualidade de direitos fundamentais dos direitos sociais, econômicos e culturais, já que expressam valores básicos do Estado social e democrático de Direito.[57] Já na nossa ordem constitucional, constata-se, desde logo, que uma prevalência dos direitos de defesa não é seriamente defensável, tendo em vista que o Constituinte não traçou distinções relevantes entre os direitos de defesa e os direitos sociais.[58] Como elementos nucleares integrantes do Estado Social e Democrático de Direito e por constituírem – em maior ou menor grau – expressões do princípio da dignidade da pessoa humana (art. 1º, inc. III, da CF), podemos partir da premissa de que tanto os direitos de defesa quanto os direitos sociais formam o sistema unitário e materialmente aberto dos direitos fundamentais na nossa Constituição.[59]

No que diz com as relações entre os direitos de defesa e os direitos sociais, notadamente os de cunho prestacional, não há, portanto, como sustentar a tese de uma dicotomia ou dualismo absoluto (no sentido de um antagonismo insuperável), já que a nossa Constituição – assim como a Portuguesa – indica que a relação entre ambas as categorias de direitos fundamentais é complementar, e não reciprocamente excludente.[60] Ainda assim, tendo em vista que os direitos sociais prestacionais objetivam uma

---

[56] Na Constituição Portuguesa de 1976, os direitos sociais, econômicos e culturais do Título III não integram as "cláusulas pétreas", além de não constituírem normas diretamente aplicáveis e vinculantes das entidades públicas e particulares.

[57] Neste sentido, v. J. Miranda, in: *RDP nº 82* (1987), pp. 19 e ss.

[58] Uma normatividade reforçada dos direitos de defesa (pelo menos, dos direitos individuais do art. 5º, da CF) apenas poderia ser aceita por quem sustenta que os direitos sociais não constituem direito imediatamente aplicável e que não integram as "cláusulas pétreas" da CF, entendimento do qual não comungamos, como ainda teremos oportunidade de demonstrar.

[59] Sobre o sistema dos direitos fundamentais na Constituição de 1988, v. o nosso *"A Eficácia dos Direitos Fundamentais"*, pp. 73 e ss.

[60] Assim, entre outros, C. Tácito, in: *RDA nº 178* (1989), p. 2. No que diz com o constitucionalismo lusitano, v. L.M.S. Cabral Pinto, *Os Limites do Poder Constituinte e a Legitimidade Material da Constituição*, pp. 146 e ss.

maior igualdade, e que sua realização acaba implicando restrições da liberdade, a doutrina acaba analisando o problema das relações entre ambos os grupos de direitos fundamentais à luz da tensão entre a igualdade e a liberdade.[61] Se na concepção liberal os valores da liberdade e da igualdade, compreendidos numa acepção meramente formal, encontram-se em rota de colisão, num Estado Social e Democrático de Direito apenas podem ser encarados numa perspectiva complementar.[62] É de se observar, ainda, que os direitos sociais a prestações, por almejarem a igualdade real, que não se estabelece por si mesma, acabam servindo à plena realização das liberdades (e, portanto, à liberdade real), já que cumprem a função de promover a redução das desigualdades sociais, econômicas e culturais, que atuam como fatores impeditivos da liberdade real.[63]

Assim, com base no exposto, podemos afirmar que, se uma certa tensão entre os direitos de defesa (especialmente, as liberdades fundamentais) e os direitos sociais prestacionais é inevitavel, ao mesmo tempo é certo que, consoante já anunciamos, a relação entre ambos os grupos de direitos fundamentais não obedece a uma dialética do antagonismo, mas sim a uma dialética da recíproca complementação, visto que tanto os direitos de defesa quanto os direitos sociais a prestações se baseiam na concepção de que a dignidade da pessoa humana apenas poderá ser plenamente realizada com uma maior liberdade para todos e menos privilégios.[64] Ainda que, em princípio, situados no mesmo plano de fundamentalidade formal e material dos direitos de defesa, os direitos sociais a prestações acabam se diferenciando daqueles, de modo especial, pelo seu objeto diferenciado, pela sua diversa estrutura normativa e por serem diversos os problemas enfrentados no que diz com a sua eficácia e efetividade. É neste sentido (na constatação de certas diferenças), portanto, que se pode sustentar a existência de um dualismo meramente relativo entre ambas as categorias de direitos fundamentais, registrando-se, desde já, que as assim denominadas liberdades sociais podem ser tidas como equiparadas aos direitos de defesa.

Por terem como objeto uma conduta positiva por parte do destinatário, consistente numa prestação de natureza fática, os direitos sociais prestacionais acabam reclamando uma crescente posição ativa do Estado na esfera econômica e social, pressupondo, além disso, que seja criada ou colocada à disposição do titular a prestação que constitui seu objeto.[65] Agregado a

---

[61] Cf. P. Vidal Neto, *Estado de Direito – Direitos Individuais e Direitos Sociais*, pp. 151 e ss.
[62] Cf. L.M.S.Cabral Pinto, *Os Limites do Poder Constituinte e a Legitimidade Material da Constituição*, p. 148.
[63] Neste sentido, cumpre lembrar a lição de C. Lafer, *A Reconstrução dos Direitos Humanos*, p. 127.
[64] Cf. a lapidar formulação de C. Lafer, *A Reconstrução dos Direitos Humanos*, p. 130.
[65] A este respeito, v. , entre outros, J.R. Lima Lopes, *in: Direitos Humanos, Direitos Sociais e Justiça*, pp. 126-7.

esta constatação, situa-se o fato de que o objeto (isto é, o conteúdo da prestação) dificilmente poderá ser estabelecido de forma geral e abstrata, carecendo de análise calcada nas circunstâncias específicas de cada direito fundamental (saúde, educação, moradia, etc.) que se enquadre na categoria dos direitos sociais a prestações.[66]

É justamente pelo fato de que os direitos sociais prestacionais têm por objeto prestações do Estado (ao menos, em regra) diretamente vinculadas à criação, destinação, distribuição e redistribuição de serviços e bens materiais que se aponta, com propriedade, para sua dimensão economicamente relevante.[67] Tal já não ocorre, em princípio, com os direitos de defesa que – na sua condição de direitos de cunho negativo – podem ser assegurados juridicamente, independentemente da alocação de recursos humanos e materiais e, portanto, independentemente das circunstâncias econômicas.[68] Esta característica dos direitos sociais a prestações assume especial relevância no âmbito de sua eficácia e efetivação, significando que a efetiva realização das prestações reclamadas não é possível sem que se despenda algum recurso, dependendo, em última análise, da conjuntura econômica.[69]

Vinculada a este aspecto, está a problemática da efetiva disponibilidade do objeto reclamado, isto é, se o destinatário da norma se encontra em condições de prestar o que a norma lhe impõe, estando, portanto, na dependência da real existência dos meios para cumprir sua obrigação.[70] A limitação dos recursos passa, neste contexto, a ser considerada verdadeiro limite fático à efetivação dos direitos sociais prestacionais.[71] Além da disponibilidade dos recursos, o destinatário da norma deve ter também a capacidade jurídica, em outras palavras, o poder de dispor, já que lhe faltando esta de nada adiantam os recursos existentes serem suficientes.[72] É justamente em virtude do exposto que se passou a sustentar a colocação dos direitos sociais a prestações sob o que se denominou de uma reserva do possível,[73] que,

---

[66] Neste sentido, a oportuna referência de C. Thamm, *Probleme der Verfassungsrechtlichen Positivierung sozialer Grundrechte*, p. 33.

[67] Cf. D. Murswiek, in: *HBStR V*, pp. 252 e ss.

[68] Cf. C. Starck, in: *BverfG und GG II*, p. 518.

[69] Assim, dentre outros, D. Murswiek, in: *HBStR V*, pp. 267.No mesmo sentido, W. Brohm, in: *JZ 1994*, p. 216, que nos fala de uma dependência conjuntural (*"Konjunkturabhängigkeit"*) dos direitos sociais na sua dimensão prestacional. Relembre-se, quanto a este aspecto, que os direitos a prestações não se restringem aos direitos a prestações sociais, mas abrangem outras posições jurídico-prestacionais, como é o caso do direito à prestação jurisdicional. Por evidente, pois, que mesmo os direitos eminentemente negativos, quando se cuida de sua efetivação, dependem de uma atuação estatal, neste caso, sob a forma da prestação jurisdicional.

[70] Cf., entre nós, J.R. Lima Lopes, in: *Direitos Humanos, Direitos Sociais e Justiça*, p. 131.

[71] Cf. G. Brunner, *Die Problematik der sozialen Grundrechte*, pp.14 e ss.

[72] Esta, entre outras, a lição de C. Starck, in: *BverfG und GG II*, p. 518.

[73] Entre nós, v. G.F. Mendes, in: *CDTFP nº 3* (1993), p. 28. Na doutrina lusitana, v. J.C. Vieira de Andrade, *Os Direitos Fundamentais na Constituição Portuguesa de 1976*, p. 201.

compreendida em sentido amplo, abrange tanto a possibilidade, quanto o poder jurídico de disposição por parte do destinatário da norma.

A última característica que distingue, em princípio, os direitos sociais a prestações dos direitos de defesa diz com a forma de sua positivação, isto é, com sua estrutura jurídico-normativa. Neste sentido, enquanto a maior parte dos direitos de defesa (direitos negativos) não costuma ter sua plena eficácia e aplicabilidade questionadas, já que sua efetivação depende de operação de cunho eminentemente jurídico, os direitos sociais prestacionais, por sua vez, habitualmente necessitam – assim sustenta boa parte da doutrina – de uma concretização legislativa, dependendo, além disso, das circunstâncias de natureza social e econômica, razão pela qual tendem a ser positivados de forma vaga e aberta, deixando para o legislador indispensável liberdade de conformação na sua atividade concretizadora.[74] É por esta razão que os direitos sociais a prestações costumam ser considerados como sendo de cunho eminentemente programático.

Para além disso, em favor de uma necessária concretização pelo legislador ordinário, situa-se o argumento de que, em virtude de sua relevância econômico-financeira e de sua colocação sob uma "reserva do possivel", a decisão em favor da definição do objeto da prestação e de sua realização, ainda mais no âmbito da aplicação de recursos públicos, incumbe aos órgãos políticos legitimados para tanto, cuidando-se, portanto, de um problema de natureza competencial, razão pela qual há quem sustente que ao Poder Judiciário falta a capacidade funcional necessária para resolver o problema no âmbito estrito da argumentação jurídica.[75] O quanto esta e as demais características distintivas acabam influenciando na esfera da eficácia e efetividade dos direitos fundamentais é tema sobre o qual nos debruçaremos no próximo item.

7.5. O PROBLEMA DA EFICÁCIA DOS DIREITOS FUNDAMENTAIS SOCIAIS

7.5.1. Considerações introdutórias

Ao empreendermos a tarefa de discorrer sobre a eficácia dos direitos fundamentais sociais, deparamo-nos, desde já, com a necessidade de uma tomada de posição na esfera terminológica e conceitual. Para evitar maiores digressões a respeito deste intrincado problema, utilizaremos, para os efeitos deste estudo, a lição de José Afonso da Silva, que, aproximando-se de

---

[74] Esta a lição de J. Miranda, *Manual de Direito Constitucional*, vol. IV, p. 105.

[75] Este o entendimento, entre outros, do publicista suíço J.P. Müller, *Soziale Grundrechte in der Verfassung?*, p. 5.

Meirelles Teixeira, distingue a vigência (qualidade da norma que a faz existir juridicamente, após regular promulgação e publicação, tornando-se de observância obrigatória) da eficácia.[76] Além disso, ainda que se possa partir da premissa de que entre vigência e eficácia (a primeira como pressuposto da segunda) existe uma correlação dialética de complementariedade,[77] é preciso clarificar o que entendemos por eficácia. De acordo com a concepção já clássica de José Afonso da Silva, há que distinguir entre a eficácia social da norma (sua real obediência e aplicação aos fatos) e a eficácia jurídica, noção que "designa a qualidade de produzir, em maior ou menor grau, efeitos jurídicos, ao regular, desde logo, as situações, relações e comportamentos nela indicados; nesse sentido, a eficácia diz respeito à aplicabilidade, exigibilidade ou executoriedade da norma, como possibilidade de sua aplicação jurídica. Possibilidade e não efetividade."[78] De acordo com esta noção, a eficácia social confunde-se com a efetividade da norma. Para Luís Roberto Barroso, "a efetividade significa, portanto, a realização do Direito, o desempenho concreto de sua função social. Ela representa a materialização, no mundo dos fatos, dos preceitos legais e simboliza a aproximação, tão íntima quanto possível, entre o dever ser normativo e o ser da realidade social."[79] Já no que diz com a relação entre a eficácia jurídica e a aplicabilidade, retomamos mais uma vez a lição de José Afonso da Silva para consignar que eficácia e aplicabilidade são fenômenos conexos, já que a eficácia é encarada como potencialidade (a possibilidade de gerar efeitos jurídicos) e a aplicabilidade, como realizabilidade,[80] razão pela qual eficácia e aplicabilidade podem ser tidas como as duas faces da mesma moeda, na medida em que apenas a norma vigente será eficaz (no sentido jurídico) por ser aplicável e na medida de sua aplicabilidade.

Cumpre observar, a partir do exposto, que o problema da eficácia engloba a eficácia jurídica (e, portanto, a aplicabilidade) e a eficácia social. Ambas, inobstante situadas em planos distintos (o do dever ser e o do ser), servem à realização integral do Direito e, nesta linha de raciocínio, dos direitos fundamentais. Dadas as limitações deste estudo, priorizaremos o enfrentamento da eficácia jurídica dos direitos fundamentais sociais na sua dimensão negativa (defensiva) e positiva (prestacional), já que o estudo da efetividade (ou eficácia social) implicaria uma análise minuciosa dos diversos instrumentos jurídico-políticos disponíveis para tornar efetivos estes

---

[76] Cf. J.A. da Silva, *Aplicabilidade das Normas Constitucionais*, p. 42. No mesmo sentido já lecionava J.H. Meirelles Teixeira, *Curso de Direito Constitucional*, p. 286.
[77] Esta a precisa lição de M.H. Diniz, in: *Constituição de 1988: Legitimidade. Vigência e Eficácia. Supremacia*, p. 67, baseada, por sua vez, em Miguel Reale.
[78] Cf. J.A. da Silva, *Aplicabilidade das Norma Constitucionais*, pp. 55-6.
[79] Cf. L.R. Barroso, *O Direito Constitucional e a Efetividade de suas Normas*, p. 83.
[80] Cf. J.A da Silva, *Aplicabilidade das Normas Constitucionais*, pp. 49-50.

direitos. Em face de sua especial relevância para o problema específico da eficácia (jurídica e social) das normas definidoras de direitos e garantias fundamentais, a nossa abordagem iniciará pelo exame do alcance e significado da norma contida no art. 5°, § 1°, de nossa Constituição.

7.5.2. Significado e alcance da norma contida no art. 5º, § 1º, da CF: o princípio da eficácia plena e aplicabilidade imediata das normas definidoras de direitos e garantias fundamentais

Conforme dispõe o art. 5°, § 1°, de nossa Constituição, "as normas definidoras dos direitos e garantias fundamentais têm aplicação imediata". A previsão desta norma no título dos direitos fundamentais atribui-se à influência exercida por outras ordens constitucionais sobre o nosso Constituinte,[81] bem como ao anteprojeto elaborado pela "Comissão Afonso Arinos", que, no seu art. 10, continha preceito semelhante, ao dispor que "os direitos e garantias desta Constituição têm aplicação imediata." Constata-se, desde logo, que a doutrina pátria (a exemplo do que ocorre no direito comparado) ainda não alcançou um estágio de consensualidade no que concerne ao alcance e significado do preceito exame, que passou a integrar a pauta dos temas mais polêmicos de nosso direito constitucional.

Como questão preliminar a ser superada, impõe-se o exame da abrangência material da norma, isto é, se aplicável a todos os direitos fundamentais (inclusive os situados fora do catálogo), ou se restrita aos direitos individuais e coletivos do art. 5° da nossa Constituição. Em que pese a localização topográfica do dispositivo, que poderia sugerir uma exegese restritiva, o fato é que, mesmo sob o ponto de vista da mera literalidade (o preceito referido é claro ao mencionar "as normas definidoras dos direitos e garantias fundamentais"), não há como sustentar uma redução do âmbito de aplicação da norma a qualquer das categorias específicas de direitos fundamentais consagradas na nossa Constituição, nem mesmo aos assim equivocadamente denominados direitos individuais e coletivos do art. 5°.

Mesmo que não nos queiramos contentar com este argumento, entendemos que uma interpretação teleológica e sistemática acabará por conduzir aos mesmos resultados. Em primeiro lugar, o nosso Constituinte – ao contrário da Constituição Portuguesa – não traçou nenhuma distinção expressa entre os direitos de liberdade e os direitos sociais de cunho prestacional. Convém lembrar, que mesmo no capítulo dos direitos sociais encontramos – como já demonstrado – direitos de natureza defensiva (negativa), não se

---

[81] Esta a lição, dentre outros, de R.R. Ruschel, *in: AJURIS nº 58* (1993), pp. 294-5.Neste contexto, vale citar o art. 18/1 da Constituição Portuguesa de 1976, o art. 332 da Constituição do Uruguai, o art. 1º, inc. III, da Lei Fundamental da Alemanha, e o art. 53.1 da Constituição Espanhola de 1978.

justificando que pelo menos estes, assim como ocorre com os direitos políticos, venham a ser excluídos do âmbito de aplicação da norma.

Do exposto – ainda que não tenhamos esgotado o tema – entendemos que há como sustentar, a exemplo do que tem ocorrido na doutrina,[82] a aplicabilidade imediata (por força do art. 5º, § 1º, da CF) de todas as normas de direitos fundamentais constantes do Catálogo (arts. 5º a 17), bem como dos localizados em outras partes do texto constitucional e nos tratados internacionais. Aliás, a extensão do regime material da aplicabilidade imediata aos direitos fora do catálogo não encontra qualquer óbice no texto de nossa Lei Fundamental, harmonizando, para além disso, com a concepção materialmente aberta dos direitos fundamentais consagrada, entre nós, no art. 5º, § 2º, da CF.

Superado este aspecto, cumpre enfrentar o tormentoso problema do significado do art. 5º, § 1º, da CF para as diversas categorias de direitos fundamentais, registrando-se que as diferentes concepções encontradas oscilam entre os que, adotando posição extremamente tímida, sustentam que a norma em exame não pode atentar contra a natureza das coisas,[83] de tal sorte que boa parte dos direitos fundamentais alcança sua eficácia apenas nos termos e na medida da lei, e os que, situados em outro extremo, advogam o ponto de vista segundo o qual até mesmo normas de cunho nitidamente programático podem ensejar, em virtude de sua imediata aplicabilidade, o gozo de direito subjetivo individual, independentemente de concretização legislativa.[84]

Como ponto de partida para a formulação de uma posição pessoal, cumpre observar que, mesmo os defensores mais ardorosos de uma interpretação restritiva da norma contida no art. 5º, § 1º, da CF, reconhecem que o Constituinte pretendeu, com sua expressa previsão no texto, evitar um esvaziamento dos direitos fundamentais, impedindo que os mesmos "permaneçam letra morta na Constituição."[85] Soma-se a esta constatação o fato de que, de acordo com a melhor doutrina, inexiste norma constitucional destituída de eficácia e aplicabilidade, sendo possível falar de uma graduação da carga eficacial das normas (de todas) da Constituição,[86] o que, de outra parte, não afasta a existência de distinções entre as normas constitucionais no que diz com a forma de sua positivação no texto constitucional, assim como uma diversidade de efeitos jurídicos decorrentes deste fenôme-

---

[82] Neste sentido, por exemplo, F. Piovesan, *Proteção Judicial contra Omissões Legislativas*, p. 90.
[83] Esta a posição de M.G. Ferreira Filho, in: *RPGESP nº 29* (1988), pp. 35 e ss., um dos mais ilustres representantes desta corrente.
[84] Neste sentido posicionam-se, entre outros, E.R. Grau, *A Ordem Econômica na Constituição de 1988*, pp. 322 e ss., e R.R. Ruschel, in: *AJURIS nº 58* (1993), pp. 294 e ss.
[85] Assim, por exemplo, leciona M.G. Ferreira Filho, in: *RPGESP nº 29* (1988), p. 38.
[86] Esta a lição de M. H. Diniz, *Norma Constitucional e seus Efeitos*, p. 104.

no, razão pela qual foram formuladas diversas teorias propondo uma classificação das normas constitucionais de acordo com o critério de sua eficácia e aplicabilidade.

Assim, cumpre reconhecer que, mesmo no âmbito das normas definidoras de direitos e garantias fundamentais, encontram-se algumas normas que a doutrina majoritária entre nós convencionou denominar de normas de eficácia limitada, as quais não teriam condições de gerar a plenitude se seus efeitos sem a intervenção do Legislador.[87] Bastaria, neste contexto, atentar para os exemplos do art. 5º, inc. XXXII, da CF ("O Estado promoverá, na forma da lei, a proteção do consumidor") e art. 7º, inc. XI, da CF (participação dos empregados nos resultados ou lucros da empresa). Aliás, mesmo para os autores considerados mais ousados, não haveria como – sem uma atuação do Legislador - conceder ao indivíduo um direito subjetivo individual à fruição da participação nos lucros ou resultado da empresa.[88]

Consoante já frisado alhures, os direitos fundamentais cumprem, em nossa ordem constitucional, a função de direitos de defesa e de direitos a prestações (em sentido amplo e restrito), distinção que conduz à existência de algumas diferenças essenciais entre ambas as categorias de direitos fundamentais, especialmente entre os direitos de defesa e os direitos sociais de cunho prestacional. Estes, por seu turno, assumem habitualmente a feição, no que diz com a sua técnica de positivação e eficácia, de normas carentes de concretização legislativa, o que, de outra parte, não lhes retira pelo menos um certo grau de eficácia. Assim, verifica-se que a norma contida no art. 5º, § 1º, da CF, ainda que aplicável a todos os direitos fundamentais, não o poderá ser da mesma forma, aspecto que será oportunamente retomado.

Com base no exposto, e partindo da premissa que não há como tomar a sério os direitos fundamentais se não se levar a sério o disposto no art. 5º, § 1º, da CF, constata-se, desde logo, a necessidade de não subestimarmos (nem superestimarmos) o significado e alcance desta norma. Que este preceito se aplica tão-somente aos direitos fundamentais (sem exceção), e não a todas as normas da Constituição, constitui, por si só, conclusão que assume particular relevância. Com efeito, em hipótese alguma o significado do art. 5º, § 1º, da CF poderá ser reduzido ao que se atribui ao princípio da constitucionalidade, sob pena de equiparação entre as normas de direitos fundamentais e as demais normas constitucionais,[89] o que, além disso,

---

[87] Neste sentido, v. J.H. Meirelles Teixeira, *Curso de Direito Constitucional*, pp. 317 e ss., J. A da Silva, *Aplicabilidade das Normas Constitucionais*, pp. 73 e 86 e ss., assim como M. H. Diniz, *Norma Constitucional e seus Efeitos*, pp. 97 e ss.

[88] Este o entendimento, por exemplo, de L.R. Barroso, *O Direito Constitucional e Efetividade de suas Normas*, pp. 107-108.

[89] Cf., entre outros, P.M.G.V. Patto, *in: DDC* nº 33-4 (1988), p. 480.

implicaria um esvaziamento significativo da fundamentalidade na sua perspectiva formal.

Neste contexto, sustentou-se acertadamente que a norma contida no art. 5º, § 1º, da CF, impõe aos órgãos estatais a tarefa de maximizar a eficácia dos direitos fundamentais.[90] Além disso, há que dar razão aos que ressaltam o caráter dirigente desta norma, no sentido de que esta, além do objetivo de "assegurar a força vinculante dos direitos e garantias de cunho fundamental, tem por finalidade tornar tais direitos prerrogativas diretamente aplicáveis pelos Poderes Legislativo, Executivo e Judiciário, (...) investe os poderes públicos na atribuição constitucional de promover as condições para que os direitos e garantias fundamentais sejam reais e efetivos."[91] Deste sentido, aproxima-se a lição de Eros Roberto Grau, ao sustentar que o Poder Judiciário, em face do dever de respeito e aplicação imediata dos direitos fundamentais ao caso concreto, encontra-se investido do poder-dever de aplicar imediatamente estas normas, assegurando-lhes sua plena eficácia.[92]

De tudo o que até agora foi exposto e levando-se em conta tanto as distinções entre os direitos de defesa e os direitos a prestações, assim como a evidência de que mesmo no âmbito dos direitos fundamentais encontramos normas de cunho eminentemente programático (ou impositivo, como sustenta Gomes Canotilho), somos levados a crer que a melhor exegese da norma contida no art. 5º, § 1º, de nossa Constituição, é a que parte da premissa de que se cuida de norma de natureza principiológica, que, por esta razão, pode ser considerada como uma espécie de mandado de otimização (maximização), isto é, que estabelece para os órgãos estatais a tarefa de reconhecerem, à luz do caso concreto, a maior eficácia possível a todas as normas definidoras de direitos e garantias fundamentais, entendimento sustentado, entre outros, por Gomes Canotilho e entre nós adotado por Flávia Piovesan, como já ressaltado.[93] Percebe-se, portanto, que o postulado da aplicabilidade imediata não poderá resolver-se, a exemplo do que ocorre com as regras jurídicas (e nisto reside uma das diferenças essenciais entre estas e as normas-princípio), de acordo com a lógica do tudo ou nada, razão pela qual o seu alcance (isto é, o *quantum* em aplicabilidade e eficácia) dependerá do exame da hipótese em concreto.[94]

---

[90] Esta a lição de F. Piovesan, *in: RPGESP* nº 37 (1992), p. 73.

[91] Assim também F. Piovesan, *Proteção Judicial contra Omissões Legislativas*, p. 92.

[92] Cf. E.R. Grau, *A Ordem Econômica na Constituição de 1988*, pp. 312 e ss.

[93] Outra não é a lição, na Alemanha, de K. Hesse, in: *EuGRZ* 1978, p. 433, para quem o art. 1º, inc. III, da Lei Fundamental embasa tanto o entendimento de que os direitos fundamentais não se encontram à disposição dos órgãos estatais, quanto impõe a estes a obrigação positiva de fazer tudo o que for necessário à realização dos direitos fundamentais.

[94] A respeito da distinção entre princípios e regras constitucionais, v. especialmente J.J. Gomes Canotilho, *Direito Constitucional*, pp. 172 e ss.

Para além disso (e justamente por este motivo), cremos ser possível atribuir ao preceito em exame o efeito de gerar uma presunção em favor da aplicabilidade imediata e plena eficácia (e efetividade) das normas definidoras de direitos e garantias fundamentais, de tal sorte que eventual recusa na outorga da plenitude eficacial a determinada norma de direito fundamental, em virtude da ausência de ato concretizador, deverá ser necessariamente fundamentada.[95] Como dar operatividade ao princípio (fundamental) da imediata aplicabilidade e plena eficácia (jurídica e social) das normas definidoras de direitos e garantias fundamentais é justamente tarefa a que nos dedicaremos, ainda que sucintamente, no item que segue.

7.5.3. Significado do princípio da aplicabilidade imediata e plena eficácia para cada categoria dos direitos fundamentais, especialmente para os direitos sociais

7.5.3.1. Direitos sociais de cunho defensivo (direitos sociais negativos ou "liberdades sociais")

Os direitos de defesa, por reclamarem (em princípio) uma atitude de abstenção por parte dos destinatários, virtualmente não costumam ter sua plenitude eficacial e, portanto, sua imediata aplicabilidade questionada seriamente. Na medida em que se dirigem a um comportamento em geral omissivo, exigindo o respeito e a não-ingerência na esfera da autonomia pessoal ou no âmbito de proteção do direito fundamental, não se verifica, em regra, a dependência da realização destes direitos de prestações fáticas ou normativas por parte do destinatário.[96] Além disso, a aplicabilidade imediata e plena eficácia destes direitos encontram explicação na circunstância de que as normas que os consagram receberam do Constituinte, de modo geral, a suficiente normatividade e independem de concretização legislativa, consoante, aliás, já se sustentava no bojo da clássica teoria das normas auto-executáveis.[97] Justamente na esfera dos direitos de defesa, pode-se afirmar que a norma contida no art. 5º, § 1º, da CF, tem por objetivo precípuo oportunizar a aplicação imediata, sem qualquer intermediação concretizadora, assegurando a plena justiciabilidade destes direitos, no sentido de sua exigibilidade integral em Juízo.[98]

---

[95] Neste sentido, v. P.M.G.V. Patto, in: *DDC* nº 33-34 (1988), pp. 484 e ss., assim como G. Dürig, in: *Maunz/Dürig/Herzog/Scholz*, art. 1, inc. III, p. 43.
[96] Esta a lição de L.R.Barroso, *O Direito Constitucional e a Efetividade de suas Normas*, p. 105, ressaltando que estes direitos, de matriz liberal-burguesa, têm a seu favor a própria lei da inércia.
[97] V. o entendimento de R. Barbosa, *Commentarios II*, pp. 483 e ss.
[98] Cf. a lição de J. Miranda, *Manual de Direito Constitucional*, vol. IV, p. 277, quando refere a imediata invocabilidade das normas exeqüíveis por si mesmas.

Nesta linha de entendimento, vale a pena consignar o ensinamento de Vieira de Andrade, para quem, em se cuidando de direitos, liberdades e garantias (direitos de defesa, em última análise) e em ocorrendo a falta ou insuficiência de lei, "o princípio da aplicabilidade directa vale como indicador de exeqüibilidade imediata das normas constitucionais, presumindo-se sua perfeição, isto é, a sua auto-suficiência baseada no carácter líquido e certo do seu conteúdo de sentido. Vão, pois, aqui, incluídos o dever dos Juízes e dos demais operadores jurídicos de aplicarem os preceitos constitucionais e a autorização de para esse fim os concretizarem por via interpretativa."[99] Ainda que existam, na esfera dos direitos de defesa, normas vagas e abertas, estas podem ter seu conteúdo definido pelo recurso às regras hermenêuticas, não havendo, portanto, necessidade de remeter esta função para o legislador.[100]

As diretrizes fixadas, evidentemente, alcançam boa parcela dos direitos sociais consagrados na nossa Constituição, notadamente todos os que exercem uma função precipuamente defensiva (diretos negativos, portanto). Quanto a estes direitos sociais, já se sustentou, entre nós, que desencadeiam sua plenitude eficacial, gerando para seu titular um direito subjetivo, isto é, situações prontamente desfrutáveis, dependentes apenas de uma abstenção.[101] Sintetizando, podemos afirmar que, em se tratando de direitos de defesa, a lei não se revela absolutamente indispensável à fruição do direito. Reitere-se, neste contexto, que inexiste qualquer razão para não fazer prevalecer o postulado contido no art. 5º, § 1º, da CF, já que não se aplicam a estas hipóteses (dos direitos de defesa) os argumentos usualmente esgrimidos contra a aplicabilidade imediata dos direitos a prestações, especialmente os da ausência ou insuficiência de recursos ou mesmo a ausência de legitimação dos tribunais para a definição do conteúdo e do alcance da prestação.

Os direitos de defesa constituem, em princípio, direito subjetivo individual, enquadrando-se, de acordo com a concepção desenvolvida por Celso Antônio Bandeira de Mello naquelas situações em que a norma constitucional outorga ao particular uma situação subjetiva ativa (um poder jurídico), cujo desfrute imediato independe de qualquer prestação alheia, bastando, para tanto (como também refere Luís R. Barroso), uma atitude abstencionista por parte do destinatário da norma.[102] Por evidente que, para além de

---

[99] Cf. J.C. Vieira de Andrade, *Os Direitos Fundamentais na Constituição Portuguesa de 1976*, pp. 256-7.

[100] Assim também J.C. Vieira de Andrade, *Os Direitos Fundamentais na Constituição Portuguesa de 1976*, p. 257.

[101] É o que advoga L.R. Barroso, *O Direito Constitucional e Efetividade de suas Normas*, p. 106, referindo-se ao direito de greve (art. 9º, da CF).

[102] Cf. C.A. Bandeira de Mello, *in: RDP nº 57-58* (1981), p. 242.

uma posição jurídico-subjetiva (que, consoante bem demonstrou Alexy pode manifestar-se de formas diferenciadas),[103] as normas constitucionais definidoras de direitos de defesa podem gerar uma série de outros efeitos, inclusive na esfera jurídico-objetiva, que, contudo (por serem comuns a todas as normas de direitos fundamentais), serão referidos quando tratarmos da eficácia dos direitos sociais a prestações.

7.5.3.2. Os direitos sociais de cunho prestacional (positivos)

Tendo em vista as distinções traçadas entre os direitos de defesa e os direitos sociais a prestações, há que se ter em mente que o problema da eficácia e aplicabilidade suscita questionamentos diversos na seara desta categoria dos direitos sociais. Constituindo, nos termos do art. 5°, § 1°, da CF, direito imediatamente aplicável, os direitos fundamentais sociais de cunho prestacional, independentemente da forma de sua positivação (mesmo quando eminentemente programáticos ou impositivos), por menor que seja sua densidade normativa ao nível da Constituição, sempre estarão aptos a gerar um mínimo de efeitos jurídicos, já que não há mais praticamente quem sustente que existam normas constitucionais (ainda mais quando definidoras de direitos fundamentais) destituídas de eficácia e, portanto, de aplicabilidade.

Independentemente – ainda – da discussão em torno da possibilidade de se reconhecerem direitos subjetivos individuais a prestações com base nas normas constitucionais definidoras de direitos sociais prestacionais, importa ressaltar, mais uma vez, que, mesmo estas normas (por mais programáticas que sejam), são dotadas de eficácia e, em certa medida, diretamente aplicáveis já ao nível da Constituição e independentemente de intermediação legislativa. Neste sentido, constata-se que a doutrina majoritária costuma destacar as seguintes cargas eficaciais como sendo, em princípio (ressalvadas eventuais especificidades), comuns mesmo a este tipo de normas, consideradas, em regra, como sendo de eficácia limitada, já que carentes de uma *interpositio legislatoris*:

a) Acarretam a revogação dos atos normativos anteriores e contrários ao seu conteúdo e, por via de conseqüência, sua desaplicação, independentemente de um declaração de inconstitucionalidade,[104] ressaltando-se que entre nós o Supremo Tribunal Federal consagrou a tese da revogação, em detrimento da assim chamada inconstitucionalidade superveniente.

---

[103] Para R. Alexy, *Theorie der Grundrechte*, pp. 96 e ss. Os direitos fundamentais defensivos, na qualidade de direitos subjetivos, agrupam-se em três categorias: a) direitos ao não-impedimento de ações por parte do titular do direito; b) direitos à não-afetação de propriedades ou situações do titular do direito; c) direitos à não-eliminação de posições jurídicas.

[104] Cf. L.R. Barroso, *O Direito Constitucional e a Efetividade de suas Normas*, p. 117. Assim também J. Miranda, *Manual de Direito Constitucional*, vol. II, p. 219.

b) Contêm imposições que vinculam permanentemente o legislador, no sentido de que não apenas está obrigado a concretizar programas, tarefas, fins e ordens mais ou menos concretos previstos na norma, mas também que o legislador, ao cumprir seu desiderato, não se poderá afastar dos parâmetros prescritos nas normas de direitos fundamentais a prestações.[105]

c) Implicam a declaração de inconstitucionalidade (por ação) de todos os atos normativos editados após a vigência da Constituição, caso colidentes com o conteúdo das normas de direitos fundamentais, isto é, caso contrário ao sentido dos princípios e regras contidos nas normas que os consagram.[106]

d) Constituem parâmetro para a interpretação, integração e aplicação das normas jurídicas (demais normas constitucionais e, especialmente, infraconstitucionais), já que contêm diretrizes, princípios e fins que condicionam a atividade dos órgãos estatais e influenciam, neste sentido, toda a ordem jurídica.[107]

e) Geram algum tipo de posição jurídico-subjetiva, tomando-se esta em sentido amplo e não necessariamente na concepção de um direito individual subjetivo à fruição da prestação que constitui o objeto da norma de direito fundamental a prestação. Fala-se, neste contexto, de um direito subjetivo de cunho negativo no sentido de que o particular poderá sempre exigir do Estado que se abstenha de atuar em sentido contrário ao disposto na norma de direito fundamental prestacional.[108] Cuida-se, portanto, de uma dimensão negativa dos direitos positivos, já que as normas que os consagram, além de vedarem a emissão de atos normativos contrários, proíbem a prática de comportamentos que tenham por objetivo impedir a produção dos atos destinados à execução das tarefas, fins ou imposições contidas na norma de natureza eminentemente programática.[109]

f) Próximo ao sentido referido no item imediatamente precedente, situa-se a problemática dos direitos sociais a prestações que já foram objeto de concretização pelo legislador. Neste sentido, impõe-se a indagação sobre se um dos efeitos inerentes às normas constitucionais que consagram direitos fundamentais desta natureza não seria também o de gerarem o que se convencionou chamar de proibição de retrocesso, impedindo o legislador

---

[105] Neste sentido, já lecionava, entre nós, J.H. Meirelles Teixeira, *Curso de Direito Constitucional*, pp. 334 e ss. Assim também J. A da Silva, *Aplicabilidade das Normas Constitucionais*, pp. 146-7.

[106] Cf., dentre outros, J. A da Silva, *Aplicabilidade das Normas Constitucionais*, p. 146, e, mais recentemente, L.R. Barroso, *O Direito Constitucional e a Efetividade de suas Normas*, p. 117.

[107] Cf. J.H. Meirelles Teixeira, *Curso de Direito Constitucional*, pp. 340-1. Assim também J.A da Silva, *Aplicabilidade das Normas Constitucionais*, p. 147.

[108] Esta a lição, por exemplo, R. Russomano, *in: As Tendências Atuais do Direito Público*, pp. 281 e ss. Assim também L.R. Barroso, *O Direito Constitucional e a Efetividade de suas Normas*, p. 118, na esteira de C.A Bandeira de Mello, *in: RDP nº 57-58* (1981), p. 243.

[109] Cf. o precioso ensinamento de J. Miranda, *Manual de Direito Constitucional*, vol. II, pp. 219-20.

de, voltando atrás sobre seus próprios passos, abolir determinadas posições jurídicas por ele próprio criadas. Cumpre frisar, neste contexto, que parte da doutrina se posiciona favoravelmente a este aspecto, ressaltando que, uma vez concretizado determinado direito social prestacional, este acaba por transformar-se, neste sentido, num típico direito de defesa.[110]

g) Mesmo no âmbito dos direitos fundamentais prestacionais típicos (direito a saúde, educação, previdência social, etc.), em face do perfil que lhes foi conferido pelo nosso Constituinte, verifica-se que a própria prestação que constitui seu objeto acaba, por vezes, assumindo a feição de um direito defensivo, inobstante não exatamente no sentido já referido. Tomando-se, por exemplo, o direito social à educação, regulado na Constituição no art. 6º nos arts. 205 e segs., constatar-se-á que o direito geral à educação abrange uma série de direitos, dos quais o direito à instrução (no sentido de um direito a que o Estado preste ensino, colocando à disposição do titular do direito escolas, material didático e professores) é apenas um entre outros. O art. 206, em diversos dos seus incisos, consagra alguns direitos de natureza eminentemente defensiva (negativa), como é o caso da igualdade de condições para o acesso e permanência na escola (inc. I), da liberdade de ensino e aprendizagem (inc. II), e da gratuidade do ensino público em estabelecimentos oficiais (inc. IV). O mesmo se poderá afirmar com relação ao art. 207 da CF, que consagra a garantia institucional da autonomia universitária.

Se quanto aos demais efeitos jurídicos referidos (inclusive no tocante à dimensão defensiva dos direitos a prestações) inexiste maior controvérsia, o mesmo não ocorre no que concerne à possibilidade de se reconhecer ao titular do direito um direito subjetivo à fruição da prestação concreta, inclusive por meio da via judicial. Em primeiro lugar, cumpre registrar que do âmbito desta abordagem serão priorizados os assim denominados direitos originários a prestações, já que na esfera dos direitos derivados a prestações tem sido admitida, com base e na medida da lei concretizadora, um direito subjetivo individual, assim como tem sido admitido um direito de igual acesso às prestações (bens, instituições e serviços) já existentes, gerando, de tal sorte, um direito de natureza defensiva, com o objetivo de impedir o tratamento discriminatório, viabilizando-se, ademais, o acesso à prestação pretendida.[111] O problema a ser enfrentado, portanto, diz com reconhecimento, diretamente com base na norma constitucional e inde-

---

[110] Esta a lição de J.J. Gomes Canotilho e V. Moreira, *Fundamentos da Constituição*, p. 131. Sobre a proibição de retrocesso na esfera social v. mais detalhes no nosso *"A Eficácia dos Direitos Fundamentais"*, pp. 364 e ss.

[111] Neste sentido, v. K. Hesse, *in: EuGRZ* 1978, p. 433. Assim também W. Krebs, in: *JURA* 1988, p. 626.

pendentemente de qualquer ato de intermediação legislativo, um direito subjetivo de natureza prestacional.

Não havendo como adentrar – em face dos estreitos limites deste estudo – os mais diferenciados aspectos que o problema suscita, sendo também inviável considerar mesmo as principais concepções e argumentos desenvolvidos a respeito na doutrina e na jurisprudência, partiremos, de imediato, para aquilo que consideramos representar uma solução que harmoniza com o espírito da norma contida no art. 5º, § 1º, da nossa Carta Magna. Na medida em que não se poderá desconsiderar as distinções entre os direitos de defesa e os direitos sociais prestacionais, de modo especial, o fato de que estes estão condicionados, no que diz com a sua realização, pela disponibilidade de recursos e pela capacidade de deles dispor (princípio da reserva do possível), bem como pelo princípio democrático da reserva parlamentar em matéria orçamentária, o que também afeta o princípio da separação de poderes, entendemos que a proposta de solução deverá passar necessariamente pela ponderação dos princípios incidentes na espécie, no âmbito de uma interpretação sistemático-hierarquizadora, tal como nos propõe o ilustre Jurista e Professor Juarez Freitas, em magnífica obra sobre a hermenêutica jurídica.[112]

É neste sentido que nos valemos das lições do conhecido jusfilósofo germânico Robert Alexy, para quem se poderá reconhecer um direito subjetivo originário a prestações nas seguintes circunstâncias: a) quando imprescindíveis ao princípio da liberdade fática; b) quando o princípio da separação de poderes (incluindo a competência orçamentária do legislador), bem como outros princípios materiais (especialmente concernentes a direitos fundamentais de terceiros), forem atingidos de forma relativamente diminuta. Para Alexy, tais condições se encontram satisfeitas sobretudo na esfera dos direitos sociais que correspondem a um padrão mínimo, como é o caso do direito às condições existenciais mínimas, direito à formação escolar e profissional, uma moradia simples e um padrão mínimo de atendimento na área da saúde.[113]

A solução preconizada por Alexy afina com a natureza principiológica da norma contida no art. 5º, § 1º, da CF, já que esta, impondo a otimização (maximização) da eficácia de todos os direitos fundamentais, não poderia admitir nem uma realização plena dos (e de todos) direitos sociais prestacionais, pena de sacrifício de outros princípios ou direitos fundamentais colidentes, nem a negação absoluta de direitos subjetivos a prestações, pena de sacrifício de outros bens igualmente fundamentais. Tomando como exemplo o direito à saúde, perceber-se-á, desde logo, que ao Estado não se

---

[112] V. Juarez Freitas, *A Interpretação Sistemática do Direito*, 1995.
[113] Cf. R. Alexy, Theorie der Grundrechte, pp. 465-66.

impõe apenas o direito de respeitar a vida humana, o que poderá até mesmo implicar a vedação da pena de morte, mas também o dever de proteger ativamente a vida humana, já que esta constitui a razão de ser da própria comunidade e do Estado, além de ser o pressuposto para a fruição de qualquer direito fundamental. Negar ao particular o acesso ao atendimento médico-hospitalar gratuito, ou mesmo o fornecimento de medicamentos essenciais, certamente não nos parece a solução mais adequada (ainda que invocáveis o princípio da reserva do possível e/ou da reserva parlamentar em matéria orçamentária). O mesmo raciocínio poderá ser aplicado no que diz com outros direitos sociais prestacionais básicos, tais como educação, assistência social e condições materiais mínimas para uma existência digna.

Neste contexto, cumpre registrar que o reconhecimento de direitos subjetivos a prestações não se deverá restringir às hipóteses nas quais a própria vida humana estiver correndo o risco de ser sacrificada, inobstante seja este o exemplo mais pungente a ser referido. O princípio da dignidade da pessoa humana assume, no que diz com este aspecto, importante função demarcatória, podendo servir de parâmetro para avaliar qual o padrão mínimo em direitos sociais (mesmo como direitos subjetivos individuais) a ser reconhecido. Negar-se o acesso ao ensino fundamental obrigatório e gratuito (ainda mais em face da norma contida no art. 208, § 1º, da CF, de acordo com a qual se cuida de direito público subjetivo) importa igualmente em grave violação ao princípio da dignidade da pessoa humana, na medida em que este implica para a pessoa humana a capacidade de compreensão do mundo e a liberdade (real) de autodeterminar-se e formatar a existência, o que certamente não será possível em se mantendo a pessoa sob o véu da ignorância.[114]

Com base no exposto, verifica-se que o problema apenas poderá ser equacionado à luz das circunstâncias do caso concreto e do direito fundamental específico em pauta, sendo indispensável a ponderação dos bens e valores em conflito. Assim, em todas as situações em que o argumento da reserva de competência do legislador (assim como a separação de poderes e as demais objeções habituais aos direitos sociais a prestações como direitos subjetivos) implicar grave agressão (ou mesmo o sacrifício) do valor maior da vida e da dignidade da pessoa humana, ou nas hipóteses em que, da análise dos bens constitucionais colidentes, resultar a prevalência do direito social prestacional, poder-se-á sustentar, na esteira de Alexy e de Gomes Canotilho, que, na esfera de um padrão mínimo existencial, haverá como reconhecer um direito subjetivo definitivo a prestações, admitindo-se, onde tal mínimo for ultrapassado, tão-somente um direito subjetivo *prima*

---

[114] V. a este respeito o nosso *"A Eficácia dos Direitos Fundamentais"*, p. 319, obra na qual analisamos com maior profundidade estes e outros exemplos, bem como as principais concepções a respeito do reconhecimento de direitos subjetivos a prestações (v. pp. 272-321).

facie, já que – nesta seara – não há como resolver a problemática em termos de uma lógica do tudo ou nada.[115] Esta solução impõe-se até mesmo em homenagem à natureza eminentemente principiológica da norma contida no art. 5º, § 1º, da CF, e das próprias normas definidoras dos direitos e garantias fundamentais.

À vista do exposto, percebe-se também que – na esfera dos direitos subjetivos a prestações – se impõe uma relativização da noção de direito subjetivo, constatando-se uma inevitável diferenciação no que diz com a força jurídica das diversas posições jurídico-prestacionais fundamentais em sua dimensão subjetiva, a exemplo, aliás, do que ocorre na esfera jurídico-objetiva (basta lembrar os diversos e importantes efeitos jurídicos inerentes às normas de direitos fundamentais em geral, mesmo de eficácia limitada). Por outro lado, não há como desconsiderar a natureza excepcional dos direitos fundamentais originários a prestações sob o aspecto de direitos subjetivos definitivos, isto é, dotados de plena vinculatividade e que implicam a possibilidade de impor ao Estado (a ao particular, quando for o destinatário), inclusive mediante recurso à via judicial, a realização de determinada prestação assegurada por norma de direito fundamental, sem que com isto se esteja colocando em xeque a fundamentalidade formal e material dos direitos sociais de cunho prestacional.

7.6. CONSIDERAÇÕES FINAIS

À guisa de conclusão, cumpre assinalar, aproximando as noções de eficácia jurídica e efetividade (eficácia social), que nem a previsão de direitos sociais fundamentais na Constituição, nem mesmo a sua positivação na esfera infraconstitucional poderão, por si só, produzir o padrão desejável de justiça social, já que fórmulas exclusivamente jurídicas não fornecem o instrumental suficiente para a sua concretização. No que diz com este aspecto, importa consignar a oportuna lição de Dieter Grimm, ilustre publicista e Juiz do Tribunal Federal Constitucional da Alemanha, para quem a efetividade dos direitos fundamentais em geral (e não apenas

---

[115] Sobre a noção de um direito subjetivo a prestações, v. especialmente (além da obra de Alexy já referida) a magistral formulação de J.J. Gomes Canotilho, *Tomemos a sério os direitos sociais, económicos e culturais*, pp. 25 e ss. Que, além de direitos subjetivos definitivos e direitos subjetivos *prima facie*, admite a existência de uma terceira categoria de direitos subjetivos a prestações, sustentando (na esteira de Alexy) que há posições jurídico-prestacionais embasadas em normas impositivas de tarefas e fins estatais que geram apenas um dever não-relacional do Estado, que pode ser caracterizado como um dever objetivo *prima facie*, garantido por normas não vinculantes, como ocorre, por exemplo, com o direito ao trabalho e o correspondente dever do Estado de promover uma política de pleno emprego, sem que se possa admitir um direito do particular a um emprego.

dos direitos sociais) não se alcança com a mera vigência da norma e, portanto, não se resolve exclusivamente no âmbito do sistema jurídico, transformando-se em problema de uma verdadeira política dos direitos fundamentais.[116]

Importante é, pois, ter sempre em mente que mesmo uma Constituição de um Estado Social de Direito (necessariamente democrático) não poderá jamais negligenciar o patamar de desenvolvimento social, econômico e cultural da comunidade, sob pena de comprometer seriamente sua força normativa e suas possibilidades de atingir uma plena efetividade.[117] Neste contexto, cumpre retomar a temática inicial da crise do Estado Social de Direito e da crise dos direitos fundamentais. Especialmente no âmbito dos direitos sociais, onde a referida crise se manifesta com particular agudeza, tal como já demonstrado, verifica-se que o impacto negativo sobre a capacidade prestacional do Estado se encontra diretamente vinculado ao grau de importância do limite fático da reserva do possível e do princípio da reserva parlamentar em matéria orçamentária, os quais, por sua vez, atuam diretamente sobre a problemática da eficácia e efetividade dos direitos sociais. Com efeito, quanto mais diminuta a disponibilidade de recursos, mais se impõe uma deliberação democrática a respeito de sua destinação, especialmente de forma a que sejam atendidas satisfatoriamente todas as rubricas do orçamento público, notadamente aquelas que dizem com a realização dos direitos fundamentais e da própria justiça social. Na mesma proporção, deverá crescer o índice de sensibilidade por parte daqueles aos quais foi delegada a difícil missão de zelar pelo cumprimento da Constituição, de tal sorte que - em se tratando do reconhecimento de um direito subjetivo a determinada prestação social - assume lugar de destaque o princípio da proporcionalidade, que servirá de parâmetro no indispensável processo de ponderação de bens que se impõe quando da decisão acerca da concessão, ou não, de um direito subjetivo individual ou mesmo da declaração de inconstitucionalidade de uma medida restritiva dos direitos sociais.

Por outro lado, entendemos que não há como sustentar o argumento de que, em face dos efeitos da crise já referidos, inexiste alternativa plausível se não a de uma supressão pura e simples dos direitos sociais consagrados na Constituição, a pretexto de serem em grande parte responsáveis pela "ingovernabilidade" do nosso (e de tantos outros) país. Da mesma forma, não devem - especialmente o Juiz e os demais operadores do Direito - simplesmente capitular diante das "forças reais de poder" (Lassale) ou em face da alegação de que inviável o reconhecimento de um direito subjetivo

---

[116] Cf. D. Grimm, in: *Grundrechte und soziale Wirklichkeit*, p. 72.

[117] Neste sentido, as bem-lançadas ponderações de J.P. Müller, *Soziale Grundrechte in der Verfassung?.*, p. 52.

a prestações, socorrendo-se dos limites fáticos da reserva do possível e argumentando que inexiste dotação orçamentária, pena de esvaziamento completo da eficácia dos direitos sociais. O que se verifica, em verdade, é que o aumento da opressão socioeconômica e a elevação dos níveis de desigualdade fática fazem com que o reconhecimento e efetivação dos direitos sociais, ainda que em patamar mínimo, voltado à manutenção de um nível existencial digno, transformem-se em meta indispensável a qualquer ordem estatal que tenha a pretensão de ostentar o título de genuinamente democrática.

Aparentemente de forma paradoxal, constata-se que o processo de globalização acabou trazendo avanços significativos na esfera dos direitos fundamentais, não sendo por acaso que hoje se sustenta o fenômeno da universalidade dos direitos fundamentais e a formação de um verdadeiro direito constitucional internacional nesta seara, fenômeno vinculado ao impulso da Declaração Universal da ONU, de 1948, bem como ao expressivo número de convenções internacionais na esfera dos Direitos Humanos, acompanhada da sua recepção pelo direito constitucional dos Estados, tal como sugerido, entre nós, por Flávia Piovesan e Cançado Trindade.[118] De outra parte, verifica-se que a globalização, especialmente no que diz com o avanço das comunicações, tem permitido uma veiculação universal, ainda que mínima, da agenda da defesa da dignidade humana e dos direitos fundamentais, facilitando o fluxo de informações, a denúncia de violações e dificultando a censura sobre os meios de comunicação.[119] Assim, como se pode concluir a partir da lição do grande jurista brasileiro Paulo Bonavides, a globalização, aqui considerada por um ângulo positivo, como veículo para a afirmação da universalização do reconhecimento da dignidade da pessoa humana e dos direitos fundamentais, acaba contribuindo decisivamente para que estes efetivamente venham a integrar, tal como referido alhures, uma espécie de patrimônio cultural comum da humanidade.[120]

Nesta quadra da exposição, convém relembrar que os direitos fundamentais, a despeito de sua dimensão jurídico-normativa, essencialmente vinculada ao fato de serem postulados de "dever ser", possuem o que Pérez Luño denominou de "irrenunciável dimensão utópica", visto que contêm um

---

[118] V. neste sentido, F. Piovesan, *Direitos Humanos e o Direito Constitucional Internacional*, 1996, e A A. Cançado Trindade, *Tratado de Direito Internacional dos Direitos Humanos*, 1997.

[119] Esta a lição de J. R. Lima Lopes, *Direitos Humanos, Pobreza e Globalização, in:* Revista da AMB nº 02 (1997), pp. 49-50.

[120] Cf. P. Bonavides, *Curso de Direito Constitucional*, pp. 524 e ss., salientando que no âmbito desta globalização dos direitos fundamentais, assumem relevo os direitos de "quarta geração", notadamente o direito à democracia (direta), o direito à informação e o direito ao pluralismo, pois deles "depende a concretização da sociedade aberta do futuro, em sua dimensão de máxima universalidade."

projeto emancipatório real e concreto.[121] Entre nós, reconhecendo igualmente uma perspectiva utópica e promocional dos direitos fundamentais, José Eduardo Faria, partindo da concepção de utopia como "horizonte de sentido", sustenta que a luta pela universalização e efetivação dos direitos fundamentais implica a formulação, implementação e execução de programas emancipatórios, que, por sua vez, pressupõe uma extensão da cidadania do plano meramente político-institucional para os planos econômico, social, cultural e familiar, assegurando-se o direito dos indivíduos de influir nos destinos da coletividade.[122]

Por derradeiro, cremos ser possível afirmar que os direitos fundamentais sociais, mais do que nunca, não constituem mero capricho, privilégio ou liberalidade, mas sim, premente necessidade, já que a sua supressão ou desconsideração fere de morte os mais elementares valores da vida, liberdade e igualdade. A eficácia (jurídica e social) dos direitos fundamentais sociais deverá ser objeto de permanente otimização, na medida em que levar a sério os direitos (e princípios) fundamentais, corresponde, em última análise, a ter como objetivo permanente a otimização do princípio da dignidade da pessoa humana, por sua vez, a mais sublime expressão da própria idéia de Justiça.

7.7. REFERÊNCIAS BIBLIOGRÁFICAS

ALEXY, Robert. *Theorie der Grundrechte*, 2ª ed. Suhrkamp: Frankfurt a. M., 1994.

ANDRADE, José Carlos Vieira de. *Os Direitos Fundamentais na Constituição Portuguesa de 1976*. Coimbra: Livraria Almedina, 1987.

——. *Rapport sur la protection des droits fondamenteaux au Portugal*. Coimbra, 1994, 27 p.

BARBOSA, Ruy, *Commentarios à Constituição Federal Brasileira (colligidos e ordenados por Homero Pires)*, vol. II. São Paulo: Saraiva, 1933.

BARROSO, Luís Roberto. *O Direito Constitucional e a Efetividade de suas Normas*, 3ª ed. Rio de Janeiro: Renovar, 1996.

BIEBACK, Karl-Jürgen. *Sozialstaatsprinzip und Grundrechte*, in: EuGRZ 1985, pp. 657 e ss.

BLECKMANN, Albert. *Staatsrecht II – Die Grundrechte*, 4ª ed. Köln-Berlin-Bonn: Carl Heymanns, 1997.

---

[121] Cf. A. E. Pérez Luño, *Derechos Humanos y Constitucionalismo em la Actualidad*, in: A.E. Pérez Luño (Org) Derechos Humanos y Constitucionalismo ante el Tercer Milenio, 1996, p. 15, ressaltando que "faltos de su dimensión utópica, los derechos humanos perderían su función legitimadora del Derecho; pero fora de la experiencia y de la historia perderían sus propios rasgos de humanidad."

[122] V. J.E. Faria, *Democracia e Governabilidade: os Direitos Humanos à luz da Globalização Econômica*, in: J.E. Faria (Org). Direito e Globalização Econômica, pp. 154 e ss.

BOBBIO, Norberto. *A Era dos Direitos*. Rio de Janeiro: Campus, 1996.

BONAVIDES, Paulo. *Curso de Direito Constitucional*, 7ª ed. São Paulo: Malheiros, 1997.

BRUNNER, Georg. *Die Problematik der sozialen Grundrechte*, in: Recht und Staat nº 404-405, J.C.B. Mohr (Paul Siebeck), Tübingen, 1971.

DINIZ, Maria Helena. *Norma Constitucional e seus Efeitos*. São Paulo: Saraiva, 1989.

——. *Advertência sobre a Problematicidade da Vigência e da Eficácia Constitucional*, in: T.S. Ferraz Jr./M.H. Diniz e R.A.S. Georgakilas, Constituição de 1988: Legitimidade. Vigência e Eficácia. Supremacia. São Paulo: Ed. Atlas, 1989.

DÜRIG, Günter, *Anmerkungen zu Art. 1 Abs. III GG*, in: Maunz-Dürig-Herzog-Scholz (Org.), Grundgesetz-Kommentar, vol. I, C.H.Beck, München, 1994.

FARIA, José Eduardo. *Democracia e Governabilidade: os Direitos Humanos à Luz da Globalização Econômica*, in: J.E. Faria (Org) Direito e Globalização Econômica: implicações e perspectivas. São Paulo: Ed. Malheiros, 1996, pp. 127 e segs.

——. *Direitos Humanos e Globalização Econômica: notas para uma discussão*, in: O Mundo da Saúde, vol. 22 (1998), pp. 74 e segs.

FARIAS, Edilson Pereira de. *Colisão de Direitos. A Honra, a Intimidade, a Vida Privada e a Imagem versus a Liberdade de Expressão e Informação*. Porto Alegre: Sérgio Fabris, 1996.

FERREIRA FILHO, Manoel Gonçalves. *A Aplicação Imediata das Normas Definidoras de Direitos e Garantias Fundamentais*, In: Revista da Procuradoria-Geral do Estado de São Paulo (RPGESP) nº 29 (1988),

——. *Direitos Humanos Fundamentais*. São Paulo: Saraiva, 1996.

FREITAS, Juarez. *A Interpretação Sistemática do Direito*. São Paulo: Malheiros, 1995.

GOMES CANOTILHO, Joaquim José. *Direito Constitucional*, 5ª ed. Coimbra: Livraria Almedina, 1992.

——. *Tomemos a sério os direitos sociais, econômicos e culturais*. Coimbra Editora, Coimbra, 1988.

——; MOREIRA, Vital. *Fundamentos da Constituição*. Coimbra: Coimbra Editora, 1991.

GORENDER, Jacob. *Estratégias dos Estados Nacionais diante do Processo de Globalização*, in: Regina M. F. Gadelha (Org), Globalização, Metropolização e Políticas Neoliberais. São Paulo: EDUC, 1997, pp. 73 e segs.

GRAU, Eros Roberto. *A Ordem Econômica na Constituição de 1988 (Interpretação e Crítica)*, 3ª ed. São Paulo: Malheiros, 1997.

GRIMM, Dieter, *Grundrechte und soziale Wirklichkeit*, in: W. Hassemer-W. Hoffmann-Riem-J. Limbach (Org.), Grundrechte und soziale Wirklichkeit, Nomos, Baden-Baden, 1982.

HAVERKATE, Görg. *Verfassungslehre*. München: C.H.Beck, 1992.

HESSE, Konrad. *Grundzüge des Verfassungsrechts der Bundesrepublik Deutschland*, 20ª ed. Heidelberg: C.F. Müller, 1995.

——. *Bestand und Bedeutung der Grundrechte in der Bundesrepublik Deutschland*, in: EuGRZ 1978, pp. 427 e ss.

HEINEGG, Wolff Heintschel von; HALTERN, Ulrich. *Grundrechte als Leistungsansprüche des Bürgers gegenüber dem Staat*, in: JÁ 1995, pp. 333 e ss.

KREBS, Walter. *Freiheitsschutz durch Grundrechte*, in: JURA 1988, pp. 617 e ss.

LAFER, Celso. *A Reconstrução dos Direitos Humanos*. São Paulo: Companhia das Letras, 1991.

LOPES, José Reinaldo de Lima. *Direito Subjetivo e Direitos Sociais: O Dilema do Judiciário no Estado Social de Direito*, in: José Eduardo Faria (Org.), Direitos Humanos, Direitos Sociais e Justiça. São Paulo: Malheiros, 1994.

——. *Direitos Humanos, Pobreza e Globalização*, in: Revista da AMB (Associação dos Magistrados Brasileiros), nº 2 (1997), pp. 47 e segs.

MANSSEN, Gerrit. *Staatsrecht I – Grundrechtsdogmatik*. München: Verlag Franz Vahlen,1995.

MELLO, Celso Antônio Bandeira de. *Eficácia das Normas Constitucionais sobre Justiça Social*, in: Revista de Direito Público (RDP) nº 57-58 (1981)

MENDES, Gilmar Ferreira. *A Doutrina Constitucional e o Controle da Constitucionalidade como Garantia da Cidadania – Necessidade de Desenvolvimento de Novas Técnicas de Decisão: Possibilidade de Inconstitucionalidade sem a Pronúncia de Nulidade no Direito Brasileiro*, in: Cadernos de Direito Tributário e Finanças Públicas (CDTFP) nº 3 (1993), pp. 21 e ss.

MIRANDA, Jorge. *Direitos Fundamentais na Ordem Constitucional Portuguesa*, in: Revista de Direito Público (RDP) nº 82 (1987),pp. 05 e ss.

——. *Os Direitos Fundamentais – Sua Dimensão Individual e Social*, in: Cadernos de Direito Constitucional e Ciência Política (CDCCP) nº 1 (1992), pp. 198 e ss.

——. *Manual de Direito Constitucional*, vol. II, 2ª ed. Coimbra: Ed. Coimbra, 1988.

——. *Manual de Direito Constitucional*, vol. IV, 2ª ed., Coimbra: Ed. Coimbra, 1993.

MORAES, Alexandre, *Direitos Humanos Fundamentais*. São Paulo: Atlas, 1997.

MÜLLER, Jörg-Paul. *Soziale Grundrechte in der Verfassung?* 2ª ed. Basel-Frankfurt a M.: Helbig & Lichtenhahn, 1981.

MURSWIEK, Dieter, *Grundrechte als Teilhaberechte, soziale Grundrechte*, in: J. Isensee-P. Kirchhof (Org), Handbuch des Staatsrechts der Bundesrepublik Deutschland (HBStR), vol. V. Heidelberg: C.F. Müller, 1992, pp. 243 e ss.

PATTO, Pedro Maria Godinho Vaz. *A Vinculação das Entidades Públicas pelos Direitos Fundamentais*, in: Documentação e Direito Comparado (DDC) nº 33-34 (1988), pp. 474 e ss.

PÉREZ LUÑO, Antonio-Enrique. *Derechos Humanos y Constitucionalismo em la Actualidad*, in: A.E. Pérez Luño (Org), Derechos Humanos y Constitucionalismo ante el Tercer Milenio. Madrid: Ed. Marcial Pons, 1996, pp. 11 e ss.

PIEROTH, Bodo; SCHLINK, Bernhard. *Grundrechte, Staatsrecht II*, 11ª ed. Heidelberg: C.F. Müller, 1995.

PINTO, Luzia Marques da Silva Cabral. *Os Limites do Poder Constituinte e a Legitimidade Material da Constituição*, Coimbra: Ed. Coimbra, 1994.

PIOVESAN, Flávia. *Proteção Judicial contra Omissões Legislativas*. São Paulo: Ed. Revista dos Tribunais, 1995.

——. *Constituição e Transformação Social: A Eficácia das Normas Constitucionais Programáticas e a Concretização dos Direitos e Garantias Fundamentais*, in: Revista da Procuradoria-Geral do Estado de São Paulo (RPGESP), nº 37 (1992), pp. 63 e ss.

——. *Direitos Humanos e o Direito Constitucional Internacional*. Rio de Janeiro: Max Limonad, 1996.

RUSCHEL, Ruy Ruben. *A Eficácia dos Direitos Sociais*, in: Revista da Associação dos Juízes do Rio Grande do Sul (AJURIS) nº 58 (1993), pp. 291 e ss.

SACHS, Michael. *Vorbemerkungen zu Abschnitt 1*, in: M. Sachs (Org), Grundgesetz-Kommentar. München: C.H.Beck, 1996.

SANTOS, Boaventura Souza. *Reinventar a Democracia: entre o Pré-Contratualismo e o Pós-Contratualismo*. Coimbra: Oficina do Centro de Estudos Sociais, 1998.

SARLET, Ingo Wolfgang. *A Eficácia dos Direitos Fundamentais*. Porto Alegre: Livraria do Advogado Editora, 1998.

——. *Die Problematik der sozialen Grundrechte in der brasilianischen Verfassung und im deutschen Grundgesetz*. Frankfurt: Peter Lang, 1997.

——. *O Estado social de Direito, a Proibição de Retrocesso e a Garantia Fundamental da Propriedade*, in: AJURIS nº 73 (1998), pp. 210 e segs.

SILVA, José Afonso da. *Curso de Direito Constitucional Positivo*, 7ª ed. São Paulo: Ed. Revista dos Tribunais, 1991.

——. *Aplicabilidade das Normas Constitucionais*, 2ª ed. São Paulo: Ed. Revista dos Tribunais, 1982.

STARCK, Christian. *Anmerkungen zu Art. 1, Abs. III GG*, in: H. von Mangoldt - F.Klein - C.Starck (Org.), Das Bonner Grundgesetz, 3ª ed., vol. I. München: Franz Vahlen, 1985.

——. *Staatliche Organisation und staatliche Finanzierung als Hilfen zu Grundrechtsverwirklichungen*, in: C. Starck (Org.), Bundesverfassungsgericht und Grundgesetz, vol. II. Tübingen: J.C.B. Mohr (Paul Siebeck), 1976, pp. 480 e ss.

STERN, Klaus. *Idee der Menschenrechte und Positivität der Grundrechte*, in: J. Isensee – P. Kirchhof (Org.), Handbuch des Staatsrechts der Bundesrepublik Deutschland (HBStR), vol. V, C.F. Müller, 1992, pp. 05 e ss.

STUMM, Raquel Denise. *Princípio da Proporcionalidade no Direito Constitucional Brasileiro*. Porto Alegre: Livraria do Advogado, 1995.

TÁCITO, Caio. *Os Direitos Fundamentais na Constituição Brasileira de 1988*, in: Revista de Direito Administrativo nº 178 (1989), pp. 01 e ss.

THAMM, Cláudia. *Probleme der verfassungsrechtlichen Positivierung sozialer Grundrechte – eine historisch-vergleichende Darstellung*. Bielefeld: Jur. Diss (tese de Doutorado), 1989.

TEIXEIRA, João Horácio Meirelles. *Curso de Direito Constitucional*. Rio de Janeiro: Forense Universitária, 1991.

TRINDADE, Antonio Augusto Cançado. *Tratado de Direito Internacional dos Direitos Humanos*, vol. I. Porto Alegre: Sérgio Fabris, 1997.

VIDAL NETO, Pedro. *Estado de Direito – Direitos Individuais e Direitos Sociais*. Rio de Janeiro: Ed. Ltr, 1979.

WOLKMER, Antonio Carlos, *Direitos Políticos, Cidadania e Teoria das Necessidades*, in: Revista de Informação Legislativa (RIL) nº 122 (1994), pp. 275 e ss.

ZACHER, Hans-Friedrich. *Sozialpolitik und Menschenrechte in der Bundesrepublik Deutschland*. München-Wien: Günter Olzog Verlag, 1968.

——. *Das soziale Staatsziel*, in: J. Isensee-P. Kirchhof (Org). Handbuch des Staatsrechts der Bundesrepublik Deutschland, vol. I. Heidelberg: C.F. Müller, 1987.

8. E que o Texto Constitucional não se transforme em um latifúndio improdutivo... - uma crítica à ineficácia do Direito

LENIO LUIZ STRECK
Procurador de Justiça - RS; Doutor em Direito do Estado; Professor do curso de Mestrado e Doutorado em Direito da UNISINOS-RS.

"SAQUES
Este ano o Incra vai gastar R$ 3,3 milhões em publicidade. Esse dinheiro equivale ao que foi gasto no ano passado com demarcações em áreas de regularização fundiária. Equivale também a mais ou menos uma vez e meia o valor estimado dos saques de caminhões ocorridos durante as semanas críticas da seca do Nordeste."
Elio Gaspari. Jornal Zero, 12 de julho de 1998.

"A classe roceira e a classe operária, ansiosas esperam a reforma agrária; sabendo que ela dará solução, para a situação que está precária.
Saindo o projeto do chão brasileiro, e cada família planta a sua área; sei que na miséria ninguém viveria e a produção já aumentaria quinhentos por cento até na pecuária. (...)
O nosso roceiro vive numa dilema, e o seu problema não tem solução..."
Música do cancioneiro popular, cantada há décadas no Brasil...

"Aquele que, por exemplo, cerca um imóvel adequado à produção e deixa-o ao léu, esperando que se valorize para revendê-lo, não pode alegar que dele dispõe para a sua função social"
Ruy Ruben Ruchel

1. Os crescentes conflitos no campo[1] em torno da posse da terra - que aos poucos se encaminham para as cidades -, fazem com que, mais e mais,

---

[1] Segundo dados da Comissão Pastoral da Terra, as ocupações de áreas rurais têm aumentado ano a ano, crescendo mais de 100% entre 1991 e 1995. Ao mesmo tempo, mantêm-se os altos índices de conflitos no campo, que chegaram a envolver cerca de 318.000 pessoas em 1995, tendo como corolário o massacre de Eldorado dos Carajás, onde 19 lavradores foram mortos pela Polícia do Pará, no dia 17 de abril de 1996. Cfe. Fowler, Marcos. O Ministério Público e os Conflitos Fundiários. In: *Revoluções no Campo Jurídico*. Marcelo Varella (org). Joinvile, Oficina Comunicações Editora, 1998, p. 221.

sejam postas em xeque as políticas públicas dos sucessivos governos, o que inexoravelmente nos leva ao questionamento acerca de que tipo de sociedade queremos para o nosso país. Que o Brasil é campeão de desigualdades sociais não é novidade. Que as nossas elites tiveram sucesso na construção de tamanha miséria é sabido desde que o primeiro colonizador pisou este solo. Ocorre que, se antes a situação já beirava o caos, agora, com a fustigante e grilheira onda neoliberal, é evidente que as contradições se estabelecem com mais vigor.

2. E é neste momento (e contexto) que devemos (re)discutir a função do Estado e do Direito em nosso país, assim como as condições de possibilidades para a realização da democracia e dos direitos fundamentais em países recentemente saídos de regimes autoritários, carentes, ainda, de uma segunda transição (Guillermo O'Donnell). As elites (neoliberais) apregoam que a modernidade acabou. Querem flexibilizar, desregulamentar, privatizar, diminuir o Estado... É aqui que estas reflexões se inserem, buscando a construção de um discurso que aborde criticamente o papel do Direito, do discurso jurídico e a justificação do poder oficial por meio do discurso jurídico em face da problemática da relação Direito-Estado-Dogmática Jurídica e os conflitos agrários.

3. A modernidade nos legou o Estado, o Direito e as instituições. Rompendo com a forma de dominação medieval-feudal, o Estado Moderno surge como um avanço, na medida em que, da fragmentação e da dominação carismática, passa-se ao poder institucionalizado, de caráter legal-racional (de *ex-parte príncipe* para *ex-parte princípio*). Em um primeiro momento como absolutista e depois como liberal, mais tarde o Estado transforma-se, surgindo o Estado Contemporâneo, sob as suas mais variadas faces. Essa transformação decorre justamente do acirramento das contradições sociais provocadas pelo liberalismo. Atualmente, a globalização neoliberal-pós-moderna coloca-se justamente como o contraponto das políticas do *welfare state*, além de solapar o Estado Democrático de Direito.

4. Evidentemente, a minimização do Estado em países que passaram pela etapa do Estado Providência ou *welfare state* tem conseqüências absolutamente diversas da minimização do Estado em países como o Brasil, *onde não houve o Estado Social*. O Estado interventor-desenvolvimentista-regulador, que deveria fazer esta função social, foi - especialmente no Brasil - pródigo (somente) para com as elites, enfim, para as camadas médio-superiores da sociedade, que se apropriaram/aproveitaram de tudo desse Estado, *privatizando-o*, dividindo/loteando com o capital internacional os monopólios e os oligopólios da economia e, entre outras coisas, construindo empreendimentos imobiliários com o dinheiro do fundo de garantia (FGTS) dos trabalhadores, fundo esse que, em 1966, custou a estabilidade no em-

prego para os milhões de brasileiros. Exemplo disto é que, enquanto os reais detentores/destinatários do dinheiro do FGTS não têm onde morar (ou se moram, moram em favelas ou bairros distantes), nossas classes médio-superiores obtiveram financiamentos (a juros subsidiados) do Banco Nacional da Habitação (*sic*) - depositário dos recolhimentos do FGTS - para construir casas e apartamentos na cidade e na praia... . Isso para dizer o mínimo, e sem considerar a orgia feita com o dinheiro público no recente episódio envolvendo o "socorro" aos Bancos (Marka, etc.)...

5. E a questão fundiária? Milhões de sem-terra, como andarilhos medievais, vagam pelos campos à procura de um lugar para plantar. Enquanto isto, poucos proprietários possuem a maior parte das terras brasileiras. Daí a pergunta: como pode o Estado, nesse contexto, atuar, intervir, para (começar a) *resgatar essa imensa dívida social*? O quadro é desolador. Com efeito, nossas classes dirigentes continuam na modernidade arcaica. Com uma indústria que só dispõe de mercado se a renda for concentrada para viabilizar a demanda; uma agricultura eficiente, mas voltada para a exportação, em um país onde 380 mil crianças morrem de fome a cada ano; megalópolis que são incapazes de oferecer os serviços para os quais elas deveriam existir; estrutura de transporte urbano nos moldes dos países ricos, mas que condena, por falta de dinheiro, milhões de pessoas a caminhar quilômetros e quilômetros entre suas pobres casas e o trabalho; e obriga aqueles que têm acesso à modernidade, ao desperdício de tempo em engarrafamentos que seriam desnecessários em um sistema de transporte eficiente. Enfim, *a modernização é vista independentemente do bem-estar coletivo. Obtém-se um imenso poder econômico, mas ele não consegue resolver os problemas da qualidade de vida*. Constroem-se estruturas sociais que, ao se fazerem modernas, mantêm todas as características do que há de mais injusto e estúpido.[2]

6. Em nosso país, não há dúvida de que, sob a ótica do Estado Democrático de Direito - *em que o Direito deve ser visto como instrumento de transformação social* -, ocorre uma *des*funcionalidade do Direito e das Instituições encarregadas de aplicar a lei. O Direito brasileiro e a dogmática jurídica[3] que o instrumentaliza está assentado em um paradigma liberal-in-

---

[2] Buarque, Cristovam. *O colapso da modernidade brasileira*. Rio de Janeiro, Paz e Terra, 1991, pp. 19 e 20.

[3] Entendo serem absolutamente atuais e pertinentes as críticas que Warat faz à dogmática jurídica. Segundo ele, no âmbito da dogmática jurídica, sob o manto protetor de uma linguagem ingenuamente descritiva, os juristas que detêm a fala autorizada no âmbito da dogmática jurídica obtêm modalidades prescritivas. Desse modo, a dogmática jurídica cumpre a importante função de reformular o direito positivo, sem provocar uma inquietude suspeita de que esteja realizando esta tarefa. Assim, o jurista dogmático constrói um discurso aparentemente científico mas que, no fundo, está prenhe de categorias pseudo-explicativas, que encobrem a cosmologia valorativa com a qual se pretende, em realidade, a reprodução da ordem social.

dividualista-normativista[4] que sustenta essa desfuncionalidade, que, paradoxalmente, vem a ser a sua própria funcionalidade!

7. Mais do que isto, continua a vigorar/dominar no âmbito do imaginário dos juristas a filosofia do sujeito-proprietário de mercadorias, com a sua capacidade de "autodeterminação", enfim, um sujeito de direitos. O mercado "transforma" tudo, através de uma mediação, onde o objeto é a mercadoria, o sujeito é o proprietário de mercadorias que delas dispõe no ato de apropriação e de alienação (Pachukanis).[5] Por isto, o direito civil, que no século passado era mais um direito de bens (do patrimônio) do que um direito das pessoas, tem por objeto representar a esfera de circulação e descrever a "fenomenologia" daquela relação de troca (de compra e venda da força de trabalho) através da "ideologia do sujeito". *As relações ocorrem entre sujeitos de direito, é dizer, o direito civil desloca, geneticamente, a relação entre o trabalho e o capital, da esfera da produção para a esfera da circulação - com a conseqüente ocultação do* dominium; *depois, "juridifica" essa relação remetendo-a, através do "jogo" das suas categorias, para o campo do direito das obrigações, onde a relação passa a ser abstrata, entre "duas pessoas juridicamente iguais"*.[6]

8. Para se perceber isto, basta examinar o nosso Código Civil e o tratamento que ele dá à propriedade, à posse e aos demais bens. Concebido para uma sociedade (pré)liberal-burguesa, deu tratamento privilegiado às "coisas" (afinal, o Código estabelece com *"muita propriedade"* como se deve comprar *coisas*, vender *coisas*, emprestar *coisas*, doar *coisas*, trocar *coisas*, devolver *coisas*, registrar *coisas*, elaborar contratos para comprar e vender *coisas*, herdar *coisas*, fazer testamento sobre as *coisas*, como se defender quando alguém invade "suas *coisas*", etc, tendo tratado até do aluvião, forma de "aumentar as *coisas*" mediante depósitos e aterros naturais *(sic)*!), em detrimento da pessoa e, fundamentalmente, da coletividade. Não nos olvidemos que nosso Código Civil é de 1917, que revogou as

---

Com seu trabalho, acrescenta Warat, a dogmática consegue, para o Direito, que o valor retórico adquira uma aparência analítica e o interesse uma aparência de legalidade. Warat, Luis Alberto. *Introdução geral ao direito II*. Porto Alegre, Fabris, 1995, pp. 22 e segs. Daí o necessário registro de que *as críticas deste texto são dirigidas, à evidência, à dogmática jurídica não-garantista, que não questiona as vicissitudes do sistema jurídico, reproduzindo esta injusta e desigual ordem social. Ou seja, as críticas aqui feitas ressalvam e reconhecem os importantes contributos críticos - e não são poucos - construídos/elaborados ao longo de décadas em nosso país.*

[4] Nesse sentido, ver Streck, Lenio Luiz. *Hermenêutica Jurídica e(m) Crise - Uma Exploração Hermenêutica da Construção do Direito*. Porto Alegre, Livraria do Advogado, 1999. A obra trata da crise do Direito, da dogmática jurídica e do Estado, como sendo uma crise de dupla face: de um lado, a crise de paradigma do modelo liberal-individualista-normativista de Direito e, de outro, a crise do paradigma epistemológico da filosofia da consciência.

[5] Cfe. Seixas Meirelles, Henrique da Silva. *Marx e o Direito Civil - para uma crítica histórica do "paradigma civilístico"*. Coimbra, 1990, pp. 299 e segs

[6] Idem, ibidem.

Ordenações do Reino, editadas pelo Rei Felipe no final do século 16 e início do século 17. Ou seja, em plena República, continuamos a usar, durante quase 30 anos, *uma legislação feita por colonizadores séculos antes*. Observe-se que essa lentidão para elaborar (novas) leis que tratem da propriedade, família e sucessões, não se repete quando o assunto é direito penal: proclamada a República, já no ano seguinte tínhamos uma novo código criminal. Afinal, uma nova "clientela", saída da escravidão, devia ser reprimida... Iniciando a industrialização (segunda fase do processo de substituição de importações), surge um novo código penal, agora para "atender" uma "nova clientela", sem esquecer a lei das contravenções penais, para "calibrar" o comportamento da sociedade (mendicância, jogo do bixo, vadiagem, perturbação do sossego público, etc.)... Quando a violência começa a colocar em xeque mais diretamente a segurança das elites, passa-se a editar leis mediante a técnica de políticas legislativas *ad-hoc*, fruto do *"movimento da lei e da ordem"* (lei dos crimes hediondos, porte de arma, etc.)...

9. Nosso Código Civil foi discutido durante 17 anos (o atual tramita há mais de 20 anos no Congresso Nacional!!). Só para exemplificar, quando de sua promulgação, a família era (?) estritamente patriarcal. Por isso, a mulher (esposa) foi colocada como uma "colaboradora", "do lar", como, aliás, a maioria das mulheres se qualifica ao preencher fichas de cadastro... O direito dos filhos ilegítimos ao reconhecimento legal somente surgiu no final da década de 40, e o divórcio só foi autorizado no Brasil, depois de uma grande batalha, no ano de 1977.

10. No que pertine à questão da propriedade/posse da terra, o Código Civil, plenamente identificado com o liberal-individualismo e a ideologia do sujeito-de-direitos e do sujeito-proprietário-de-mercadorias, deu um passo relevante, no longínquo ano de 1916, para o processo de *acumulação e especulação da terra no Brasil*. Recorde-se que até 1850 não havia propriedade - no sentido de domínio - em nosso país: "Com a Lei de Terras é instituída uma nova forma de apropriação da terra: a da mediação pelo mercado. As terras devolutas só poderiam ser apropriadas mediante compra e venda, extinguindo-se o regime de posse. Os valores de compra de terras foram elevados, fixando-se preços mínimos superiores aos vigentes na época; *os lotes só poderiam ser adquiridos em hasta pública e à vista, com o que o acesso às terras restringiu-se somente àqueles que tivessem dinheiro imediatamente disponível para comprá-las*. Por outro lado, o produto dessas vendas era destinado a financiar a vinda de colonos da Europa."[7]

---

[7] Cfe. Bonesso de Araujo, Luiz Ernani. *A questão fundiária na ordem social*. Santa Cruz do Sul, Movimento-Fisc, 1985, p. 16.

11. Desnecessário frisar que a Lei de Terras (1850) foi engendrada (em benefício de) por aqueles que detinham capital financeiro, mormente os mercadores de escravos, que precisam imobilizar o seu capital em algo seguro, como a propriedade da terra. Entretanto, como bem registra Pressburger,[8] não foi esta lei que estabeleceu a propriedade capitalista ou, como poderia parecer, estabeleceu o capitalismo e, sim, foi justamente o contrário, é dizer, *o capital se desenvolveu a ponto de politicamente impor a lei que reconhecia a apropriação da terra.*

12. Se a Lei de Terras, de certo modo, "casou" a posse com a propriedade, com o advento do Código Civil "descasou-se" posse e propriedade, o que representa um retrocesso, eis que a terra literalmente *passou a ser mercadoria especulativa.* Aliás, na redação do Código Civil original (anteprojeto) era lícito ao proprietário "usar como bem entender", tendo a redação final, que vigora até hoje, estabelecido que, ao invés de só usar, ficou garantido ao proprietário: *usar, gozar e livremente dispor*".[9]

13. Toda essa concepção ideológica do sujeito-proprietário-de-mercadorias teve fértil terreno para se reproduzir no modo-de-fazer-e-interpretar o Direito no Brasil. Em nossos dias é possível dizer que predomina/prevalece (ainda) o modelo de Direito instituído/forjado para resolver/regular relações e conflitos de índole interindividual, como se a sociedade fosse a soma de pequenas mônadas... Ou seja, no campo da dogmática jurídica de cunho tradicional (e dominante), o Direito é visto como mecanismo para solver disputas interindividuais, ou, como se pode perceber nos manuais de Direito, disputas entre Caio e Tício[10] ou onde Caio é o agente, Tício, a vítima e Mévio, o Juiz ou o Promotor de Justiça. Assim, se Caio (*sic*) invadir/ocupar a propriedade de Tício (*sic*), ou Caio (*sic*) furtar um botijão de gás ou o automóvel de Tício (*sic*), é fácil para o operador do Direito resolver o problema. No primeiro caso, é esbulho (Código Civil), passível de imediata reintegração de posse, mecanismo previsto no Código de Processo Civil de pronta e eficaz atuação, absolutamente eficiente para a proteção dos direitos reais de garantia. No segundo caso, é furto (simples, no caso de um botijão; qualificado, com uma pena que pode alcançar 8 anos de reclusão, se o automóvel for levado para outra unidade da federação).

---

[8] Cfe. Pressburger, Miguel. *A propriedade da terra na Constituição.* Rio de Janeiro, AJUP, 1986, p. 13.

[9] Cfe. Pressburger, op. cit., p. 17.

[10] Uma observação necessária: os personagens "Caio, Tício, Mévio(a)" são aqui utilizados como uma crítica aos manuais de Direito, os quais, embora sejam dirigidos - ou deveriam ser - a um sistema jurídico (brasileiro!) no interior do qual proliferam Joãos, Pedros, Antonios e Josés, Marias, Terezas, teimam (os manuais) em continuar usando personagens "idealistas/idealizados", desconectados da realidade social. Registre-se que até mesmo no provão do MEC os personagens Caio e Tício (re)apareceram...

Ou seja, nos casos apontados, a dogmática jurídica coloca à disposição do operador um *prêt-à-porter significativo*, contendo uma resposta "pronta e rápida". Porém, quando Caio (*sic*) e milhares de pessoas sem teto ou sem terra invadem/ocupam a propriedade de Tício (*sic*), ou quando Caio (*sic*) participa de uma quebradeira de bancos, causando desfalques de bilhões de dólares (como no caso do Banco Nacional, Bamerindus, Econômico, Coroa-Brastel, etc.), os juristas, auto-alçados/catapultados a uma espécie de *mirante epistemológico* ideal(*izado*), só conseguem "pensar" o problema sob a ótica liberal-individualista.

14. Daí a pergunta: como reagem os juristas a esses problemas, produtos de uma sociedade complexa, em que os conflitos têm um cunho transindividual? Na primeira hipótese, se a justiça tratar da invasão/ocupação de terras como sendo um esbulho possessório, é dizer, do mesmo modo que trata os "conflitos de vizinhança", as conseqüências são gravíssimas (e de todos conhecidas...- Eldorado dos Carajás/PA, Fazenda Santa Emilia/RS, Pontal do Paranapanema/SP! Na segunda hipótese (crimes de colarinho branco e similares), basta examinar a pesquisa realizada pela Procuradora da República Ela Castilho,[11] cujos dados dão conta de que, de 1986 a 1995, somente 5 dos 682 supostos crimes financeiros apurados pelo Banco Central resultaram em condenações em primeira instância na Justiça Federal. Na segunda instância, mais 9 foram condenados. *Porém - e isso é de extrema relevância - nenhum dos 19 réus condenados por crime do colarinho branco foi para a cadeia!* A pesquisa ressalta também que o número de 682 casos apurados é extremamente pífio, em face dos milhares de casos de crimes do colarinho branco que ocorrem a todo ano no país. E os crimes contra o meio ambiente, como são tratados?[12] Como funciona o Direito nas relações de consumo, mormente quando se percebe que a televisão brasileira, que deveria ser um veículo para transmitir cultura, conforme claramente especificado no art. 221 da Constituição Federal, transformou-se em um bingo pós-moderno?

15. A questão da crise do Direito vem magistralmente analisada pelo Juiz de Direito Dyrceu Cintra,[13] em recente artigo publicado em jornal de

---

[11] Nesse sentido, consultar relevantíssima pesquisa da Procuradora da República Ela Volkmer de Castilho, a qual, em face de seu caráter de denúncia, pondo a nu a crise do direito penal, tenho insistido em reproduzir na expressiva maioria dos meus textos. In: *O controle penal dos crimes contra o sistema financeiro nacional*. Belo Horizonte, Del Rey, 1998.

[12] De observar, por exemplo, que, equanto nos crimes contra o patrimônio o *sursis* somente pode ser concedido no limite da pena de 2 anos, nos crimes contra o meio ambiente esse limite sobe para 3 anos. Para o *establishment*, pois, é mais grave furtar um galináceo do que colocar fogo em uma floresta!

[13] Cfe. Cintra, Dyrceu. In: *Por uma reforma radical e abrangente*. Folha de São Paulo, Tendências e Debates, 25.05.99, pp.1-3.

circulação nacional: "Há o fator cultural. A tradição discursiva dos bacharéis, sua linguagem arrevesada e a falta de objetividade dificultam o trabalho de todos. Gasta-se muito tempo com questões periféricas formais. *Juízes e operadores do Direito não têm formação voltada para aplicar o saber jurídico de modo a atender à demanda da sociedade contemporânea. A magistratura guarda ranços do positivismo normativista*, que mantém distante a preocupação com a Justiça real e cultiva demasiada reverência às cúpulas dos tribunais, dando pouco espaço à criatividade. *O processo tradicional despolitiza o conflito, que muitas vezes é afastado sem ser resolvido*".

16. Não surpreende, pois, que institutos jurídicos importantes como o mandado de injunção e a substituição processual, previstos na nova Constituição, assim como a tutela antecipada contra o Poder Público (*veja-se o conteúdo do artigo 1º da Lei 9.494/97, que proibiu a concessão de tutela antecipatória contra o poder público*), tenham sido redefinidos e tornados ineficazes pelo *establishment* jurídico-dogmático. Do mesmo modo, o importante instituto da argüição de descumprimento de preceito fundamental,[14] passados 10 anos, permanece sem eficácia, por falta de regulamentação.

17. Estamos, assim, em face de um sério problema: de um lado temos uma sociedade carente de realização de direitos e, de outro, uma Constituição Federal que garante estes direitos da forma mais ampla possível. *Este é o contraponto.* Daí a necessária indagação: qual é o papel do Direito e da dogmática jurídica neste contexto? No Estado Democrático de Direito - previsto no art. 1º da CF - *a lei é um instrumento de ação concreta do Estado*. Por isso, é possível sustentar que, no Estado Democrático de Direito, há - ou deveria haver - *um sensível deslocamento*[15] *do centro de decisões do legislativo e do executivo para o judiciário.*

18. Isto ocorre porque, se com o advento do Estado Social e o papel fortemente intervencionista do Estado, o foco de poder/tensão passou para o Poder Executivo, no Estado Democrático de Direito - até pela crise enfrentada pelo *Welfare State* - há uma modificação desse perfil. *Inércias*

---

[14] Como no mandado de injunção, remédio criado para combater a ineficácia de normas que tratam de preceitos fundamentais, e que foi tornado ineficaz pelo Supremo Tribunal, parece que, no caso da argüição de descumprimento de preceito fundamental, ineficaz por falta de norma regulamentadora, *o mesmo paradoxo se estabelece*. Daí a pergunta: é possível, na vigência do Estado Democrático de Direito, em havendo remédios (constitucionais) contra a ineficácia de normas (por falta de regulamentação, como o mandado de injunção) e contra a inefetividade do sistema jurídico (falta de regulamentação sanável pela ação de inconstitucionalidade por omissão), continuarmos a não aplicar um dispositivo que tem, precipuamente, o escopo de proteger o cidadão contra os abusos do poder e a violação de seus direitos humanos-fundamentais?

[15] Cfe. Guerra Filho, Willis Santiago. *Direito constitucional e democracia. In Direito e democracia*, op. cit., p. 209.

do executivo e falta de atuação do legislativo passam a poder ser supridas pelo judiciário, justamente mediante a utilização dos mecanismos jurídicos previstos na Constituição que estabeleceu o Estado Democrático de Direito.

19. Dito de outro modo, o Estado Democrático de Direito depende(ria) muito mais de uma ação concreta do Judiciário do que de procedimentos legislativos e administrativos. Claro que tal assertiva pode e deve ser relativizada,[16] mormente porque não se pode esperar que o Judiciário seja a solução (mágica) dos problemas sociais. Não é temerário afirmar, destarte, que, no Estado Democrático de Direito, a tarefa do Poder Judiciário - e do Ministério Público no seu papel de defensor dos interesses sociais coletivos - assume contornos nunca antes imaginados. Na medida em que o contrato/pacto social sociedade-Estado não está sendo cumprido pelo Poder Executivo, através de políticas públicas, ocorre um deslocamento, onde a lei infraconstitucional - vivificada pela Constituição - deve(*ria*) ser usada como fator de transformação social.

20. Em face de tudo isto, e se é correta a tese de que, diferentemente do Estado Liberal (em que o Direito tinha um papel meramente ordenador, preocupado com questões de caráter interindividual), *a lei, no Estado Democrático de Direito, tem/assume um papel transformador*, podendo/devendo ser vista como um instrumento de ação concreta do Estado, e se é correta a tese do deslocamento do centro de decisões antes delineada (relativizada ou não), e com tantos mecanismos à disposição - *princípios constitucionais amplos e dirigentes, ações coletivas das mais variadas (ação civil pública, mandado de segurança coletivo, mandado de injunção coletivo, ação popular, etc)* - como explicar/justificar *a quase nenhuma função social do Direito*? Parece evidente, pois, afirmar que a crise do Direito e da dogmática jurídica - onde se inclui a crise dos operadores do Direito (Judiciário, Ministério Público) - decorre do hiato que se forma a partir das demandas provenientes de uma sociedade complexa e díspar e o não-cumprimento dos direitos previstos no ordenamento jurídico.

21. Na questão fundiária brasileira, cuja origens e crise remonta ao modo de apropriação e distribuição das terras em nosso país, é evidente que não se pode pretender que o Judiciário e o Ministério Público façam reforma agrária e a distribuição de terras. O que se pode pretender de tais instâncias - e não tenho dúvidas em afirmar isto - *é uma (nova) visão acerca do contrato social Estado-sociedade civil*, da dimensão das (novas) demandas sociais e do papel do Estado e do Direito nesse contexto.

---

[16] A respeito, consultar Rocha, Leonel Severo. *A democracia em Rui Barbosa. O projeto político liberal-racional.* RJ, Liber Juris, 1995, pp. 137 e 153.

22. Nesse sentido, para se ter uma dimensão do problema em nosso país, é preciso lembrar que nem a legalidade formal vem sendo implementada. *Isto porque, por exemplo, não houve ainda, no plano hermenêutico, a devida filtragem - em face da emergência de um novo modo de produção de Direito representado pelo Estado Democrático de Direito - desse (velho/defasado) Direito, produto de um modelo liberal-individualista-normativista de direito.* Ou seja, dito de uma maneira mais simples: além de não efetivarmos a Constituição, nem sequer constitucionalizamos o Direito infraconstitucional!

23. Em suma, entendendo que o Direito importa (e por isto é que nos importamos com tudo isto, no dizer de E.P. Thompson), e entendendo que a Constituição, mais do que um instrumento legal, é um espaço de mediação ético-política da sociedade (Eliaz Dias) e condição de refundação do pacto/contrato social, sintetizo, à guisa de aportes finais, alguns contributos, mesmo que exemplificativos, apontando para uma função social do Direito no âmbito da questão fundiária brasileira. Assim:

a) A Constituição estabelece que a propriedade deve ter uma função social.[17] Logo, a partir de Luigi Ferrajoli, em uma perspectiva garantista, é necessário lembrar que uma norma só é válida se for condizente com a Constituição. A partir disto, é evidente que as normas do Código Civil acerca da propriedade e da posse devem ser (*re*)vistas sob um *novo prisma de validade*. Quer-se dizer, com isto, que as normas do Código Civil que estabelecem os requisitos para que alguém seja proprietário da terra, embora vigentes, *devem ter sua validade aferida segundo os cânones hermenêuticos constitucionais, isto porque, segundo Ferrajoli, a vigência tem um caráter secundário em relação à validade.* E esta tarefa é das instâncias da administração da justiça.

b) Conseqüentemente, as ocupações de terra devem ser examinadas a partir desse *topos* hermenêutico do novo âmbito de validade da Constituição, *que estabelece um novo modelo de Direito*, que é o Estado Democrático de Direito. Do mesmo modo e como inexorável decorrência - a apreciação de medidas liminares (interditos proibitórios) em ações de reintegração de posse devem ser apreciadas segundo *os cânones de um novo conceito de posse e propriedade*. Isto porque, como bem ressalta Ruy Ruben Ruschel,[18] uma das conseqüências da releitura do art. 524 do CC se projeta na definição

---

[17] Releva notar que já a Constituição de Weimar, de 1919, marco na definição constitucional da intervenção do Estado na economia e no estabelecimento dos direitos sociais, deixava assentado que "A propriedade obriga. Seu uso deve ser por igual um serviço ao bem comum", texto que, *mutatis mutandis*, foi reproduzido na Constituição alemã em vigor desde 1949.

[18] Cfe. Ruschel, Ruy Ruben. *Direito constitucional em tempos de crise*. Porto Alegre, Sagra-Luzzatto, 1997, pp. 154 e 155.

de posse do art. 485: "Para alguém ter *de fato o exercício, pleno ou não, de algum dos poderes inerentes ao domínio*, é preciso que esteja a usar ou gozar do bem *secundum beneficium societatis*. Ou, no mínimo, ter a coisa à disposição para o mesmo fim. *Aquele que, por exemplo, cerca um imóvel adequado à produção e deixa-o ao léu, esperando que se valorize para revendê-lo, não pode alegar que dele dispõe para a sua função social*. Por certo não está exercendo o uso ou o gozo do bem; a rigor sequer tem-no à disposição para o objetivo social. Ele cuida apenas de seu interesse próprio, egoístico. *Logo, não é possuidor do imóvel*. Numa hipótese desta estaria presente, talvez, o *corpus*, a detenção da coisa, mas faltaria o *animus*, caracterizado como a vontade de ter a coisa segundo seu aproveitamento social".

c) Em decorrência, como leciona Pressburger, julgar causas possessórias agrárias com base em normas processuais civis irremediavelmente conduz à incerteza jurídica como, por exemplo, numa situação em que se reclama a proteção possessória com base em um dos interditos,[19] quando essa posse é exercida contrariando a função social a que se deve submeter. A lei processual civil, fruto de um modelo liberal-individualista, refere-se a direitos materiais enunciados em um Código datado de 1916: não aponta, e nem pode, solução para a contradição presente: proteção/punição. Desse modo, a lei processual deve ser re(lida) em conformidade à Constituição, devendo-se dar nova interpretação ao art. 926 do CPC, especialmente no requisito do autor do interdito: *"petição inicial devidamente instruída"*, exigência do art. 282 do CPC. Conseqüentemente, "a petição inicial devidamente instruída" deve ser compreendida como trazendo em seu bojo a prova, concludente e insofismável, do cumprimento da função social da propriedade. Tal prova deverá ser feita por certidão atualizada do INCRA, prova pericial prevista no art. 850 do CPC, ou a inspeção prevista no art. 126, parágrafo único, da Constituição Federal, e regulada no art. 440 e segs. do CPC. A ausência dessa prova é vício insanável, não tocando ao juízo outra alternativa que, de plano, indeferir o pedido de liminar e a condução do feito pela via ordinária.[20] Enfim, como bem lembra Comparato,[21] "*quem*

---

[19] Importante registrar que "a função social da propriedade relaciona-se diretamente com a posse. Ter a propriedade função social significa o efetivo exercício fático de uma ação (=função) social. Exercer faticamente alguma ação sobre a propriedade nada mais é do que o próprio conceito de posse. Logo, a função social da propriedade é a própria posse como o fato socialmente relevante exercido sobre a propriedade." Cf. Puggina, Márcio. Voto proferido no Proc. nº 195050976, *in:* Julgados TARGS 97/261.

[20] Cfe. Pressburger, Miguel. Terra, Propriedade, Reforma Agrária e Outras Velharias. *In: Revoluções no Campo Jurídico, op. cit.*, pp. 305 e 306. Veja-se, a propósito, decisão da 19ª Câmara Cível do Tribunal de Justiça do RS (Proc. n. 598360402), no julgamento do Agravo de Instrumento interposto por uma multidão de réus sem terra, contra liminar deferida a favor de pessoa jurídica autora da ação de reintegração de posse proposta por força de ocupação que eles tinham promovido sobre a Fazenda Primavera, em Bossoroca. Registre-se o despacho que

não cumpre a função social da propriedade perde as garantias, judiciais e extra-judiciais, de proteção da posse".

d) A figura jurídica do abandono, prevista como causa de perda da posse no art. 520, I, do Código Civil, e no art. 539, III, como causa de perda da propriedade, precisa também passar pelo processo de filtragem hermenêutico-constitucional, não mais valendo, como bem lembra o mestre Ruschel (ibidem), a vetusta lição do Conselheiro Lafayette, segundo o qual ao titular é lícito deixar a coisa deserta ou ao desamparo e não obstante conservar-lhe a propriedade. Agora, conclui o Professor gaúcho, "o *abandono* deve ser interpretado como consumado *sempre que o dono deixe de destinar o imóvel a sua vocação social*".

e) Dito de outro modo, é possível fazer, de certa maneira, uma analogia da figura do abandono - devidamente interpretado em consonância com o texto constitucional - *com a figura do "devoluto", vigente ao tempo do antigo regime no Brasil.* Com efeito, a coroa portuguesa concedia sesmarias, fazia doações de lotes menores e capitanias hereditárias, sendo que todas essas formas de distribuir terras *impunham obrigações para os beneficiários.* Como se sabe, o seu não-cumprimento implicava a devolução das terras, de onde deriva a expressão "terras devolutas". Assim, se é correta a tese exposta por Ruschel acerca do abandono, é possível dizer que a propriedade, que hoje não cumpre com a sua função social, não está cumprindo uma das condições-de-ser-propriedade e de-continuar-a-ser-propriedade, impostas no contrato social, é dizer, a Constituição da República. Como conseqüência, *a falta do cumprimento dessa condição básica* - a função

---

conferiu efeito suspensivo ao agravo, da autoria do Des. Rui Portanova: "Como estamos em sede de proteção judicial da posse, temos que, quando o inciso III do art. 282 do CPC fala em "fundamento jurídico", na verdade está a se referir ao requisito da função social que a Constituição Federal (nos incisos já referidos - XXII e XXIII do art. 5º) traz para possibilitar o exercício do direito de propriedade. Em outras palavras, não basta afirmar na petição inicial como "fundamento jurídico" apenas a propriedade. Pois "jurídico" é o fundamento que - de acordo com a Constituição Federal - se assenta também na função social da propriedade. *Fora disso se estará - indevidamente - sonegando, impedindo, silenciando e afastando a incidência da Constituição Federal no processo civil.* A Constituição obriga o juiz a enfrentar ainda que sem requerimento da parte, o tema pertinente à função social da propriedade". (grifei) No mesmo sentido, os votos dos desembargadores Guenter Spode e Carlos Rafael dos Santos Jr. Cfe. Alfonsin, Jacques T. Assessoria Jurídica Popular. Breve Apontamento Sobre a Necessidade, Limites e Perspectivas. In: Revista do SAJU - *Para Uma Visão Crítica e Interdisciplinar do Direito.* Porto Alegre, Vol. I, n. 1, dez/1998, pp. 109 e 110.

[21] Cfe. Comparato, Fábio Konder. Direitos e Deveres Fundamentais em Matéria de Propriedade. In: *Revoluções no Campo Jurídico, op. cit.*, p. 120. Na mesma linha, o dizer do Promotor de Justiça mineiro Fernando Galvão Rocha, para quem "os dispositivos constitucionais que vinculam o direito de propriedade à observância de sua função social representam uma concessão à democracia social. *Se a propriedade é improdutiva, não atendendo à sua função social, o interesse da coletividade de trabalhadores sem-terra deve prevalecer sobre o interesse individual do proprietário-possuidor, e o sacrifício do interesse de menor valor é legitimado pela necessidade de proteção ao interesse preponderante.*" In: *Revoluções no Campo Jurídico,* op. cit., p. 131. (grifei)

social - *deve gerar ônus e sanções*, sob pena da ineficácia do comando da norma constitucional que estabelece a função social como *conditio sine qua non* para a manutenção dominial. Desse modo, a penalidade - que ao tempo do Império era a sua devolução à Coroa, agora passa a ser a de que a terra fique à disposição para a reforma agrária, *cabendo ao Estado, legal e constitucionalmente, arrecadá-la, nos exatos termos do art. 589 do Código Civil*. Dito de outro modo, as terras abandonadas de hoje são, *mutatis mutandis*, uma espécie de terras "neo-devolutas".

f) Quanto ao argumento de que o art. 184 da CF induz à interpretação de que, se está determinada a indenização, é porque a propriedade - mesmo não cumprindo a função social - estaria de qualquer modo reconhecida, é necessário dizer, ainda com Ruschel, *que é necessário dar outro sentido a essa indenização prevista no art. 184*: não se trata de pagar o valor atualizado do imóvel "abandonado", passível de arrecadação, e sim, de indenizar o ex-dono *(porque a não função social implicou a arrecadação pelo abandono)* pelos custos que nele investiu (o preço de compra e as benfeitorias voluptuárias, em títulos; as benfeitorias úteis e necessárias, em dinheiro). Afinal, complementa o autor, se o titular abandonou o imóvel rural, deixando-o sem função social, *perdeu sua propriedade antes da desapropriação*; o ato expropriatório terá por objetivo tão-somente *integrá-lo de imediato no domínio da União* e indenizar os custos acaso investidos pelo ex-dono, isto porque existe uma diferença de natureza entre a indenização que cabe nas desapropriações por necessidade e utilidade pública (art. 590, CC) e aquela das desapropriações de imóveis rurais por interesse social.

g) Aliás, nesta mesma linha de diferenciação de natureza de desapropriação, é necessário lembrar que, no exame de processos desapropriatórios, *o conceito de justa indenização merece uma cuidadosa hermenêutica por parte do órgão julgador*. Nesse sentido, vem a propósito a pergunta que Pressburger faz: se a propriedade que não cumpre a função social é considerada injusta/ilegítima/inconstitucional, podendo, por isso, ser desapropriada, como pagar uma "justa indenização"? Lamentavelmente, os Tribunais têm decidido que a "justa" indenização é *pelo preço de mercado e não o valor que o proprietário atribuiu à terra para pagamento dos impostos*, questão que, à evidência, em face do que foi dito, merece uma reflexão mais aprofundada por parte dos tribunais da Re(s)pública brasileira.

h) Aliás, sobre o tema "desapropriação por interesse social para fins de reforma agrária", vale lembrar, com Fábio Comparato, que, em 1969, o Presidente Costa e Silva baixou o Decreto-Lei nº 554, que admitiu fosse a indenização em tais casos fixada pelo 'valor da propriedade, declarado pelo seu titular para fins de pagamento do imposto territorial rural'. Pois bem, o Supremo Tribunal Federal, que suportou sem protestar todas as violações à liberdade perpetradas pelos militares, até mesmo a aposentadoria forçada de três de seus ministros, julgou reiteradamente que essa norma de elementar bom-senso violava a exigência constitucional de uma justa indenização ao proprietário expropriado".

i) Por fim, como muito bem diz Maria Clara Mello Mota,[22] espera-se que, "assim como a propriedade transmudou seu caráter constitucional individualista em um instituto de natureza social, *é possível que o Direito - como sistema funcionalmente orientado - venha a gerar-lhe um novo conceito, fundado na emergência de novas realidades* a exigirem contínuo reconhecimento, ao lado da necessidade de adequação e de interpretação das já existentes, tudo para a adequada interação da legislação com a dinâmica da sociedade."

Numa palavra: *que o texto constitucional não se transforme em um latifúndio improdutivo, e que, em sua riqueza principiológica, não continue a ser vítima de grilhagem hermenêutica...e nem seu sentido seja só-negado!*

---

[22] Cfe. Mello Mota, Maria Clara. *Conceito constitucional de propriedade: tradição ou mudança?* Rio de Janeiro, Lumen-Juris, 1997, p. 94.

9. Dez anos da Constituição de 1988 (Foi bom pra você também?)

LUÍS ROBERTO BARROSO
Professor Titular de Direito Constitucional da Universidade do Estado do Rio de Janeiro. *Master of Laws* pela Universidade de Yale. Procurador do Estado e advogado no Rio de Janeiro.

Sumário: 9.1. Introdução. 9.2. Antecedentes. O ocaso do regime militar. 9.3. Instalação, ambiente político e métodos de trabalho da Assembléia Nacional Constituinte. O Preâmbulo do texto final aprovado. 9.4. Características gerais da Constituição de 1988. A estrutura do texto. Virtudes e defeitos. 9.5. O desempenho das instituições sob a Constituição de 1988. As eleições de 1989. Os governos Fernando Collor, Itamar Franco e Fernando Henrique Cardoso. As reformas constitucionais. A reeleição. 9.6. Jurisdição constitucional e papel do Supremo Tribunal Federal sob a Constituição de 1988. 9.7. Conclusões; 9.7.1. O constitucionalismo como única alternativa democrática; 9.7.2. O sucesso político-institucional da Constituição de 1988; 9.7.3. O defeito evidente: texto casuístico, prolixo e corporativo; 9.7.4. A conseqüência inevitável: a mutação constitucional constante; 9.7.5. A efetividade da Constituição e o nascimento de um sentimento constitucional.

9.1. INTRODUÇÃO[1]

Suponha-se que o relógio tenha voltado no tempo cerca de vinte anos. Estamos no início de 1978, ano que marca a deflagração do movimento pela convocação de uma Assembléia Nacional Constituinte. *Livre* e *soberana*, como exigiam as palavras de ordem da época. Um ato público na Cinelândia, Rio de Janeiro, reúne cerca de duzentas pessoas. Quase ninguém inter-

---

[1] O presente texto é a versão de trabalho anterior, especialmente revisto para ser publicado em coletânea homenageando o Professor Ruy Ruben Ruschel. Figura de destaque na resistência democrática, o Professor Ruschel foi um dos precursores na afirmação científico-normativa do direito constitucional, defendendo desde a primeira hora o dever do magistrado de promover a aplicação direta e imediata da Constituição. Envio-lhe meu carinho e minha grande admiração.

rompera sua rotina para aderir a uma reivindicação tão distante e abstrata. O cenário à volta era desolador.

O País ainda se recuperava do trauma do fechamento do Congresso Nacional para outorga do *Pacote de Abril*, conjunto de reformas políticas que eliminavam quaisquer riscos de acesso da oposição a alguma fatia de poder. Os atos institucionais que davam poderes ditatoriais ao Presidente da República continuavam em vigor. O bipartidarismo artificial, a cassação de mandatos parlamentares e casuísmos eleitorais diversos falseavam a representação política. A imprensa ainda enfrentava a censura. Havia presos políticos nos quartéis e brasileiros exilados pelo mundo afora.

Mova-se o relógio, agora, de volta para o presente. Estamos no final de 1998. Refazendo-se da longa trajetória, o intrépido viajante intertemporal contempla a paisagem que o cerca, enebriado pelo marcante contraste com a aridez que deixara para trás: a Constituição vige com supremacia, há liberdade partidária, eleições livres em todos os níveis, liberdade de imprensa e uma sociedade politicamente reconciliada. Um prócer da antiga ordem, que se referira ao partido de sustentação política do regime militar como o maior partido do ocidente, de certo ficaria tentado a indagar ainda uma vez: "Que País é este?"

A viagem no tempo reforça a constatação evidente: um País muito melhor do que antes. Conforme o espírito e a ideologia de cada um, pode-se ter maior ou menor apreço pelo elenco; pode-se criticar o enredo, o texto e até, supremo preconceito, a incultura da platéia. Mas é inegável: sem embargo das dificuldades, dos avanços e dos recuos, das tristezas e decepções do caminho, a história que se vai aqui contar é uma história de sucesso. Um grande sucesso.

Sorria. Você está em uma democracia.

9.2. ANTECEDENTES. O OCASO DO REGIME MILITAR

A posse do general Ernesto Geisel na Presidência da República, em 1974, marcou o início do processo "lento e gradual" de refluxo do poder ditatorial no Brasil. Não obstante a utilização de instrumentos discricionários - que ensejavam a cassação de mandatos parlamentares e a decretação do recesso do Congresso Nacional -, coube historicamente a Geisel a reação à violência física perpetrada pelo Estado brasileiro contra os adversários políticos. Ao término de seu governo, a Emenda Constitucional nº 11, de 13 de outubro de 1978, revogou os atos institucionais e os atos complementares, símbolos do regime de exceção instaurado em 1964.

Indicado por Geisel após diversificada resistência, o general João Baptista de Oliveira Figueiredo foi eleito indiretamente pelo Congresso -

derrotando o general Euler Bentes Monteiro, lançado pela oposição -, tomando posse em 15 de março de 1979. O novo Presidente assume, reafirmando o compromisso de restauração da legalidade democrática. Pouco à frente, ainda em 1979, é aprovada a lei da anistia, permitindo a volta dos brasileiros no exílio. No mesmo ano é votada a nova lei dos partidos políticos, rompendo com o bipartidarismo artificial e dando ensejo ao pluripartidarismo. O movimento sindical, duramente reprimido desde o golpe de 1964, recomeça sua articulação pelo ABC paulista, desafiando a legislação restritiva vigente. Atentados terroristas cuja origem estava na própria base de sustentação militar do governo (OAB - 1980; Riocentro - 1981),[2] embora impunes, não comprometeram a lenta marcha em direção ao estado democrático.

A reivindicação pela convocação de uma Assembléia Nacional Constituinte começa a ganhar peso institucional, inclusive com a ampla adesão da comunidade jurídica, a partir de 1980. Na Conferência Nacional dos Advogados, realizada nesse ano, é aprovada a "Declaração de Manaus", na qual se clamava pela volta do poder constituinte ao povo, "seu único titular legítimo".[3] No ano seguinte, *Raymundo Faoro*, ex-presidente da OAB e figura destacada na transição democrática brasileira, publica um erudito manifesto no qual condena a fórmula então proposta da emenda constitucional à Carta de 1967-69 – "um corpo incongruente de regras não se harmonizará com a adição gramatical de pontos cirúrgicos" – e defende a convocação da constituinte, independentemente de um ato de ruptura formal: "é sempre legítimo o ato do governo, mesmo de fato, que restitui ao povo o Poder Constituinte, se esse é o titular do poder estatal".[4] Em 1982, na mesma linha, *M. Seabra Fagundes* publica o texto de conferência que proferia em diversas partes do País:

"Ao cabo de tantos anos de poder instalado e mantido sem efetiva ratificação popular, afigura-se que o Estado Brasileiro só poderá ganhar legitimidade institucional mediante a convocação do povo para reunir-se, pelos seus representantes, em Assembléia Constituinte.

(...) É de ponderar, todavia, que se em uma Constituição votada pela representação do povo está a base máxima da legitimidade, esta não será plena enquanto a escolha do Presidente da República se processar por eleição indireta, meramente homologatória de candidaturas oriundas de imposições militares".[5]

E, de fato, na dinâmica do processo político, a crescente e generalizada insatisfação com o regime militar desaguou em um amplo movimento su-

---

[2] Sobre o tema, v. Julio de Sá Bierrenbach, *Riocentro: quais os responsáveis pela impunidade?*, 1996.
[3] Anais da VIII Conferência Nacional da Ordem dos Advogados do Brasil, Manaus, maio de 1980.
[4] Raymundo Faoro, *Assembléia constituinte: a legitimidade recuperada*, 1981, pp. 82-3 e 85.
[5] M. Seabra Fagundes, *A legitimidade do poder político na experiência brasileira*, publicação da OAB – Secção de Pernambuco, 1982, pp. 26-7.

prapartidário pelo restabelecimento das eleições diretas para Presidente da República. Nas principais capitais do país, centenas de milhares de pessoas acorrem às ruas em manifestações de oposição ao governo sob a palavra de ordem "Diretas Já". Em 25 de abril de 1984, sob estado de emergência decretado na capital federal, foi votada a proposta de emenda constitucional que restauraria o pleito direto. Embora tivesse obtido a maioria dos votos dos parlamentares, não foi atingido o *quorum* de dois terços necessários à modificação da Constituição. Sem embargo da frustração trazida pelo desfecho do movimento, a verdade é que o regime militar já não apresentava unidade interna nem contava com apoio político suficiente para prolongar-lhe a duração.

Após intensa disputa interna, o Partido Democrático Social (PDS), de sustentação do governo, indica como candidato à presidência o ex-governador de São Paulo Paulo Maluf. Forma-se, no entanto, uma dissidência no PDS, que vai unir-se ao Partido do Movimento Democrático Brasileiro (PMDB), principal agremiação de oposição, formando a *Aliança Democrática*. Tancredo Neves, um dos principais líderes da oposição moderada ao longo de todo o regime militar, é lançado candidato à Presidência, tendo como vice-presidente, na mesma chapa, José Sarney, que fora um dos principais articuladores civis do regime militar. Tancredo derrota Maluf na eleição indireta pelo Colégio Eleitoral realizada em 15 de janeiro de 1985. Em comovente fatalidade, no entanto, adoece antes de tomar posse e morre em 21 de abril daquele mesmo ano.

Assume José Sarney, em momento difícil e anticlimático. Salvo o breve período de sucesso do plano econômico de combate à inflação denominado *Plano Cruzado*, seu governo é marcado por crescente insatisfação política e social, para a qual não deixaram de contribuir a personalidade do Presidente, os desacertos econômicos e as denúncias persistentes de corrupção e favorecimentos. Ao longo dos cinco anos do governo Sarney, que se estende até 15 de março de 1990, afirma-se política e eleitoralmente o Partido dos Trabalhadores (PT). Em cumprimento do compromisso de campanha assumido por Tancredo Neves, é convocada, pela Emenda Constitucional nº 26, de 27 de novembro de 1985, uma Assembléia Nacional Constituinte para elaborar nova Constituição para o Brasil.

9.3. INSTALAÇÃO, AMBIENTE POLÍTICO E MÉTODOS DE TRABALHO DA ASSEMBLÉIA NACIONAL CONSTITUINTE. O PREÂMBULO DO TEXTO FINAL APROVADO

Previu a Emenda Constitucional nº 26/85 que os membros da Câmara dos Deputados e do Senado Federal se reuniriam, unicameralmente, em

Assembléia Nacional Constituinte, livre e soberana, no dia 1º de fevereiro de 1987. Não prevaleceu a idéia, que teve amplo apoio na sociedade civil, de eleição de uma constituinte exclusiva, que se dissolveria quando da conclusão dos trabalhos.[6] Ao revés, optou-se pela outorga de poderes constituintes ao Congresso Nacional, tendo sido admitida, inclusive, a participação dos Senadores alcunhados de *biônicos*, resíduo autoritário do governo Geisel, que outorgara a Emenda Constitucional nº 8, de 1977, na qual se previa que um terço das vagas do Senado seriam preenchidas por eleição indireta. Em crítica severa à *constituinte congressual*, escreveu Ruy Ruben Ruschel:

"*O único caminho correto consistiria em convocar uma Assembléia Constituinte exclusiva, dotada de poder originário. Não se trata de utopia ou idéia lírica; é procedimento perfeitamente viável, aliás o normal, o que vem ocorrendo na maior parte dos países em situações similares. Assim foi na França em 1946, na Itália em 1947, na Alemanha em 1949, em Portugal em 1976. Por que só o Brasil precisa escravizar-se a um passado ditatorial que o povo quer esquecer?*"[7]

Instalada pelo Presidente do Supremo Tribunal Federal, Ministro José Carlos Moreira Alves, a Assembléia Constituinte elegeu em seguida, para presidi-la, o Deputado Ulysses Guimarães, que fora o principal líder parlamentar de oposição aos governos militares. Os trabalhos, a exemplo do que já ocorrera em 1946, desenvolveram-se sem a apresentação de um anteprojeto prévio. É de interesse assinalar que o próprio Poder Executivo havia instituído, em julho de 1985, uma Comissão Provisória de Estudos Constitucionais, conhecida, em razão do nome de seu presidente, como Comissão Afonso Arinos, que veio a apresentar um anteprojeto. Tal texto, todavia, a despeito de suas virtudes, não foi encaminhado à constituinte pelo Presidente Sarney, inconformado, dentre outras coisas, com a opção parlamentarista nele veiculada.

A ausência de um texto-base e a ânsia de participação de todos os segmentos da sociedade civil, arbitrariamente alijados do processo político por mais de vinte e cinco anos, dificultaram significativamente a racionalização e a sistematização dos trabalhos constituintes. Divididos os parlamentares, inicialmente, em vinte e quatro subcomissões, oito comissões temáticas e uma Comissão de Sistematização, o processo constituinte padeceu das vicissitudes inevitáveis a um empreendimento desse porte naquele contexto, assim como de ingerências excessivas do Executivo e da dificuldade de formação de maiorias consistentes, mesmo em questões meramente regimentais.

---

[6] Sobre o tema, v. Flávio Bierrenbach, *Quem tem medo da constituinte?*, 1986.
[7] Ruy Ruben Ruschel, *Direito constitucional em tempos de crise*, 1997, pp. 103-4.

Após uma fase de conclusão penosa e desgastante, a Constituição é finalmente promulgada em 5 de outubro de 1988, aclamada como a "Constituição Cidadã", na expressão do presidente da Assembléia, Ulysses Guimarães. No texto de seu *Preâmbulo*, a fotografia, retocada pela retórica e pelo excesso de boas intenções, do momento histórico de seu nascimento e das aspirações de que deveria ser instrumento:

"Nós, representantes do povo brasileiro, reunidos em Assembléia Nacional Constituinte para instituir um Estado Democrático, destinado a assegurar o exercício dos direitos sociais e individuais, a liberdade, a segurança, o bem-estar, o desenvolvimento, a igualdade e a justiça como valores supremos de uma sociedade fraterna, pluralista e sem preconceitos, fundada na harmonia social e comprometida, na ordem interna e internacional, com a solução pacífica das controvérsias, promulgamos, sob a proteção de Deus, a seguinte Constituição da República Federativa do Brasil".

9.4. CARACTERÍSTICAS GERAIS DA CONSTITUIÇÃO DE 1988. A ESTRUTURA DO TEXTO. VIRTUDES E DEFEITOS

A Constituição brasileira de 1988 tem, antes e acima de tudo, um valor simbólico: foi ela o ponto culminante do processo de restauração do Estado democrático de direito e da superação de uma perspectiva autoritária, onisciente e não pluralista de exercício do poder, timbrada na intolerância e na violência. Ao reentronizar o Direito e a negociação política na vida do Estado e da sociedade, removeu o discurso e a prática da burocracia tecnocrático-militar que conduzira a coisa pública no Brasil por mais de vinte anos.

À medida em que se distancia no tempo, vai-se tornando possível o exame do ciclo que se encerrou em outubro de 1988, já agora sem a distorção das paixões políticas. O que se pode constatar, isentamente, é que o período ditatorial exibiu indicadores *econômicos* positivos e custos *sociais* dramáticos. Inserido na economia mundial como um dos dez grandes produtores de riquezas, o Brasil convivia e continua a conviver com índices sofríveis em áreas como educação, habitação e saúde. A inapetência política para enfrentamento da questão agrária acentuou os problemas urbanos, que em sua ponta mais visível se manifestam na criminalidade e na violência em geral.

No plano institucional, o exercício autoritário do poder desprestigiou e enfraqueceu os órgãos de representação política e afastou da vida pública as vocações de toda uma geração. O processo de amadurecimento democrático, de consciência política e de prática da cidadania ficou truncado. Agravou-se, ainda, pelo fisiologismo e clientelismo - que não podiam ser denunciados nem combatidos à luz do dia - a atávica superposição entre o público e o privado, com as perversões que a acompanhavam: favorecimentos, nepotismo, corrupção e descompromisso com a eficiência.

O processo constituinte que resultou na nova Carta Política teve como protagonistas, portanto, uma sociedade civil marcada por muitos anos de marginalização e um Estado apropriado pelos interesses privados que ditavam a ordem política e econômica até então. Na euforia - saudável euforia - de recuperação das liberdades públicas, a constituinte foi um amplo exercício de participação popular. Neste sentido, é inegável o seu caráter democrático. Mas, paradoxalmente, foi este mesmo caráter democrático que fez com que o texto final expressasse uma vasta mistura de interesses legítimos de trabalhadores e categoria econômicas, cumulados com interesses cartoriais, corporativos, ambições pessoais etc. O produto final foi heterogêneo, com qualidade técnica e nível de prevalência do interesse público oscilantes entre extremos.

A doutrina constitucional caracteriza a Carta de 1988 como sendo compromissória, analítica e dirigente.[8] *Compromissória* por ser um texto dialético, sem predomínio absoluto de uma única tendência política. Em um mundo ainda marcadamente dividido em dois blocos ideológicos antagônicos, o texto buscou um equilíbrio entre os interesses do capital e do trabalho. Ao lado da livre iniciativa, alçada à condição de princípio fundamental da ordem institucional brasileira, consagraram-se regras de intervenção do Estado no domínio econômico, inclusive com a reserva de determinados setores econômicos à exploração por empresas estatais, alguns deles sob regime de monopólio. O texto contemplou, ademais, um amplo elenco de direitos sociais aos trabalhadores e impôs restrições ao capital estrangeiro.

O constituinte de 1988 optou, igualmente, por uma Carta *analítica*, na tradição do constitucionalismo contemporâneo, materializado nas Constituições Portuguesa e Espanhola, de 1976 e 1978, de Países que, a exemplo do Brasil, procuravam superar experiências autoritárias. O modelo oposto é o que tem como paradigma a Constituição dos Estados Unidos, exemplo típico do constitucionalismo *sintético*, cujo texto se contém em apenas sete artigos e vinte e seis emendas (em sua maior parte aditamentos, e não modificações, à versão original). A tradição brasileira, a complexidade do contexto em que desenvolvida a reconstitucionalização do país e as características de nosso sistema judicial inviabilizavam a opção pela fórmula do

---

[8] Veja-se, por todos, Clèmerson Merlin Clève, *A teoria constitucional e o direito alternativo*, estudo publicado na obra coletiva *Uma vida dedicada ao Direito – Homenagem a Carlos Henrique de Carvalho*. Merece referência, neste passo, a valiosa contribuição da doutrina constitucional portuguesa ao longo desta última década, tendo à frente os Professores Joaquim José Gomes Canotilho, da Universidade de Coimbra, e Jorge Miranda, da Universidade de Lisboa.

texto mínimo, cuja importação seria uma equívoco caricatural. É inevitável a constatação, todavia, de que o constituinte de 1988 caiu no extremo oposto, produzindo um texto que, mais que analítico, é casuístico e prolixo.

Por fim, a Carta brasileira de 1988 é *dirigente*. O termo, trazido do constitucionalismo português, identifica uma opção pela inclusão no texto constitucional de grandes linhas programáticas, que procuram sinalizar caminhos a serem percorridos pelo legislador e pela Administração Pública. Estabelecem-se fins, tarefas e objetivos para o Estado e para a sociedade. Este tipo de constitucionalismo diminui, de certa forma, a densidade jurídica do texto, embora represente um esforço para condicionar a atuação dos Poderes e impulsioná-los na direção eleita pelo constituinte, notadamente em domínios como os da educação, cultura, saúde e realização de valores como a justiça social e os direitos a ela inerentes. O constitucionalismo dirigente é extremamente dependente da atuação do Congresso Nacional na edição das leis ordinárias necessárias ao desenvolvimento dos programas meramente alinhavados na Constituição.[9]

A Constituição de 1988 convive com o estigma, já apontado acima, de ser um texto excessivamente detalhista, que em diversos temas perdeu-se no varejo das miudezas - seja no capítulo da Administração Pública, como no título da ordem tributária ou no elenco de mais de 70 artigos do Ato das Disposições Constitucionais Transitórias, para citar apenas alguns exemplos. Não escapou, tampouco, do ranço do corporativismo exacerbado, que inseriu no seu texto regras específicas de interesse de magistrados, membros do Ministério Público, advogados públicos e privados, polícias federal, rodoviária, ferroviária, civil, militar, corpo de bombeiros, cartórios de notas e de registros, que bem servem como eloqüente ilustração. Além disso, timbrou-se, em sua versão originária, pela densificação da intervenção do Estado na ordem econômica, em um mundo que caminhava na direção oposta, e por uma recaída nacionalista que impunha restrições ao ingresso de capital estrangeiro de risco, em domínios como o da mineração, telecomunicações, petróleo, gás etc.

Aliás, este caráter nacionalista e estatizante de diversos pontos da Constituição fez com que fossem ideologicamente atropelados pelos eventos simbolizados na queda do Muro de Berlim e pela constatação desconcertante, para muitos idealistas, de que o socialismo, tal como praticado, era a fracassada mistificação de um Estado autoritário e burocrático. Escre-

---

[9] Sobre o tema, vejam-se dois momentos diferentes de J.J. Gomes Canotilho: *Constituição dirigente e vinculação do legislador*, 1982; *Rever a ou romper com a Constitutição dirigente*, conferência pronunciada no Instituto Pimenta Bueno, 1994. Acerca das *normas programáticas*, seu conteúdo, alcance e aplicabilidade, v. Luís Roberto Barroso, *O direito constitucional e a efetividade de suas normas*, 1996, pp. 113 e ss.

vi eu próprio, em 1990, a expressão dessa perplexidade, do desencontro histórico de uma geração:

"Em meio aos escombros, existe no Brasil toda uma geração de pessoas engajadas, que sonharam o sonho socialista, que acreditavam estar comprometidas com a causa da humanidade e se supunham passageiras do futuro. Compreensivelmente abalada, esta geração vive uma crise de valores e de referencial.

De fato, onde se sonhou a solidariedade, venceu a competição. Onde se pensou a apropriação coletiva, prevaleceu o lucro. Quem imaginou a progressiva universalização dos países, confronta-se com embates nacionalistas e étnicos. Pior que tudo: os que viveram o sonho socialista não viam a hora de acordar e livrar-se dele. É indiscutível: Eles *venceram."*[10]

De parte isto, o texto não foi capaz de conter a crônica voracidade fiscal do Estado brasileiro, nem de impedir um sistema tributário que, na prática, constitui um cipoal de tributos que se superpõem, criando uma onerosa e ineficiente burocracia nos diferentes níveis de poder. O sistema de seguridade social, sobretudo no campo previdenciário, integra uma estrutura que se tornou economicamente inviável e incapaz de conter a sangria de recursos imposta pelas fraudes e pela corrupção. É preciso, todavia, conservar a capacidade de identificar as vicissitudes que podem e devem ser associadas ao texto constitucional de 1988 com outras tantas que fazem parte da crônica patologia institucional, social e cultural brasileira, e que não podem ser imputadas ao trabalho do constituinte, mas, sim, a um país fragilizado por sucessivas rupturas políticas e pelo desequilíbrio de suas relações sociais.

Não é possível, assim, debitar-se à Constituição de 1988, por exemplo, o crônico autoritarismo do sistema presidencial brasileiro, que nos tem mantido prisioneiros de líderes populistas, generais onipotentes ou, nos melhores momentos, de um certo despotismo esclarecido. Tampouco se deve contabilizar dentre suas culpas a exclusão social ampla que nos acompanha há 500 anos. A Constituição, como o Direito em geral, tem seus próprios limites e possibilidades. O amadurecimento dos povos é um processo com diferentes etapas, que não são abreviadas – mas antes retardadas – pelos *salvacionismos* em geral: seja dos golpes militares, dos partidos vanguardistas ou do constitucionalismo retórico e inócuo.

---

[10] Luís Roberto Barroso, *Princípios constitucionais brasileiros ou de como o papel aceita tudo*, in Revista Trimestral de Direito Público 1/168, onde se acrescentou: *"Eles,* no Brasil, não tem um conteúdo puramente ideológico de quem optou pelo modelo privatista. *Eles* traz um estigma: o dos que compactuaram com toda a violência institucional que preparou o caminho do modelo vencedor".

Nesta linha de raciocínio, é preciso evitar que a crítica, cabível e necessária,[11] venha a encobrir as virtudes e inovações criativas e valiosas trazidas pela Carta de 1988. Os direitos fundamentais, por exemplo, trazidos para o início do texto constitucional, antes da disciplina da organização do Estado e dos Poderes, configuram, a despeito da enunciação prolixa e desarrumada, uma valiosa carta de proteção dos cidadãos brasileiros contra os abusos, tanto estatais como privados. Novas ações judiciais, como o mandado de segurança coletivo, e a constitucionalização da ação civil pública ampliaram os mecanismos de proteção dos direitos, inclusive os de última geração, intitulados *direitos difusos*, que abrigam áreas importantes como a tutela do meio ambiente e do consumidor.

A nova Constituição, ademais, reduziu o desequilíbrio entre os Poderes da República, que no período militar haviam sofrido o abalo da hipertrofia do Poder Executivo, inclusive com a retirada de garantias e atribuições do Legislativo e do Judiciário. A nova ordem restaura e, em verdade, fortalece a autonomia e a independência do Judiciário, assim como amplia as competências do Legislativo. Nada obstante, a Carta de 1988 manteve a capacidade legislativa do Executivo, não mais através do estigmatizado decreto-lei, mas por meio das medidas provisórias, importadas do regime italiano, onde o sistema parlamentar de governo dá maior lastro de legitimidade ao instituto. Embora se tenha operado em todo o mundo, em maior ou menor intensidade, o esvaziamento da capacidade legislativa originária do Congresso ou do Parlamento, o fato é que a redação do texto constitucional e a timidez do Legislativo e do Judiciário deram ensejo ao abuso da utilização de instrumento que, nascido para acudir a situações excepcionais - de "relevância e urgência", como prevê o art. 62 - passou a integrar a rotina no processo de edição de normas jurídicas.

A Federação, mecanismo de repartição do poder político entre a União, os Estados e os Municípios, foi amplamente reorganizada, superando a fase do regime de 1967-69, de forte concentração de atribuições e receitas no Governo Federal. Embora a União tenha conservado ainda a parcela mais substantiva das competências *legislativas*, ampliaram-se as competências *político-administrativas* de Estados e Municípios, inclusive com a previsão de um domínio relativamente amplo de atuação *comum* dos entes estatais. A partilha das receitas *tributárias*, de outra parte, foi feita de forma mais equânime, sem a prevalência quase absoluta da União, como no regime

---

[11] Na perspectiva essencialmente crítica, veja-se a fina ironia de Diogo de Figueiredo Moreira Neto, *A revisão constitucional brasileira*, pp. 5-6: "A consciência cidadã, despertada do letargo de vinte anos, tinha pressa na redemocratização; 'diretas já', 'constituinte já', tudo 'já'..., e com esse açodamento foi votada a mais extensa Carta Política de nossa História e uma das maiores do mundo: trezentos e quinze artigos, no total da Parte Permanente e da Parte Transitória; talvez por isso mesmo alcunhada de 'Constituição Coragem', o nascituro partejado 'da profunda crise', como o crismou o nosso Ulysses, então já próximo de sua última viagem".

anterior. A prática tem revelado, no entanto, que os principais beneficiários do sistema de distribuição de receitas são os grandes Municípios. Os Estados brasileiros, nos dez anos de vigência da Constituição, a despeito da recuperação da plena autonomia política, não conseguiram, em sua grande maioria, encontrar o equilíbrio financeiro desejável. O reequacionamento do federalismo no Brasil é um tema à espera de um autor.

Em matéria eleitoral, a Constituição de 1988 reintroduziu o voto direto para a presidência da República (art. 77), transformado em cláusula pétrea (art. 60, § 4º, II), e estabeleceu a eleição em dois turnos na hipótese de nenhum candidato alcançar maioria absoluta na primeira votação (art. 77, §§ 2º e 3º).

9.5. O DESEMPENHO DAS INSTITUIÇÕES SOB A CONSTITUIÇÃO DE 1988. AS ELEIÇÕES DE 1989. OS GOVERNOS FERNANDO COLLOR, ITAMAR FRANCO E FERNANDO HENRIQUE CARDOSO. AS REFORMAS CONSTITUCIONAIS. A REELEIÇÃO

Em 3 de outubro de 1989 realizou-se a primeira eleição de um Presidente da República, por via direta, desde a sagração de Jânio Quadros em 1960. O Partido dos Trabalhadores, principal partido de oposição, e que ganhou densidade política e eleitoral no rastro do desgaste do Governo Sarney, lançou como candidato Luís Inácio Lula da Silva, sua principal liderança desde a fundação, uma década antes. No setor liberal-conservador, também beneficiado pelo descrédito das principais lideranças políticas, apresentou-se Fernando Collor de Mello, lançado pelo inexpressivo Partido da Reconstrução Nacional (PRN) e apoiado pelos setores empresariais e por alguns dos principais meios de comunicação. No primeiro turno das eleições, Collor obteve 28% dos votos, seguido de Lula, com 16%. Não se habilitaram para o segundo turno concorrentes de expressão, como Leonel Brizola (PDT), Ulysses Guimarães (PMDB) e Mario Covas (PSDB).

Collor derrotou Lula na rodada final, com 42,75% dos votos, contra 37,86%. Empossado, o novo Presidente deflagrou um ambicioso plano econômico, que, em medida de duvidosa constitucionalidade, promoveu a retenção da quase totalidade dos ativos depositados em instituições financeiras, inclusive cadernetas de poupança. O *Plano Brasil Novo* foi instituído mediante utilização abusiva das recém-criadas medidas provisórias, e, em pouco mais de um ano, já havia se tornado uma nova aventura monetária fracassada.

A despeito do choque inicial, o discurso neoliberal e privatizante do Presidente contou com amplo apoio da mídia e da opinião pública. Sua credibilidade, todavia, começou a desmoronar no início do segundo ano de governo. Um provinciano desentendimento entre o Presidente e seu irmão trouxe à tona uma rede de extorsão e corrupção que comprometiam o Chefe de Estado e a eminência parda de seu governo, o tesoureiro da campanha, Paulo Cesar Farias.

A crise que se seguiu às denúncias de Pedro Collor de Mello levou à instauração de uma Comissão Parlamentar de Inquérito que, contrariando uma tradição de inconseqüência, revelou, para um país atônito, que o poder público fora tomado de assalto por personagens envolvidos em variados tipos penais. Ao final de agosto de 1992, quando a CPI deliberou pela responsabilização do Presidente, por 16 votos a 5, o País já sofria o impacto das multidões que, em movimento espontâneo, exigiam o *impeachment* de Collor.

Em 29 de setembro de 1992, a Câmara dos Deputados, ao apreciar o requerimento apresentado pelos Presidentes da OAB (Ordem dos Advogados do Brasil) e da ABI (Associação Brasileira de Imprensa), aprovou a abertura de processo por crime de responsabilidade contra Collor, com a expressiva margem de 441 votos a favor. O Presidente foi afastado do cargo. Na data de seu julgamento pelo Senado, após o início da sessão, o Presidente enviou uma carta-renúncia, mas viu frustrado o artifício para livrar-se da cassação de seus direitos políticos por oito anos.

O desfecho exemplar do episódio revigorou as instituições e desfez o mito do golpismo. O País já era capaz de administrar suas crises políticas sem violentar a Constituição.

Com a destituição-renúncia de Collor, assume definitivamente o cargo o Vice-Presidente constitucional, Itamar Franco, tradicional político mineiro, que fora membro histórico do PMDB. Em 21 de abril de 1993, realiza-se o plebiscito sobre a forma e o sistema de governo, previsto no art. 2º do Ato das Disposições Constitucionais Transitórias: por 66% contra 10,2%, venceu a República sobre a Monarquia; e, por 55,4% contra 24,6%, o povo brasileiro reincidiu no modelo presidencialista, ficando vencida a proposta parlamentarista.

Nas eleições presidenciais de 3 de outubro de 1994 saiu vitorioso, em primeiro turno, o ex-Ministro da Fazenda de Itamar Franco, Fernando Henrique Cardoso, do PSDB. Em segundo lugar ficou, ainda uma vez, Luís Inácio Lula da Silva, do PT. Com Cardoso finalmente chegou ao poder a geração que fora perseguida pelo regime de 64.

Fernando Henrique Cardoso atravessou seu primeiro mandato com expressivos índices de apoio popular. A oposição, enfraquecida e desarticulada, não foi capaz de dar densidade e repercussão à crítica ao governo pela fragilidade de sua atuação na área social. A eterna indignação pela existência atávica de uma legião de excluídos continuou a assombrar o país, sem soluções objetivas ou de curto prazo. O governo, no entanto, no período de 1995 a 1998, foi capaz de capitalizar como ganho político a duradoura estabilidade monetária. Em 4 de junho de 1997, foi aprovada, pelo *quorum* constitucional de 3/5 (três quintos) dos membros de cada Casa do Congresso, e em contraste com a tradição republicana brasileira, a Emenda Constitucional nº 16, que passou a permitir a reeleição do Presidente da República e Chefes dos Executivos estaduais e municipais por um período subseqüente.

Realizaram-se, ainda, neste quadriênio (observe-se que a Emenda Constitucional de Revisão nº 5, de 7.06.94, havia reduzido o mandato presidencial de cinco para quatro anos), reformas econômicas substanciais que mudaram significativamente a face do texto original da Constituição. É de proveito analisar mais detidamente o tema. As reformas envolveram três transformações estruturais que se complementam mas não se confundem. Duas delas tiveram de ser precedidas de emendas à Constituição, ao passo que a terceira se fez mediante a edição de legislação infraconstitucional e a prática de atos administrativos. Confira-se, a seguir, cada uma delas.

A primeira transformação substantiva da ordem econômica brasileira foi a *extinção de determinadas restrições ao capital estrangeiro*. A Emenda Constitucional nº 6, de 15.08.95, suprimiu o art. 171 da Constituição, que trazia a conceituação de empresa brasileira de capital nacional e admitia a outorga a elas de proteção, benefícios especiais e preferências. A mesma emenda modificou a redação do art. 176, § 1º, para permitir que a pesquisa e lavra de recursos minerais e o aproveitamento dos potenciais de energia elétrica sejam concedidos ou autorizados a empresas constituídas sob as leis brasileiras, dispensada a exigência do controle do capital nacional. Na mesma linha, a Emenda Constitucional nº 7, de 15.08.95, modificou o art. 178, não mais exigindo que a navegação de cabotagem e interior seja privativa de embarcações nacionais, nem que sejam brasileiros os armadores, proprietários e comandantes e, pelo menos, dois terços dos tripulantes.

A segunda linha de reformas que modificaram a feição da ordem econômica brasileira foi a chamada *flexibilização dos monopólios estatais*. A Emenda Constitucional nº 5, de 15.08.95, alterou a redação do § 2º do art. 25, abrindo aos Estados-membros a possibilidade de concederem a empresas privadas a exploração dos serviços públicos locais de distribuição de *gás canalizado*, que, anteriormente, só podiam ser delegados a empresa sob controle acionário estatal. O mesmo se passou com relação aos serviços de *telecomunicações* e de radiodifusão sonora e de sons e imagens. É que a Emenda Constitucional nº 8, de 15.08.95, modificou o texto dos incisos XI e XII, que só admitiam a concessão a empresa estatal. Na área do *petróleo*, a Emenda Constitucional nº 9 rompeu, igualmente, com o monopólio estatal, facultando à União Federal a contratação, com empresas privadas, de atividades relativas à pesquisa e lavra de jazidas de petróleo, gás natural e outros hidrocarbonetos fluidos, a refinação do petróleo nacional ou estrangeiro, a importação, a exportação e o transporte dos produtos e derivados básicos de petróleo (outrora vedados pela CF, art. 177 e § 1º, e Lei nº 2.004/53).

A terceira transformação econômica de relevo - a denominada *privatização* - operou-se sem alteração do texto constitucional, com a edição da Lei 8.031, de 12.04.90, que instituiu o Programa Nacional de Desestatização, depois substituída pela Lei 9.491, de 9.09.97. O programa de desestatização tem sido levado a efeito por mecanismos como (a) a alienação, em leilão nas bolsas de valores, do controle de entidades estatais, tanto as que exploram atividade econômica como as que prestam serviços públicos e (b) a concessão de serviços públicos a empresas privadas. No plano federal, foram privatizadas empresas dos setores petroquímico, siderúrgico, metalúrgico, de fertilizantes e de telecomunicações. A venda de empresas tidas outrora como estratégicas, a exemplo da Cia. Vale do Rio Doce e da Telebrás, precisou superar reações populares localizadas e inúmeras ações judiciais.

Acrescente-se, em desfecho do levantamento aqui empreendido, que, além das Emendas Constitucionais nºs 5, 6, 7, 8 e 9, assim como da Lei 8.031/90, os últimos anos foram marcados por uma fecunda produção legislativa em temas econômicos, que inclui diferentes setores, como: energia (Lei 9.427, de 26.12.96), telecomunicações (Lei 9.472, de 16.07.97) e petróleo (Lei 9.478, de 6.08.97), com a criação das respectivas agências reguladoras; modernização dos portos (Lei 8.630, de 25.02.93) e defesa da concorrência (Lei 8.884, de 11.06.94); concessões e permissões (Leis 8.987, de 13.02.95, e 9.074, de 7.07.95), para citar alguns exemplos.

Em 4 de junho de 1998, foi promulgada a Emenda Constitucional nº 19, concretizando a chamada Reforma Administrativa. Em extensa reformulação de dezenas de dispositivos do texto constitucional, foi modificada a disciplina jurídica de temas relevantes como a introdução do *subsídio* – parcela única, insuscetível de qualquer acréscimo - para retribuição pecuniária de diversas categorias de agentes públicos; supressão da previsão constitucional de regime jurídico único; a refixação de um limite máximo de remuneração dos servidores públicos, tendo como parâmetro o subsídio de Ministro do Supremo Tribunal Federal; a flexibilização do regime constitucional da *estabilidade*, para introdução de exceções ao princípio nas hipóteses de insuficiência de desempenho e necessidade de corte de despesas, em meio a outras inovações. No final de 1998, encontravam-se em curso, perante o Congresso Nacional, emendas tendo por objeto amplas reformas de natureza política, tributária e previdenciária, assim como do Poder Judiciário.

Em 4 de outubro de 1998, no primeiro precedente de reeleição na história brasileira, Fernando Henrique Cardoso foi reconduzido à Presidência da República, em primeiro turno, com 53,06 % dos votos. Luís Inácio Lula da Silva ficou mais uma vez em segundo lugar, com 31,71%, e Ciro Gomes em terceiro, com 10,97%.[12]

9.6. JURISDIÇÃO CONSTITUCIONAL E PAPEL DO SUPREMO TRIBUNAL FEDERAL SOB A CONSTITUIÇÃO DE 1988

A Constituição de 1988 procurou acentuar o papel de corte constitucional do Supremo Tribunal Federal. Foi criado, assim, um novo órgão judiciário, o Superior Tribunal de Justiça, ao qual se transferiu, em meio a outras atribuições, a competência de uniformização da interpretação do direito infraconstitucional federal, mediante apreciação do recurso denominado especial. Pretendeu-se, assim, que o STF desempenhasse, "precipuamente, a guarda da Constituição", na dicção expressa do *caput* do art. 102. O desempenho da jurisdição constitucional, ao longo dos dez anos de vigência da Constituição, foi marcado por altos e baixos.

O constituinte de 1988 tomou, sem maior debate político, a decisão grave de manter como integrantes do STF todos os Ministros que haviam sido investidos no Tribunal pelos governos anteriores. Vale dizer: sem embargo da inegável virtude pessoal e intelectual de muitos dos juízes que lá tinham assento, a corte constitucional brasileira, encarregada de interpretar a nova Carta, era composta de juristas cuja nomeação era lançada a crédito do regime militar. Sem dever o seu título de investidura à nova ordem, e sem compromisso político com a transformação institucional que se operara no País, a Corte reeditou burocraticamente parte da jurisprudência anterior, bem como alimentou inequívoca má-vontade para com algumas inovações. Não se escapou, aqui, de uma das patologias crônicas da hermenêutica constitucional brasileira, que é a interpretação retrospectiva, pela qual se procura interpretar o texto novo de maneira a que ele não inove nada, mas, ao revés, fique tão parecido quanto possível com o antigo.[13] Com argúcia e espírito, *Barbosa Moreira* estigmatiza a equivocidade desta postura:

"Põe-se ênfase nas semelhanças, corre-se um véu sobre as diferenças e conclui-se que, à luz daquelas, e a despeito destas, a disciplina da matéria, afinal de contas, mudou pouco, se é que na verdade mudou. É um tipo de interpretação em que o olhar do intérprete dirige-se antes ao passado

---
[12] *Jornal do Brasil*, 10.10.98, p. 5. O Presidente foi reeleito com 35.936.918 votos.

[13] Sobre este e outros aspectos da interpretação constitucional, v. Luís Roberto Barroso, *Interpretação e aplicação da Constituição*, 1996.

que ao presente, e a imagem que ele capta é menos a representação da realidade que uma sombra fantasmagórica."[14]

Também comprometeu, em ampla medida, o trabalho do Supremo Tribunal Federal como corte constitucional o elenco incrivelmente vasto de atribuições que não dizem diretamente com a interpretação da Carta. Em tal variedade se incluem competências em temas como extradição, homologação de sentenças estrangeiras, concessão do *exequatur* às cartas rogatórias (e os recursos que tais providências suscitam) e uma diversificada gama de hipóteses de *habeas corpus* e mandados de segurança. Mais que tudo, congestiona o Tribunal a sistemática do recurso extraordinário e a avalanche de agravos de instrumento contra a denegação de seu seguimento. Enquanto as Cortes Constitucionais espalhadas pelo mundo, inclusive a Suprema Corte americana, inspiradora do modelo brasileiro, apreciam algumas centenas de processos por ano, o Supremo Tribunal Federal debate-se em dezenas de milhares de feitos, que desviam a atenção dos Ministros das questões verdadeiramente constitucionais e relevantes.[15]

Não se deve fugir, por igual, da crítica imperativa ao papel desinteressadamente omisso desempenhado pelo Senado Federal no processo de escolha dos Ministros do Supremo Tribunal Federal. Seguindo a tradição republicana brasileira, moldada no constitucionalismo norte-americano, os Ministros do Supremo Tribunal Federal são nomeados pelo Presidente da República, "depois de aprovada a escolha pela maioria absoluta do Senado Federal" (art. 101, parágrafo único). Afastando-se, todavia, da tradição americana, o Senado jamais exerceu tal competência com aplicação e interesse, limitando-se a chancelar, acriticamente, o ungido do Presidente. Convertida a nomeação, de fato, em uma competência discricionária unipessoal, a maior ou menor qualidade dos integrantes da Suprema Corte passa a ser tributária da sorte ou da visão de estadista do Presidente da República. Que, como se sabe, nem sempre existe, ou, ao menos, sucumbe eventualmente a circunstâncias da política, da amizade e de outras vicissitudes do crônico patrimonialismo da formação nacional. De um potencial Ministro do Supremo Tribunal é legítimo que o Senado e o povo brasileiro queiram saber, antes de sua nomeação: de onde vem; que experiência tem; que posições doutrinárias sustenta; o que pensa sobre questões institucionais importantes como, por exemplo, a constitucionalidade da pena de morte, da união de pessoas do mesmo sexo, da reedição de medidas provi-

---

[14] José Carlos Barbosa Moreira, *O Poder Judiciário e a efetividade da nova Constituição*, RF 304/151, 152.

[15] Nada obstante isto, faça-se justiça, os acórdãos do STF, do ponto de vista estritamente técnico e da discussão doutrinária, não ficam a dever, em pesquisa, erudição e conhecimento, às melhores manifestações das Cortes estrangeiras. A questão aqui, todavia, não é de técnica, mas, sim, de valorização da atividade de jurisdição constitucional por seu caráter seletivo e excepcional. A banalização dos pronunciamentos do STF, pela recorrente incidência de temas menores, compromete a visibilidade e relevância de suas decisões constitucionais.

sórias etc. Fora isto, é pura loteria. Não se prega nada como uma inquisição ou um patrulhamento ideológico, mas a valorização do cargo pela exposição pública da pessoa e do ideário de seu ocupante.

A crônica desatenção com a composição do Supremo Tribunal Federal na experiência constitucional brasileira tem reduzido a importância de seu papel em momentos graves. Sua falta de lastro representativo, de deferência institucional e de autoridade política efetiva tem impedido que a Corte, pela concretização afirmativa dos grandes princípios constitucionais, seja o árbitro das crises políticas. É por esse vácuo de poder que, nos momentos de incerteza, cresce e se desvirtua o papel das Forças Armadas. Minha proposição é simples: o fortalecimento de uma corte constitucional, que tenha autoridade institucional e saiba utilizá-la na solução de conflitos entre os Poderes ou entre estes e a sociedade (com sensibilidade política, o que pode significar, conforme o caso, prudência ou ousadia), é a salvação da Constituição e o antídoto contra golpes de Estado.[16]

Deixando de lado a análise política, cumpre estudar, agora, o funcionamento efetivo dos mecanismos de afirmação da supremacia da Constituição na prática judicial. A jurisdição constitucional no Brasil, como se sabe, pode ser exercida por via incidental e por via principal.[17] O controle *incidental* de constitucionalidade é atribuído difusamente aos órgãos do Poder Judiciário, que podem deixar de aplicar, nos casos concretos submetidos à sua apreciação, norma que considerem inconstitucional. É o mecanismo inspirado na *judicial review* do direito norte-americano, que teve como grande precedente a decisão da Suprema Corte no caso *Marbury v. Madison*,[18] julgado em 1803.

Já o controle de constitucionalidade por via *principal*, ou por ação direta, é exercido de forma concentrada pelo Supremo Tribunal Federal, em se tratando de lei ou ato normativo federal ou estadual impugnado em face da Constituição Federal (art. 102, I, *a*).[19] Cuida-se de controle de natureza abstrata e o pronunciamento da Corte produz efeitos *erga omnes*. É neste

---

[16] Sobre o papel das cortes constitucionais na ascensão do constitucionalismo no mundo moderno, v. Bruce Ackerman, *The rise of world constitutionalism*, Yale Law School Occasional Papers, Second Series, Number 3. Merece registro expresso o valioso empenho do Ministro Sepúlveda Pertence, quando Presidente do STF, em dar visibilidade à Corte e difundir pela sociedade o debate sobre o papel institucional do Poder Judiciário. Não é irrelevante a constatação de que foi ele o primeiro Ministro que chegou ao Supremo após a promulgação da Constituição de 1988 a assumir-lhe a presidência.

[17] Sobre o tema do controle de constitucionalidade, foram produzidos importantes trabalhos monográficos durante a vigência da Constituição de 1988, dentre os quais: Clèmerson Merlin Clève, *A fiscalização abstrata de constitucionalidade no direito brasileiro*; Gilmar Ferreira Mendes, *Controle de constitucionalidade*; Ronaldo Poletti, *Controle da constitucionalidade das leis*.

[18] 5 U.S. 137.

[19] A Constituição prevê, também, no art. 125, § 2º, o controle por via principal concentrada perante o Tribunal de Justiça dos Estados na hipótese de representação contra leis ou atos normativos estaduais ou municipais em face da Constituição do Estado.

domínio que se situa uma das principais inovações da Constituição de 1988.[20]

De fato, o florescente desenvolvimento da jurisdição constitucional no Brasil se deveu, substancialmente, à ampliação da legitimação ativa para propositura da ação direta de inconstitucionalidade. No regime constitucional anterior, o Procurador-Geral da República detinha o monopólio da deflagração do controle abstrato de constitucionalidade, mediante oferecimento de *representação*, para utilizar a designação então empregada. Pela nova Carta, nos termos do art. 103, podem propor a ação de inconstitucionalidade: o Presidente da República, a Mesa do Senado Federal, a Mesa da Câmara dos Deputados, a Mesa de Assembléia Legislativa, o Governador de Estado, o Procurador-Geral da República, o Conselho Federal da Ordem dos Advogados do Brasil, partido político com representação no Congresso Nacional e confederação sindical ou entidade de classe de âmbito nacional.

A fecunda produção do Supremo Tribunal Federal em matéria de controle de constitucionalidade desenvolveu ou consolidou inúmeras linhas jurisprudenciais de natureza processual na matéria, algumas delas sintetizadas nas proposições que se seguem:

- A decisão que pronuncia a inconstitucionalidade de uma norma tem caráter declaratório e produz efeitos retroativos;
- Não cabe ação direta contra atos normativos secundários, como decretos regulamentares, instruções normativas, resoluções etc.;
- Cabe ação direta contra regulamento autônomo, isto é, aquele que não visa a regulamentar uma lei, para o fim de verificar se não houve ofensa ao princípio constitucional da reserva legal;
- Declaração de inconstitucionalidade é competência privativa do Poder Judiciário. Não cabe declaração de inconstitucionalidade de lei ou ato normativo feita por lei;
- Não cabe ação direta contra leis anteriores à Constituição;
- Revogada a lei argüida de inconstitucional, a ação direta perde o objeto;
- Não cabe ação direta contrapondo lei municipal à Constituição Federal;
- A declaração de inconstitucionalidade de uma lei restaura a eficácia de norma que haja sido por ela afetada;
- Os chefes dos Poderes Executivo e Legislativo podem determinar a não-aplicação de lei que considerem inconstitucional até a manifestação do Judiciário.

---

[20] Não será objeto de aprofundamento nestas notas a inovação introduzida pela EC 3/93, representada pela ação declaratória de constitucionalidade, instrumento que permite ao Presidente da República, às Mesas do Senado e da Câmara e ao Procurador-Geral da República obter do STF o pronunciamento sobre a validade de determinada lei ou ato normativo federal, com caráter *erga omnes* e efeito vinculante relativamente aos demais órgãos do Poder Judiciário e ao Poder Executivo (CF, arts. 102, I, *a* e § 2°, e 103, § 4°).

Não é possível, nas circunstâncias, percorrer a casuística das decisões de mérito do Supremo Tribunal Federal no exercício de sua jurisdição constitucional. Nada obstante, e com certa arbitrariedade, são selecionadas, a seguir, algumas linhas jurisprudenciais em temas institucionais relevantes.

Em matéria de *federação*, a jurisprudência do STF reproduziu o entendimento cristalizado no regime anterior no sentido de impor-se ao constituinte dos Estados-membros observância estrita do modelo federal, especialmente em relação ao processo legislativo, inclusive no tocante à iniciativa reservada e aos limites do poder de emenda parlamentar.[21] Admitiu, ademais, a medida provisória em âmbito estadual, prática que, todavia, não se disseminou.[22] Considerou contrário ao princípio federativo o estabelecimento de equiparação ou vinculação entre servidores estaduais e federais para fins de remuneração.[23] Ainda em tema de federação, houve uma importante decisão do Superior Tribunal de Justiça que admitiu como constitucional norma de Carta Estadual que condiciona a instauração de processo criminal contra o Governador à prévia autorização da Assembléia Legislativa.[24]

No domínio das *relações entre os Poderes*, o STF exerceu a competência de declarar a inconstitucionalidade de emenda constitucional, votada pelo Congresso, sob o fundamento de que o poder constituinte derivado é subordinado à Constituição originária, não podendo violar cláusulas pétreas.[25] No controle das medidas provisórias, no entanto, a Corte reincidiu na antiga jurisprudência, firmada em relação aos decretos-lei, de não caber ao Judiciário a apreciação da presença dos requisitos de relevância e urgência exigidos pelo art. 62. Recentemente, todavia, sinalizou com a atenuação de tal entendimento, ao suspender, "excepcionalmente", determinado dispositivo "pela falta de urgência necessária à edição da medida provisória impugnada".[26]

Ainda no âmbito das relações entre Poderes, foi fértil a participação do Supremo Tribunal Federal quando da discussão do *impeachment* do Presidente Collor de Mello. Diversos foram os acórdãos, merecendo destaque aquele que firmou as teses jurídicas de que (a) em matéria de crime de responsabilidade do Presidente da República, o direito brasileiro prevê duas penas autônomas: a perda do cargo e a inabilitação para o exercício de função pública; bem como que (b) a renúncia ao cargo, apresentada na sessão de julgamento, quando já iniciado, não paralisava o processo de *impeachment*.[27]

---

[21] RDA 199/173 e 191/194.
[22] RDA 183/151.
[23] RDA 197/100; RTJ 146/348.
[24] RDA 184/192.
[25] RDA 198/123.
[26] InfSTF 106, ADInMC 1.753-DF, rel. Min. Sepúlveda Pertence, j. 16.4.98.
[27] MS 21.689 – DF, *in Impeachment*, publicação do Supremo Tribunal Federal, 1996. No processo por crime comum, no entanto, o STF, contra os votos dos Ministros Carlos Velloso, Sepúlveda

Vejam-se, por fim, alguns marcos na esfera dos *direitos fundamentais*. No tocante ao *mandado de injunção*, instrumento criado para permitir a efetivação de determinados direitos constitucionais prejudicados por omissão legislativa, o Supremo Tribunal Federal minimizou o instituto, tratando-o com desconfiança e má-vontade. Na verdade, o entendimento que prevaleceu foi o de que o objeto do mandado de injunção é o de dar mera ciência ao órgão omisso da existência da omissão – isto é, o mesmo da ação direta de inconstitucionalidade -,[28] e não, como prega toda a doutrina, a atribuição de competência ao Judiciário para formular, nos limites do caso concreto submetido à sua apreciação, a regra faltante. A atenuação da rigidez do entendimento inicial em alguns casos posteriores não serviu para a recuperação do instituto, que caiu no domínio da desimportância.[29]

No campo do *processo penal*, a Corte proferiu importantes decisões na rejeição às provas obtidas por meios ilícitos (art. 5º, LVI), dentre as quais incluiu as interceptações telefônicas clandestinas e mesmo as autorizadas judicialmente, antes da promulgação da lei específica que regulamentou as hipóteses e a forma em que o sigilo poderia ser violado (art. 5º, XII).[30] O STF entendeu, também, com base no princípio do privilégio contra a auto-incriminação, não haver crime de desobediência na recusa do acusado em fornecer à autoridade policial padrões gráficos do próprio punho para instrução do processo.[31]

Ainda em matéria probatória, já agora no âmbito do processo civil, o Supremo, em votação dividida, decidiu que em ação de investigação de paternidade o réu não poderia ser compelido a submeter-se ao exame do DNA. O acórdão é assim ementado:

"INVESTIGAÇÃO DE PATERNIDADE – EXAME DNA – CONDUÇÃO DO RÉU 'DEBAIXO DE VARA'. Discrepa, a mais não poder, de garantias constitucionais implícitas e explícitas – preservação da dignidade humana, da intimidade, da intangibilidade do corpo humano, do império da lei e da inexecução específica e direta da obrigação de fazer – provimento judicial que, em ação civil de investigação de paternidade, implique determinação no sentido de o réu ser conduzido ao laboratório, 'debaixo de vara', para coleta do material indispensável à feitura do exame DNA. A

Pertence e Néri da Silveira, absolveu o ex-Presidente da denúncia por crime de corrupção passiva (RTJ 162/3, AP 307-DF, Rel. Min. Ilmar Galvão).

[28] RDA 184/226, 1991, MI 107-3-DF, rel Min. Moreira Alves.

[29] Para uma ampla análise da jurisprudência e da doutrina sobre o tema, e uma proposta totalmente diversa para a solução das omissões legislativas violadoras de direitos constitucionais, v. Luís Roberto Barroso, *Mandado de injunção: o que foi sem nunca ter sido. Uma proposta de reformulação*, in Estudos em homenagem ao Prof. Caio Tácito, 1997, org. por Carlos Alberto Menezes Direito, p. 429.

[30] DJU 26.11.93, HC 69.912-0-RS, Rel. para acórdão Min. Carlos Mário Velloso.

[31] Inf.STF 122, HC 77.135-SP, Rel. Min. Ilmar Galvão.

recusa resolve-se no plano jurídico-instrumental, consideradas a dogmática, a doutrina e a jurisprudência, no que voltadas ao deslinde das questões ligadas à prova dos fatos".[32]

Em desfecho, é digna de menção a ascendente trajetória do princípio da *razoabilidade*, que os autores sob influência germânica preferem denominar princípio da proporcionalidade, na jurisprudência constitucional brasileira. O princípio, que a doutrina tem decomposto em três elementos – adequação entre meio e fim, necessidade da medida e proporcionalidade em sentido estrito (custo-benefíco da providência adotada) – é um valioso instrumento de proteção de direitos e mesmo do interesse público contra o abuso de discricionariedade, tanto do legislador quanto do administrador. De fato, por força do princípio, excepciona-se a regra tradicional de que os atos públicos sujeitam-se apenas ao controle de legalidade, pois a aferição da razoabilidade enseja exame de mérito. Naturalmente, como não se deseja substituir a discricionariedade dos agentes políticos eleitos pela do Judiciário, a invalidação de leis e atos administrativos com esse fundamento somente deve ocorrer quando claramente arbitrários ou caprichosos.[33]

O Supremo Tribunal Federal, fundado na invocação do princípio, passou a inadmitir, por exemplo, discriminação em razão da idade na inscrição em concursos públicos, salvo se a restrição passar no teste da razoabilidade.[34] (Aliás, esse princípio faz imperiosa parceria com o da isonomia: embora existam classificações suspeitas – como as fundadas em origem, raça, sexo, cor e idade (art. 3°, IV) – poderão elas subsistir validamente se atenderem, com razoabilidade, a um fim constitucionalmente legítimo). A Corte serviu-se do princípio, igualmente, para invalidar leis que impunham ônus exagerado a direito[35] ou as que instituíam vantagem absurda para servidores públicos.[36]

---

[32] HC 71373-4-RS, rel. Min. Marco Aurélio, j. 10.11.94, vencidos os Ministros Rezek, Pertence e Galvão. Sobre o tema, para uma perspectiva crítica da decisão, v. Maria Celina Bodin de Moraes, *Recusa à realização de exame de DNA na investigação de paternidade e direitos da personalidade*, in Direito, Estado e Sociedade, Revista do Departamento de Direito da PUC-Rio, n° 9.

[33] Sobre o tema da razoabilidade, v. os seguintes importantes trabalhos monográficos: Suzana de Toledo Barros, *O princípio da proporcionalidade e o controle de constitucionalidade das leis restritivas de direitos fundamentais*; e Raquel Denize Stumm, *Princípio da proporcionalidade no direito constitucional brasileiro*. V., também, Luís Roberto Barroso, *Interpretação e aplicação da Constituição*, 2ª ed., 1998, pp. 198-219, onde o princípio da razoabilidade é analiticamente estudado como um dos princípios específicos de interpretação constitucional.

[34] RDA196/103, 1994, RE 174.548-7-AC, rel. Min. Carlos Mário Velloso; RDA 199/153, 1995, RO em MS 21.045-5-DF, rel. Min. Celso de Mello.

[35] RDA 194/299, 1993, e RTJ 152/455, 1995, ADIn 855-2-PR, rel. Min. Sepúlveda Pertence: deferiu-se a suspensão liminar de lei estadual que determinava a pesagem de botijões de gás liquefeito de petróleo à vista do consumidor.

[36] RDA 200/242, 1995, ADIn 1.158-8-AM, rel. Min. Celso de Mello: deu-se por inválida lei que concedia gratificação de férias a servidores inativos.

9.7. CONCLUSÕES

9.7.1. O constitucionalismo como única alternativa democrática

Desde as grandes revoluções que abriram caminho para o Estado liberal – inglesa (1689), americana (1776) e francesa (1789) –,[37] o *constitucionalismo* tem-se mostrado como a melhor opção de limitação do poder, respeito aos direitos e promoção do progresso. Nada parecido com *o fim da história*,[38] porque valorizar e prestigiar a Constituição não suprime a questão política de definir o que vai dentro dela. Mas o fato é que as outras vias de institucionalização do poder praticadas ao longo do tempo não se provaram mais atraentes. Vejam-se alguns exemplos.

A história deste século relata uma proposta alternativa que empolgou corações e mentes pelo mundo afora: a implantação do socialismo científico, fundado nas teses do Manifesto Comunista, de 1848, e na densa produção teórica de Marx e Engels. De Lenin a Mao, o projeto de implantação de uma sociedade socialista depositava seus valores e sua fé não na Constituição, mas no *Partido*,[39] peça essencial e insubstituível no funcionamento das instituições políticas econômicas e sociais dos países que adotaram esse modelo.[40] Por mais sedutora que possa ter sido ao espírito humano, a idéia socialista de Estado e de sociedade fracassou, pervertida em uma experiência autoritária e burocrática.

---

[37] Para uma análise preciosa da temática das revoluções, v. Hannah Arendt, *On revolution*, 1987.

[38] O autor norte-americano Francis Fukuyama publicou, em 1989, um artigo que se tornou célebre, intitulado *The end of history* (in *The National Interest* 16/3, 1989). Ali, ao final da guerra fria, proclamava ele a vitória da democracia liberal como consenso universal e que, conseqüentemente, se teria chegado ao "ponto final da evolução ideológica da humanidade". E mais: "que não haveria mais progresso no desenvolvimento dos princípios e das instituições básicas, porque todas as questões realmente importantes estariam resolvidas". A polêmica tese virou tema de livro, com edição brasileira: *O fim da história e o último homem*, 1992.

[39] V. Bruce Ackerman, ob. cit., p. 8: "*Increasingly (though not invariably), liberal constitutionalists turned away from constitutions as the supreme achievement of popular sovereignty. And then came 1917: Instead of placing their faith in a constituent assembly formulating a constitutional text, the Bolsheviks put their faith in a ruling party to serve as a continuing vehicle for the collective breakthrough. Their apparent success inspired many other revolutionary movements to look upon the party, not the constitution, as the great achievement that would serve to institutionalize their political success*".

[40] Expressando, didaticamente, conceitos desenvolvidos sobretudo por Lenin, fundador do Partido Operário Social-Democrata Russo, e principal líder da ala do Partido conhecida como Bolchevique, escreveu Caio Prado Junior, *O mundo do socialismo*, 1967, pp. 111-2 e 121: "O partido comunista se faz então, por destinação natural que decorre de sua natureza (...) em órgão condutor e dirigente de todo processo histórico de transformação social que levará ao socialismo. Nessa altura, o partido comunista já não conserva mais nada, propriamente, ou muito pouco daquilo que correntemente se atribui no mundo capitalista aos partidos políticos. Ele será uma organização onipresente em todos os setores da vida social, e que tem por função orientar no seu conjunto, como em todos seus pormenores, a reorganização do país sobre bases socialistas. (...) É sobre eles que recai a maior responsabilidade nesses países: a da direção suprema da revolução socialista."

Uma outra variante foi vivida e sofrida por grande número de Países da América Latina, e ainda prevalece em boa parte da África: o exercício do poder sob a tutela das *Forças Armadas*, e não da Constituição e dos tribunais. O fracasso desta via pode ser contabilizado em corpos, em dívidas ou em crise social, conforme o caso e a preferência. A tentação militar conduz, inevitavelmente, ao autoritarismo e ao predomínio das oligarquias que se acumpliciam com o poder. Assim é porque sempre foi.

O último quarto de século assistiu ao florescimento de um outro projeto alternativo: o *fundamentalismo islâmico*. Aqui, a Constituição é substituída pelo *Corão*, pondo fim à separação entre Estado e religião. O governo dos aiatolás funda-se no repúdio aos valores ocidentais, no rebaixamento da condição feminina e na intolerância política e religiosa. A atormentada experiência do Irã tem sido a vitrine desse modelo, que tem seguidores organizados em Países como Egito, Argélia, Líbano e Afeganistão.

Constitucionalismo, unipartidarismo, militarismo e fundamentalismo. Estes os destinos possíveis. A escolha não é farta.

9.7.2. O sucesso político-institucional da Constituição de 1988

A Constituição de 1988 instrumentalizou a travessia de uma longa ditadura de quase um quarto de século para um Estado democrático de direito. Ao longo dos dez anos de sua vigência, marcados pela estabilidade política e pela continuidade institucional, os Poderes do Estado funcionaram regularmente, e os direitos, em linhas gerais, foram respeitados. Mais notadamente, em um País marcado pelo golpismo desde os primórdios da República, a Constituição foi capaz de absorver, sem traumas na legalidade, conflitos eleitorais e políticos que, em outros tempos, teriam trazido abalos e mesmo rupturas.[41]

De fato, não é desimportante lembrar que, em 1989, o candidato do Partido dos Trabalhadores ficou a poucos pontos percentuais da conquista da Presidência da República. Pela primeira vez na história brasileira, houve a possibilidade real de uma liderança da classe trabalhadora, com discurso que a dicotomia tradicional não hesitaria em qualificar como de *esquerda*, chegar ao poder. Não se cogitou de desrespeito ao eventual resultado das urnas nem de golpe de Estado. Pode ter passado despercebido, mas menos de dez anos antes o mesmo candidato estava preso e processado pela Lei de

---

[41] Para uma interessante análise de um observador externo sobre o insucesso crônico do constitucionalismo na América Latina, em contraste com seu êxito nos Estados Unidos, veja-se Keith S. Rosenn, *The success of constitutionalism in the United States and its failure in Latin America: an explanation*, in The Inter-American Law Review, The University of Miami, vol. 22, n. 1, 1990.

Segurança Nacional por liderar reivindicações sindicais. Não foi pequena a evolução.

Logo à frente, em 1992, o procedimento de *impeachment* do Presidente Collor de Mello tramitou, tanto na Câmara dos Deputados como no Senado Federal, sem que se registrasse qualquer sobressalto institucional. Não são muitos os Países em desenvolvimento que podem ostentar a pacífica destituição de um Presidente da República dentro do quadro constitucional preestabelecido, com a posse do Vice-Presidente e conclusão regular do mandato. Ao longo do episódio, todas as instituições se superaram: o Congresso, o Judiciário, as Forças Armadas. As Forças Armadas, aliás, em prova de maturidade e assimilação dos novos tempos, permaneceram exemplarmente afastadas da efervescência política. Nenhuma *ordem do dia*. Quem soube a sombra, sabe a luz.

Poderes limitados (dentro, naturalmente, da tradição presidencial-imperial brasileira),[42] direitos individuais respeitados e absorção institucional das crises políticas. Do ponto de vista político-institucional, a Constituição de 1988 foi um retumbante sucesso.[43]

9.7.3. O defeito evidente: texto casuístico, prolixo e corporativo

Já se reconheceu, em passagem anterior, que o constituinte de 1988 produziu um texto que, mais do que analítico, é casuístico, prolixo e corporativista em muitos momentos. Tal constatação reintroduz o discurso recorrente de que o ideal seria uma Constituição sintética, principiológica, que tornasse mais singelos e menos traumáticos os processos de mutação constitucional. A idéia é ótima, e não é nova: tem mais de 210 anos, se tomarmos como marco a Convenção de Filadélfia de 1787. Sua importação para o Brasil é uma tentação contínua. Naturalmente, para que pudesse dar certo, precisaríamos também importar os puritanos ingleses que colonizaram os Estados Unidos, assim como a tradição do *common law* e a declaração de

---

[42] O maior legado que o Presidente reeleito poderá deixar, do ponto de vista institucional, será a revisão do presidencialismo no Brasil, com redução de poderes do Executivo, profissionalização das comissões permanentes do Congresso e valorização do Judiciário. Sobre o tema, veja-se o agudo comentário de Roberto Mangabeira Unger: "Com o plebiscito, mantivemos o presidencialismo clássico, que é o grande potencial desestabilizador da política brasileira, o grande fator de imprevisão. Mas o presidencialismo clássico tem um defeito fatal para a nossa democracia. O presidente é forte para favorecer, mas é fraco para transformar. Eleito prometendo mundos e fundos para o eleitorado, logo encontra, entrincheirada no Congresso Nacional e nas outras instituições de elite, uma maioria cripto-conservadora. E aí se dá o dilema: ou o Presidente se rende a essa maioria ou agita contra ela de forma cesarista, pondo a democracia em perigo" (Exposição na Assembléia Legislativa do Estado de Minas Gerais, 1993, *mimeo*).

[43] Em sentido diametralmente oposto, com implacável crítica à Constituição e seu desempenho, v. Fábio Konder Comparato, *in Crítica (CACO-UFRJ)*, pp. 12-3: "Não sejamos ridículos. A Constituição de 1988 não está mais em vigor. (...) É triste morrer tão moça, sem chegar nem mesmo à adolescência!".

Virginia. Ajudaria, também, se permutássemos D. Pedro I por George Washington e José Bonifácio por James Madison. Ruy Barbosa ficaria. Ah, sim: sem uma guerra civil sangrenta e quinhentos mil mortos a importação também seria um fiasco.[44]

Superado o argumento, volta-se à inevitabilidade do texto analítico. Muitas são as causas que conduzem ao texto espichado. Algumas legítimas, outras patológicas. Em primeiro lugar, no caso brasileiro de 1988, como já observado, a ânsia de participação de uma sociedade longamente marginalizada do processo político. Em segundo lugar, pela razão constatada pelo grande jurista *M. Seabra Fagundes*, que ainda estava vivo e atuante quando do nascimento da Carta: "no Brasil é preciso dizer tudo *tintim por tintim*, senão não se cumpre". Por trás do prosaísmo do autor potiguar, a constatação inafastável: diz-se muito na Constituição por desconfiança de seus intérpretes. Não nos sentimos seguros nas mãos do Judiciário e do Congresso. Quanto menos subjetividade se deixar, melhor. E, reconheça-se, mesmo assim os sobressaltos se multiplicam.[45]

A terceira causa dos textos longilíneos é patológica, dramaticamente patológica: o atávico patrimonialismo da formação social brasileira. Em outro estudo, qualificamos o termo:

"O colonialismo português, que, como o espanhol, foi produto de uma monarquia absolutista, assentou as bases do patrimonialismo, arquétipo de relações políticas, econômicas e sociais que predispõem à burocracia, ao paternalismo, à ineficiência e à corrupção. Os administradores designados ligavam-se ao Monarca por laços de lealdade pessoal e por objetivos comuns de lucro, antes que por princípios de legitimidade e dever funcional. Daí a gestão da coisa pública em obediência a pressupostos privatistas e estamentais, de modo a traduzir fielmente, na Administração Pública, as aspirações imediatas da classe que lhe compõe o quadro burocrático. O agente público, assim, moralmente descomprometido com o serviço público e sua eficiência, age em função da retribuição material e do prestígio social."[46]

---

[44] Em observação pertinente, Bruce Ackerman, ob. cit., p. 3, assinalou que a Constituição norte-americana deve ser vista como um caso *especial*, e não como um modelo. Literalmente: *"We must learn to look upon the American experience as a special case, not as the paradigmatic case"*.

[45] Um exemplo, em meio a muitos, ilustra a tese. O inciso XI do art. 37 do texto original da Constituição estabelecia como limite máximo de remuneração "os valores percebidos como remuneração, em espécie, a qualquer título, por membros do Congresso Nacional, Ministros de Estado e Ministros do Supremo Tribunal Federal". A despeito da contundência da locução *a qualquer título*, a jurisprudência do Supremo Tribunal Federal, por maioria quase unânime (contra uma única dissidência, do Min. Marco Aurélio), entendeu que estavam excluídas as chamadas "vantagens pessoais", porta larga por onde entravam vantagens polpudas e irrazoáveis decorrentes de incorporações, acumulações e desvios variados. Foi preciso uma emenda constitucional para dizer o que já estava dito.

[46] *Patrimonialismo*, surpreendentemente, não é um vocábulo dicionarizado na língua portuguesa (v. Aurélio Buarque de Holanda, Caldas Aulete e Laudelino Freire). Trata-se de um conceito devido a Max Weber (v. *Ensaios de sociologia*, 1971, onde se reproduz o ensaio *A política como*

A má definição entre o espaço público e o espaço privado, aliado ao populismo paternalista entranhado em nossa prática política, infla a Constituição com disposições que, de um lado, protegem os *cartórios*, tanto os literais[47] como os figurados,[48] e, de outro, acenam com benesses retóricas. O Estado, apropriado pelo estamento dominante, é o provedor de garantias múltiplas para os ricos e de promessas para os pobres. Em um País sem tradição de respeito aos direitos, a constituinte termina sendo uma caça aos privilégios. Criam-se diferentes castas dos que são mais iguais. Alguns conseguem um lugar sob o sol da proteção constitucional direta. Outros ficam no mormaço das normas que sinalizam o *status*, mas precisarão ser integradas pelo legislador infraconstitucional. A maioria fica sob o sereno das normas programáticas, as que prometem saúde, cultura e terceira idade tranqüila. Mas só quando for possível.

Não sem certa ironia, o combate ao patrimonialismo também é responsável pelo alongamento do texto constitucional. O capítulo dedicado à *Administração Pública* esparrama-se por muitas dezenas de dispositivos nos quais se procura impedir, de forma detalhada e expressa, o que em outras sociedades prescinde de normas: o uso do poder público em proveito próprio. Ali estão, por exemplo, os preceptivos que visam a impedir o favorecimento pessoal e o nepotismo, dentre outros males crônicos, pela exigência de concursos públicos para provimento de cargos, licitação para contratação pela Administração e o estabelecimento de tetos e outras regras remuneratórias. Emblemática, na matéria, é a vedação expressa de promoção pessoal com dinheiro público, materializada no § 1° do art. 37:

"*A publicidade dos atos, programas, obras, serviços e campanhas dos órgãos públicos deverá ter caráter educativo, informativo ou de orientação*

---

vocação, traduzido do original *Politik als Beruf*, publicado em 1910) e introduzido no Brasil por Sergio Buarque de Holanda (*Raízes do Brasil*, cuja 1ª edição é de 1936). É ele objeto de densa reflexão por Raymundo Faoro (*Os donos do poder*, cit.) e está presente, também, embora sem referência expressa, em obra de Caio Prado Junior (*Formação do Brasil contemporâneo*, cuja 1ª edição é de 1942), notadamente no penúltimo capítulo, dedicado à "Administração". Em nosso *O direito constitucional e a efetividade de suas normas*, 1996, pp. 8-9, o tema foi abordado com o seguinte comentário: "Por trás das idas e vindas, do avanço e do recuo, diafanamente encoberta, a herança maldita do patrimonialismo: o cargo público. O poder de nomear, de creditar-se favores, de cobrar do agente público antes o reconhecimento e a gratidão do que o dever funcional. A lealdade ao chefe, não ao Estado, muito menos ao povo. A autoridade, em vez de institucionalizar-se, personaliza-se. Em seguida, corrompe-se, nem sempre pelo dinheiro, mas pelo favor, devido ou buscado". Veja-se, sobre esta e outras disfunções nacionais, Keith S. Rosenn, *Brazil's legal culture: the jeito revisited*, in Florida International Law Journal, vol. I, n. 1, 1984. Esse estudo ganhou uma edição brasileira, revista e ampliada, publicada sob o título *O jeito na cultura jurídica brasileira*, 1998.

[47] Art. 236: "Os serviços notariais e de registro são exercidos em caráter privado, por delegação do Poder Público".

[48] Art. 199, § 3°: "É vedada a participação direta ou indireta de empresas ou capitais estrangeiros na assistência à saúde no País, salvo nos casos previstos em lei".

social, dela não podendo constar nomes, símbolos ou imagens que caracterizem promoção pessoal de autoridades ou servidores públicos".

A verdade é que, em uma síntese de diversos males históricos, acumulamos, nesses primeiros 500 anos, as relações de dependência social do *feudalismo*, a vocação autoritária do *absolutismo* e o modelo excludente da *aristocracia*. A Constituição de 1988 é vítima, e não causa, dessas vicissitudes. E a muitas delas combate com bravura. A outras capitulou. Em seu texto antológico publicado em 1981, já referido, escreveu Raymundo Faoro:

"O que há no Brasil de liberal e democrático vem de suas constituintes e o que há no Brasil de estamental e elitista vem das outorgas, das emendas e dos atos de força. Nunca o Poder Constituinte conseguiu nas suas quatro tentativas vencer o aparelhamento de poder, firmemente ancorado ao patrimonialismo de Estado, mas essas investidas foram as únicas que arvoraram a insígnia da luta, liberando energias parcialmente frustradas. O malogro parcial não presta como argumento contra as constituintes, senão que, ao contrário, convida a revitalizá-las, uma vez que, franqueadas das escoltas estatais autoritárias, encontrarão o rumo da maioria e da sociedade real (...). O que a imperfeição da obra mostra é, apesar da adversidade, que o rio da democracia não tem outro leito por onde possa correr. O desastre histórico maior seria o salvacionismo das minorias, congeladas em privilégios, dispostas a, para mantê-los, afastar o povo das deliberações políticas."[49]

9.7.4. A conseqüência inevitável: a mutação constitucional constante

A Carta de 1988, como decorre dessa longa exposição, não é a Constituição da nossa maturidade institucional. É a Constituição das nossas circunstâncias. Transformada em um espaço de luta política, a constituinte de 1988 produziu um documento que sofre em demasia o impacto de certas modificações conjunturais. Ao lado disso, há no Brasil uma crônica compulsão dos governantes de modificar a Constituição para fazê-la à imagem e semelhança de seus governos. Uma espécie de narcisismo constitucional.

Constituições devem ter vocação de permanência - ensina, de longa data, a melhor doutrina constitucional. Não temos aprendido a lição. Em parte por peculiaridades de sua elaboração e em parte por falta de sentimento constitucional dos governantes, a Carta brasileira tem variado ao sabor de conjunturas passageiras e polêmicas efêmeras. Daí o fato de cumprir seu décimo aniversário já tendo sofrido 25 reformas (19 emendas e 6 emendas de revisão, de 1993) e com a perspectiva imediata de outras tantas. Sobre esta disfunção, assim manifestou-se Ruy Ruben Ruschel:

---
[49] Raymundo Faoro, *Assembléia constituinte: a legitimidade recuperada*, 1981, p. 92.

"Mas a pior conseqüência de tudo será a instabilidade constitucional, produtora daquela 'erosão' de que falava Karl Loewenstein, ou seja, da 'depreciação do sentimento constitucional do povo'. Uma hermenêutica firme do texto de 1988 não chegou a sedimentar-se. Reformá-lo pelo modo apressado e até suspeito, como se tem praticado e como se ameaça continuar praticando (reformas administrativa, previdenciária, estatais e outras prometidas pelo Presidente da República), significa assumir o risco de desfigurá-lo."[50]

Por paradoxal que possa parecer, a reiterada sucessão de emendas revela uma preocupação nova: a de não descumprir simplesmente a Constituição, de não *atropelá-la*, como de nossa tradição, mas reformá-la na disputa política pelo *quorum* qualificado. É consolo pequeno. E é preciso reconhecer que, nesse particular, o ciclo do amadurecimento institucional brasileiro ainda não se completou.

9.7.5. A efetividade da Constituição e o nascimento de um sentimento constitucional

Ao longo da história brasileira, sobretudo nos períodos ditatoriais, reservou-se ao direito constitucional um papel menor, marginal. Nele buscou-se não o caminho, mas o desvio; não a verdade, mas o disfarce. A Constituição de 1988, com suas virtudes e imperfeições, teve o mérito de criar um ambiente propício à superação dessas patologias e à difusão de um sentimento constitucional, apto a inspirar uma atitude de acatamento e afeição em relação à Lei Maior. O último decênio é marcado pela preocupação, tanto do próprio constituinte como da doutrina e dos tribunais, com a efetividade do texto constitucional, isto é, com o seu real cumprimento, com a concretização da norma no mundo dos fatos e na vida das pessoas.[51]

A patologia do autoritarismo, aliada a certas concepções doutrinárias retrógradas, haviam destituído outras constituições de sua força normativa, convertendo-as em um repositório de promessas vagas e exortações ao legislador infraconstitucional, sem aplicabilidade direta e imediata. A Constituição de 1988 teve o mérito elevado de romper com este imobilismo. Embora ainda existam disposições inoperantes, o Texto em vigor, tanto quanto carta de direitos quanto como instrumento de governo, é uma realidade viva na prática dos cidadãos e dos Poderes Públicos.

Uma Constituição não é só técnica. Tem de haver, por trás dela, a capacidade de simbolizar conquistas e de mobilizar o imaginário das pessoas para novos avanços. O surgimento de um *sentimento constitucional* no

---

[50] Ruy Ruben Ruschel, ob. cit., p. 179.

[51] Para uma ampla análise do tema, v. Luís Roberto Barroso, *O direito constitucional e a efetividade de suas normas*, 1996.

País é algo que merece ser celebrado. Trata-se de um sentimento ainda tímido, mas real e sincero, de maior respeito e até um certo carinho pela Lei Maior, a despeito da volubilidade de seu texto. É um grande progresso. Superamos a crônica indiferença que, historicamente, se manteve em relação à Constituição. E para os que sabem, é a indiferença, não o ódio, o contrário do amor.

10. Mudança constitucional, Direitos Fundamentais e Direitos Adquiridos: algumas reflexões

MARCUS VINICIUS MARTINS ANTUNES
Professor Adjunto (licenciado) de Teoria Geral do Estado e de Direito Constitucional na UNISINOS; Professor das cadeiras de Introdução ao Direito e Direito Constitucional, na PUCRS

O presente trabalho propõe-se a uma reflexão sobre a natureza política das relações existentes entre mudança constitucional, sob suas diversas formas, e os direitos fundamentais, particularmente no que diz respeito aos direitos adquiridos.

1) Os sistemas jurídicos são permanente fluir. Tal fluxo se dá tanto internamente quanto nas relações do sistema com o ambiente, ou meio externo. Dentre os sistemas externos, em interação, estão o econômico e o político.

Um sistema não é mera agregação de seres ou entes: é um complexo articulado e dinâmico de forças, que contém núcleo e periferia. O sistema constitucional, por sua parte, como sub-sistema, contém certas peculiaridades em seu fluir.

Esse fluir, isto é, a mudança jurídica em geral e a mudança constitucional, em particular, acarretam variados efeitos no interior do sistema jurídico. Um deles, que interessa aqui examinar, diz respeito ao impacto *efetivo* sobre as situações e posições jurídicas que criam esperanças e expectativas de gozo e fruição de certas vantagens e poderes. Outro efeito é a *possibilidade* de afetar o que se chama de direitos subjetivos. Dentre os direitos subjetivos, estão os denominados *fundamentais*, conquanto haja doutrinadores que neguem aos fundamentais a condição clássica de subjetivos.

A questão que se fere diz respeito, nuclearmente, à possibilidade e à forma de protegê-los por meio de um conceito - *direito adquirido*, contra a ação estatal, especialmente a do Poder Legislativo. Trata-se, em outras palavras, de um antigo problema: retroatividade das leis em relação a situações que se constituíram sob a égide das normas anteriormente vigentes. Será o direito a este tipo de proteção, ou seja, o direito adquirido, um direito fundamental? E, se é fundamental, a que título?

As respostas que se propõem neste artigo denotam a receptividade e a influência, em parte, do pensamento constitucional francês, na pessoa do professor Maurice Duverger, e do constitucionalismo português, na pessoa do Professor Gomes Canotilho. O primeiro marcando a necessidade de compreender a anterioridade da política sobre o direito, de entender que as instituições jurídicas são muitas vezes apenas a aparência, que oculta o verdadeiro jogo das forças políticas. O segundo, especialmente quando formula que a constituição é "tensão, compromisso e consenso".

2) Mudança constitucional é toda modificação produzida no sistema, conseqüência da atuação do complexo clássico de fontes do direito: lei, jurisprudência, costume, doutrina, as chamadas *fontes formais* do direito, bem assim as chamadas *fontes materiais* do direito, como as grandes transformações históricas, políticas, econômicas, culturais, os fatores naturais, e mesmo aqueles eventos que não imediatamente perceptíveis, todos considerados em suas correlações.

Assim a mudança pode operar-se formal ou informalmente, dentro ou fora do texto escrito da constituição, ou fora do ordenamento jurídico, e até contra ele, de forma prevista ou não. São formais, segundo boa parte dos autores, se modificam literalmente o texto. Se não, são consideradas informais.[1]

Os doutrinadores não têm unanimidade semântica e conceitual.

Para Anna Cândida Ferraz, as mudanças informais constituem-se de mutações constitucionais e mutações inconstitucionais, fundadas em um "Poder Constituinte difuso". Por exemplo: interpretação, usos e costumes. Segundo ela, as Constituições, por sua condição e natureza, não as admitem.

Para Bulos, 1997, "o fenômeno mediante o qual os textos constitucionais são modificados sem revisões ou emendas, denomina-se *mutação constitucional*.". Para Canotilho, 1980, o mesmo fenômeno se designa "*transições constitucionais*", ou seja, modificação sem mudança do texto.

As mudanças constitucionais formais são aquelas mais decisivas e processam-se por emendas, revisão ou reforma. Isso se dá em virtude da conformação do sistema, a partir do constitucionalismo liberal, com constituições escritas e rígidas.

---
[1] Pensamos diferentemente: mudança formal é aquela que se dá por meio da atividade estatal, manifestando-se expressamente por escrito; informal é aquela que se dá por fora do aparelho estatal. Tal divergência não afeta a possibilidade analítica, neste caso.

3) Como se adiantou, tais mudanças formais produzem seqüelas e conseqüências em graus e dimensões distintas, conforme se esteja no plano da limitação do poder do Estado, (e não de suas funções e/ou estrutura interna) que tradicionalmente chamamos de *garantias e direitos subjetivos públicos*, ou mais especificamente, os direitos individuais, sociais e difusos públicos, que se titulam, nas últimas décadas, *direitos fundamentais*.

4) Os direitos fundamentais são um produto histórico, estão situados no plano da subjetividade, isto é, no plano das possibilidades de exigência de direitos, pretensões e ações dos indivíduos, na proteção de certos interesses e valores historicamente constituídos. Por exemplo, a vida, a dignidade, a liberdade, a paz, a justiça, o acesso à educação, à cultura, o trabalho, o salário.

Conforme Sarlet, 1998: "*Desde o seu reconhecimento nas primeiras constituições, os direitos fundamentais passaram por diversas transformações, tanto no que diz com seu conteúdo, quanto no que concerne à sua titularidade, eficácia e efetivação. Costuma-se, neste contexto marcado pela autêntica mutação histórica experimentada pelos direitos fundamentais[66], falar de existência de três gerações de direitos, havendo, inclusive, quem defenda a existência de uma quarta geração.*"

Os valores e interesses, exemplificativamente apontados como expressão de direitos fundamentais, podem constituir-se inicialmente como instrumentos do desenvolvimento humano, e transformar-se, depois, por mutação, em elementos de freio do progresso humano. Por exemplo: a liberdade, em si, como valor universal abstrato, não se pode imaginar como freio do progresso, mas sim pode a forma que assume, em determinado momento: imagine-se a liberdade integral de difusão da pornografia, a liberdade para qualquer publicidade, anúncio. O direito de propriedade pode ser tomado como um direito a adquirir, como queriam os camponeses na Alemanha, antes, e na França, do século XVIII, a conquistar, como ideal burguês, ou um direito a conservar, como adquirido, abstraído de um complexo de relações sociais e de suas finalidades e funções. Daí o relativismo histórico, que se constrói pelo complexo de tensões políticas, de valores e de interesses.

5) Os chamados direitos adquiridos são em geral considerados como parte dos direitos públicos fundamentais, especialmente do direito à segurança nas relações jurídicas e sociais, que cada um e todos têm, contra lei nova lesiva.[2] Essa categoria de direitos aparece, no terreno jurídico, com

---

[2] Latorre afirma: "Outra forma descarada de defraudar a necessidade de prévio conhecimento da lei é dar a esta efeitos retroativos, isto é, impor a sua aplicação a factos anteriores à sua publicação e realizados, portanto, quando não se podia conhecer o seu conteúdo. É também um princípio fundamental dos direitos modernos que as leis não sejam retroactivas e que disponham para o futuro e não para o passado."

feição e doutrina próprias, no século passado, como corolário daquilo que posteriormente veio a se chamar *Estado de Direito*, inclusive, e talvez, principalmente para frear novas pretensões revolucionárias. Sua existência já foi contestada, embora hoje menos.[3][4]

6) Existem definições doutrinárias e legais[5] dos direitos adquiridos, convivendo em antiga e complexa controvérsia. Paul Roubier, um clássico na matéria, critica as "inúteis tentativas" de estabelecer um conceito de direito adquirido. Aftalión, 1956, menciona Blondeau, na França, como um dos precursores da doutrina dos direitos adquiridos. Chabot de L'Allier, posteriormente, foi considerado o verdadeiro expositor da doutrina, distinguindo direitos adquiridos de simples esperança ou expectativa. Os primeiros seriam aqueles que entraram em nosso patrimônio; os segundos, os que podem ser revogados por quem os conferiu.[6] Segundo a moderna teoria, de outra parte, a lei tem, em princípio, efeitos imediatos e constitui exceção à sobrevivência da lei antiga (efeito diferido). Na teoria moderna, recorre-se com muitíssimo mais freqüência a uma noção muito ampla de ordem pública, a impor-se sobre direitos subjetivos.

Direitos adquiridos, em geral, são aqueles direitos insuscetíveis de ser atingidos por lei nova, ou nova norma, baseando-se no princípio da irretroatividade das normas, ou, como quer Pontes de Miranda, 1987, irretroeficácia das normas. Esses direitos podem ser decorrentes, segundo clássica noção, de fato ou de ato jurídico, isto é, de evento que, natural ou humano, independa da vontade do titular, ou de evento que necessite da ocorrência da vontade humana (ou como querem outros, da intenção).

---

[3] Léon Duguit, sob a influência contiana, afirma a função social do direito, negando a existência de direitos subjetivos, por conseqüência negando os direitos adquiridos.

[4] Kelsen, 1974, faz interessantíssima observação "En la esfera del derecho encontraremos la autodeterminación de los individuos en el marco del derecho denominado privado, donde el contrato es un hecho creador de derecho, y solo se trata de una autonomia muy restringida e impropiamente dicha.
És facil percibir la función ideológica de estas nociones, entre si contradictorias, de derecho subjetivo y sujeto de derecho. Se trata de mantener la idea de que el derecho subjetivo, es decir, la propiedad privada, es una categoria transcendiente al derecho objetivo, una institución que le impone límites infranqueables ... Mediante la idea de un derecho distinto e independiente del derecho objetivo – que no sería menos, sino más que éste un verdadero derecho, se trata de evitar que la institución de la propiedad privada sea suprimida por el orden juridico."

[5] A Lei de Introdução ao Código civil, por exemplo dispõe: "Art. 6.º A Lei em vigor terá efeito imediato e geral, respeitados o ato jurídico perfeito, o direito adquirido e a coisa julgada. § 1º Reputa-se ato jurídico perfeito o já consumado segundo a lei vigente ao tempo em que se efetuou. § 2º Consideram-se adquiridos assim os direitos que seu titular, ou alguém por ele, possa exercer, como aqueles cujo começo do exercício tenha termo pré-fixo, ou condição. preestabelecida inalterável, a arbítrio de outrem. § 3º Chama-se coisa julgada ou caso julgado a decisão judicial de que já não caiba mais recurso.". Tal definição é precária, insuficiente.

[6] Merlin e Baudry-Lacantinerie seriam os últimos e mais importantes representantes da doutrina clássica dos direitos adquiridos.

Por exemplo, o direito à sucessão, existindo a morte, é considerado direito adquirido, protegido contra alteração decorrente de lei nova, derivado de fato jurídico humano. O contrato, aperfeiçoado nos termos da lei atual, é considerado, em tese, direito adquirido por ato humano voluntário, também protegido contra os efeitos da lei futura, especialmente se já realizados definitivamente.

7) Um ponto importante na definição e identificação do problema dos direitos adquiridos é o fato de que, de regra, os direitos se aperfeiçoam, se constituem e completam de modo instantâneo – por exemplo, no ato de assinatura da promessa de compra e venda, da escritura definitiva, na entrega e requerimento de inscrição no Registro de Imóveis, mediante recibo, ou posterior averbação, no ato de registro, com assinatura, dos estatutos e contrato social da sociedade comercial, no momento da morte, atestada por médico, ou no momento da declaração judicial da ausência, ou no nascimento com vida.

Porém, há outros direitos que, por assim dizer, passam por uma fase progressiva de constituição e acabamento. Por exemplo: o tempo de serviço, para aposentadoria, ou o ingresso em curso universitário sob determinadas regras e regime, ou direitos condicionados a fatos futuros, condição ou termo, ou à prescrição, ou à prescrição aquisitiva, ou o direito ao reconhecimento do concubinato, ou o direito do sócio que deixa a sociedade comercial para exercer o mesmo negócio após certo tempo, etc.

Vem daí o maior número de casos de conflito aparente de normas, chamando a aplicação do direito intertemporal.

8) A complexidade do problema é maior ou menor, segundo o ângulo; não pode ser resolvida, porém, a partir de visão privatista superada.

Por tradição, a doutrina atribui a qualidade de direitos adquiridos àqueles integrados na esfera privada; na esfera das relações de direito público, ao contrário, a doutrina passou progressivamente a negá-los ou limitá-los, em geral.

França, 1982, refere que, anteriormente, houve muita vacilação da jurisprudência nacional na matéria, explicando que os acórdãos "oscilam entre os dois extremos: o da supremacia da Ordem Pública sobre os interesses individuais, e o do respeito do Direito Adquirido, mesmo em assuntos diretamente ligados aos problemas do Bem Comum".

Por outro lado, predominam decisões na jurisprudência em geral, e nacional em particular, sobre a impossibilidade de resistir o direito subjetivo diante de norma constitucional nova, ou de nova Constituição. Por exemplo, o direito de voto de alguém, com dezesseis anos, no Brasil, que já tenha votado, ou com 30 anos, pode ser perdido. O fato de já haver votado e conquistado o direito não impede sua perda.

Verifica-se assim certa clareza, em matéria de jurisprudência do Supremo Tribunal Federal:

Barroso, 1998, refere:

"Não há direito adquirido contra texto constitucional, resulte ele do poder constituinte originário, ou do poder constituinte derivado (STF, RTJ 114/237).

A supremacia jurídica das normas constitucionais inscritas na Carta Federal não permite, ressalvadas as eventuais exceções proclamadas no próprio texto constitucional, que contra elas seja invocado o direito adquirido. (STF/RDA 196/1º, 1)

O princípio da irretroatividade somente condiciona a atividade jurídica do estado na hipótese expressamente previstas pela Constituição, em ordem a inibir a ação do Poder Público eventualmente de restrição gravosa (a) ao status libertatis da pessoa (CF, art. 5º, XL), (b) ao status subjectionis do contribuinte em matéria tributária (CF, art. 150, III, a) e (c) à segurança jurídica no domínio das relações sociais (CF, art. 5º, XXXVI). Na medida em que a retroprojeção normativa da lei não gere os gravames referidos, nada impede que o Estado edite e prescreva atos normativos com efeito retroativo (STF, RTJ 145/463, ADIn 605 – DF, Rel. Min. Celso de Melo)."

A Constituição, aliás, dispõe, em seu artigo 5º, no Título dos Direitos e Garantias Fundamentais:

" XXXVI – a lei não prejudicará o direito adquirido, o ato jurídico perfeito e a coisa julgada.". (grifamos)

Abre-se assim o caminho para interpretar a expressão grifada como lei ordinária, escapando dessa definição a norma constitucional, "lei constitucional". Não é demais dizer, de passagem, que tanto o ato jurídico perfeito como a coisa julgada são espécies do gênero direito adquirido.

Neste passo, porém, é interessante destacar a opinião de Afonso da Silva, 1989:

"Cumpre fazer uma observação final a respeito de relação entre direito adquirido e Direito público. Não é rara a afirmativa de que não há direito adquirido em face da lei de ordem pública ou de Direito público. A generalização não é correta nesses termos. O que se diz com boa razão é que não corre direito adquirido contra o interesse coletivo, porque aquele é manifestação particular que não pode prevalecer sobre o interesse geral."

O comentário, em verdade, encaminha um raciocínio mais avançado, mas, parece-nos, não resolve o problema. É preciso avaliar materialmente, isto é, em sua base política, no sentido aristotélico do termo, os interesses e os conflitos para se chegar a soluções.

9) A questão dos direitos adquiridos está modernamente ligada de modo íntimo à concepção da função social do direito. Ou seja, não se os

reconhece mais de modo absoluto, mas sim que todo direito subjetivo ou objetivo tem de cumprir uma função social, por mais vaga que seja a expressão. Vital Moreira, 1987, porém, por exemplo, faz procedente crítica à vaguedade da expressão "função social", como de resto o faz Eros Grau. De qualquer forma, essa expressão designa que o sistema jurídico não mais reconhece direitos incondicionais, destacados da realidade social, separados, e pensados em abstrato.

Dentro dessa ótica, na sociedade capitalista, os direitos, consentâneos com a vocação do mercado, devem servir à circulação da riqueza, não podem servir de entrave ao acúmulo de capital (por mais que pareçam destinar-se exclusivamente a proteger os interesses dos mais fracos). A idéia de função social carrega sempre consigo essa ambigüidade.

10) Em verdade, estaremos sempre, ao tratar do tema, diante do permanente dilema da relação entre indivíduo, sociedade e Estado. A ordem de valores é sempre conflitiva. Como resolver conflitos de interesses, de valores individuais, corporativos, transindividuais e os interesses totalizados que o Estado encarna, de forma relativamente autônoma, mas não independente? Há meios, como a aplicação de certos princípios, como o da proporcionalidade ou razoabilidade, a partir da ponderação de valores, por parte do Estado. Mas não basta.

11) O núcleo da questão, a raiz do problema, em nosso ver, está no problema da *legitimidade* da mudança ou da conservação, critério objetivo e político (como dissemos antes) a conter o ímpeto de um subjetivismo arraigado, judicial, doutrinário ou legislativo, que seja, na solução dos conflitos de interesses e valores. É aceitável a crítica que se faça ao conceito de legitimidade, por sua origem weberiana, ao confundir ética, direito e política.[7] A legitimidade, porém, aqui, para nós, traduz-se pela nitidez democrática do processo, que se situa além dos marcos institucionais formais, para verificar-se nas reais e efetivas condições de participação política, dentro de um sistema cultural, informativo, mercadológico, jurídico, econômico, etc.

---

[7] Farias, 1988, refere o seguinte: "A maioria dos autores que se dedicou a estudar a questão da legitimidade adotou como referencial teórico a concepção weberiana. A noção de legitimidade tem sido predominantemente definida, pela Ciência Política moderna, como o atributo do Estado que consiste na existência, numa parte relevante da população, de um grau de consenso tal que assegure a obediência sem que seja necessário o uso da força. Portanto, todo poder tende a buscar o "consenso" para que seja reconhecido como legítimo, transformando a obediência em adesão. Assim, para maioria dos autores, a crença na legitimidade é, pois, o elemento fundamental integrante das relações de poder que se desenvolvem no âmbito estatal. A grande discussão que envolve a questão gira em torno da tentativa de se explicar tanto os motivos pelos quais os governados obedecem aos comandos dos governantes, ou os aceitam, como também as causas da obrigatoriedade jurídico-político imposta pelo Estado."

No confronto entre mudança constitucional e direito adquirido, como parte de direitos fundamentais, haverá de identificar-se tanto a legitimidade da mudança, isto é, seu caráter efetivamente democrático, como honesta e razoável forma de manifestação da vontade popular, quanto a legitimidade do próprio direito adquirido, isto é, da atualidade e a natureza social do valor, do bem e do interesse protegido. *Só é fundamental o legítimo.* Fora da legitimidade efetivamente democrática, toda teoria dos direitos fundamentais ameaça resvalar para o subjetivismo e para o privilégio.

12) Legitimidade que o Professor Ruschel, 1997, reivindicou incessantemente para a Assembléia Constituinte e para a Constituição a ser feita, quando de 1987, afirmando:

" Tudo deve ser feito para garantir o máximo de legitimidade à futura Constituição; só assim se há de subtrair o país do caos jurídico em que caiu."

E depois:

"Com inteira razão, portanto, está a sólida e crescente opinião pública brasileira, catalizada nos Movimentos Pró-Constituinte Livre e Soberana, que protesta contra o processo de escamoteação ora em curso."

E finalmente:

"Tudo leva a crer que as forças conservadoras prevalecerão no Congresso Constituinte, em prejuízo do Brasil renovado que todos desejamos."

Com premonição, o ilustre Professor desvendou um problema crucial, que se revelou nefasto para a prática e a efetividade da Constituição: direitos *mal* adquiridos foram conservados, direitos *bem* adquiridos foram suprimidos, através de uma articulação poderosíssima, orientada a partir de fora do País.

Bibliografia

Aftalión, Enrique; Olano, Fernando; Vilanova, José. *Introducción al derecho*, tomo I, 5ª ed. Buenos Aires: El Ateneo, 1956;

Barroso, Luís Roberto. *Constituição da República Federativa do Brasil anotada*. São Paulo: Saraiva, 1998;

Bulos, Uadi Lammêgo. *Mutação constitucional*. São Paulo: Saraiva, 1997;

Canotilho, José Joaquim. *Direito constitucional*. Coimbra: Almendina, 1980;

Diniz, Maria Helena. *Lei de introdução ao código civil brasileiro interpretada*. São Paulo: Saraiva, 1996;

Farias, José Fernando de Castro. *Crítica à noção tradicional de poder constituinte*. Rio de Janeiro: Lumen Juris, 1988;

França, Limongi. *A irretroatividade das leis e o direito adquirido*. São Paulo: Revista dos Tribunais, 1982;

Kelsen, Hans. *Teoría pura del derecho*. Buenos Aires: Eudeba, 1974;

Miranda, Pontes de. *Comentários à constituição de 1967*. Rio de janeiro: Forense, 1987;

Moreira, Vital. *A ordem jurídica do capitalismo*. Lisboa: Caminho, 1987;

Ruschel, Ruy Ruben. *Direito constitucional em tempos de crise*. Porto Alegre: Sagra Luzzatto, 1997;

Sarlet, Ingo. *A eficácia dos direitos fundamentais*. Porto Alegre: Livraria do Advogado, 1998.

Silva, José Afonso da. *Curso de direto constitucional positivo*. São Paulo: Revista dos Tribunais, 1989.

11. Direitos Fundamentais e orientação sexual: O Direito brasileiro e a homossexualidade

ROGER RAUPP RIOS
Juiz Federal. Vice-Diretor da Seção Judiciária do Estado do RS.
Professor da ESMAFE – Escola Superior da Magistratura Federal do RS.

Sumário: 11.1. Introdução. 11.2. Orientação sexual e homossexualidade. 11.3. Homossexualidade e direitos fundamentais. 11.3.1. Homossexualidade e gerações de direitos. 11.3.2. Direitos fundamentais e "minorias sexuais". 11.4. O regime específico dos direitos fundamentais e a homossexualidade: igualdade e privacidade. 11.4.1. O princípio da igualdade, a proibição de discriminação por motivo de sexo e a homossexualidade. 11.4.2. Privacidade e homossexualidade. 11.5. O princípio da dignidade humana e a homossexualidade. 11.6. O ordenamento jurídico nacional e a homossexualidade. 11.7. Conclusão.

11.1. INTRODUÇÃO

A afirmação de que nossa República constitui-se num Estado Democrático de Direito, e os esforços envidados por muitos para a concretização da Constituição de 05 de outubro de 1988 têm trazido à tona inúmeras questões relativas aos direitos e liberdades fundamentais.

De fato, sendo essencialmente relacionados o Estado Democrático de Direito e a efetivação dos direitos fundamentais, os desafios da realidade e a tarefa da doutrina e da jurisprudência passam a abarcar novas situações, geradas pela crescente complexidade da vida contemporânea. Nesse campo, podem ser lembrados novos aspectos da vida humana como, por exemplo, a bioética e a telemática.

Diante dessa realidade, o presente trabalho tem como objetivo tecer algumas considerações sobre a pertinência da orientação sexual à agenda contemporânea dos direitos fundamentais.

Ainda que sem qualquer pretensão de profundidade ou exaustão, cuida-se de apresentar a posição da questão no direito constitucional hodierno, ressaltando alguns direitos fundamentais cujo regime específico tem-se conectado aos litígios envolvendo direitos fundamentais e orientação sexual. Para tanto, serão trazidos os precedentes mais importantes a partir dos quais a discussão doutrinária tem sido impulsionada nas democracias ocidentais, principalmente provenientes do direito norte-americano e do direito europeu. Tendo em mente essa elaboração e a tradição do direito constitucional brasileiro, será proposta uma interpretação que projete, no seio de nosso ordenamento nacional, as diretrizes informadoras do tema, cuja presença cada vez mais se explicita entre nós.

Os marcos jurídicos, aqui, evidentemente revelam o estágio desse debate naquelas nações – mesmo que a novidade também lá seja nota distintiva nessa seara. Para tanto, colaboram as mais variadas e peculiares circunstâncias (políticas, sociais, antropológicas e históricas), cujo exame não é nem poderia ser aqui enfrentado.

Antes disso, contudo, é necessário precisar a terminologia empregada, expondo sucintamente aquilo que se entende por orientação sexual, bem como o enquadramento da questão no âmbito dos direitos fundamentais.

11.2. ORIENTAÇÃO SEXUAL E HOMOSSEXUALIDADE

Como se sabe, diversas áreas do saber humano debruçam-se sobre questões envolvendo a sexualidade humana. Portanto, é mister precisar o sentido da expressão "orientação sexual" ora empregada, a fim de que confusões terminológicas não acabem por prejudicar o aprofundamento das inúmeras e crescentes polêmicas que grassam na matéria.

Orientação sexual, pois, é aqui compreendida como a afirmação de uma identidade pessoal cuja atração e/ou conduta sexual direcionam-se para alguém de mesmo sexo (homossexualidade), sexo oposto (heterossexualidade), ambos os sexos (bissexualidade) ou a ninguém (abstinência sexual).[1]

À amplitude do conceito ora esboçado deve-se contrapor a delimitação do objeto desse trabalho, que versa exclusivamente sobre problemas jurídicos decorrentes do cotejo dos direitos fundamentais e a homossexualidade. À evidência, inúmeras questões também podem surgir das demais modalidades de orientação sexual; não serão, todavia, centro de atenção nesse momento.

11.3. HOMOSSEXUALIDADE E DIREITOS FUNDAMENTAIS

A noção de direitos fundamentais, por si só, é empreitada muito ampla; nela não nos deteremos aqui, seja pelas finalidades desse estudo, seja pela

---
[1] Adoto a conceituação de Robert Wintemute, *Sexual Orientation and Human Rights*, Oxford, Clarendon Press, 1995.

especificidade da matéria. Presentes esses dados, basta simplesmente fazer referência ao significado predominante da expressão na doutrina, que por ela designa aqueles direitos humanos reconhecidos pelos ordenamentos constitucionais vigentes, de forma positiva.[2]

11.3.1. Homossexualidade e gerações de direitos

Não obstante, esse estudo requer breve referência à pertinência das questões relativas a direitos fundamentais e homossexualidade face às chamadas gerações de direitos.[3]

A primeira geração de direitos humanos,[4] cujo objetivo maior é alcançar a igualdade formal entre os indivíduos, abrange os direitos fundamentais e as liberdades clássicas individuais (incluindo as de expressão coletiva, como liberdade de reunião e de associação, por exemplo). A Segunda geração, por sua vez, tendo por escopo a igualdade material, abarca os chamados direitos sociais, aqui entendidos como direitos a prestações concretas (elencados, por exemplo, no artigo 6º da Constituição da República de 1988). A terceira geração, a seu turno, tem como titulares grupos, povos, etnias; seu espectro de proteção, os direitos difusos e coletivos, como o direito ao meio ambiente equilibrado, ao patrimônio histórico e cultural.[5]

Sendo assim, nota-se evidente pertinência das questões suscitadas pela homossexualidade com a primeira geração, principalmente no que diz respeito ao princípio fundamental da isonomia e seu corolário, que é a proibição de discriminações injustas. A propósito, como será logo a seguir noticiado, inúmeras situações conflitivas nesse campo foram dimensionadas à luz dos direitos fundamentais de primeira geração, tais como a liberdade de expressão, a liberdade individual, a proteção da intimidade e da vida privada. Isso sem falar das repercussões na liberdade de opinião, de manifestação, de associação e de imprensa, por exemplo.

Se avançarmos ainda mais no exame das relações entre homossexualidade e o conteúdo dos direitos de primeira geração, pode-se vislumbrar a inclusão da problemática nos direitos de personalidade, precipuamente no

---

[2] Nesses termos, Konrad Hesse, *Elementos de Direito Constitucional da República Federal da Alemanha*, Porto Alegre, Sergio Antonio Fabris Editor, 1998.

[3] Nesse ponto, como observa Ingo Wolfgang Sarlet, há dissenso doutrinário quanto à nomenclatura (o termo "dimensões" dos direitos fundamentais seria mais apropriado). Para o exame desse aspecto, veja-se a obra do referido autor, *A Eficácia dos Direitos Fundamentais* (Porto Alegre, Livraria do Advogado Editora, 1988).

[4] Nessa exposição, tomo como referência a classificação e os critérios expostos por Celso Lafer, em *A Reconstrução dos Direitos Humanos: um diálogo com o pensamento de Hannah Arendt* (São Paulo, Companhia das Letras, 1988).

[5] Quanto ao dissenso doutrinário acerca dos direitos de Quarta geração, remetemos o leitor à citada obra *A Eficácia dos Direitos Fundamentais*.

que diz respeito ao direito à identidade pessoal[6] e à integridade física e psíquica.

11.3.2. Direitos fundamentais e "minorias sexuais"

Ressalte-se que, diante do conceito acima explicitado de orientação sexual, que abarca as diversas modalidades de expressão da vida sexual, o tema diz respeito não só àqueles cuja orientação sexual se identifica com o homossexualismo, mas alcança todos, homens e mulheres, nas mais diversas situações. Eis um dado a mais a reforçar a pertinência da questão à primeira geração de direitos humanos, além de indicar, claramente, como a discussão envolvendo direitos fundamentais de homossexuais não gera qualquer privilégio ou proteção especial a um certo grupo de seres humanos (a indicar os limites da vinculação do tema à idéia de defesa de minorias ou, pior ainda, à crítica de movimentos conservadores que tacham os "direitos homossexuais" como "direitos especiais"). Ao contrário, a percepção da amplitude dessas questões torna mais clara a diretriz substancial que informa os direitos humanos, na sua vertente universalista e concreta.

11.4. O REGIME ESPECÍFICO DOS DIREITOS FUNDAMENTAIS E A HOMOSSEXUALIDADE: IGUALDADE E PRIVACIDADE

A Constituição Federal de 1988, na esteira do constitucionalismo ocidental contemporâneo, como instrumento instituidor do Estado Democrático de Direito, enuncia, após declinar os princípios e objetivos fundamentais da República, os direitos e liberdades fundamentais. Dentre estes, consagrou, sobremaneira, a liberdade e a igualdade, sem os quais jamais se poderia sustentar a dignidade da pessoa humana, princípio fundamental veiculado no artigo 1º, inciso III. Esses enunciados, projetando-se além do discurso vazio, possuem eficácia jurídica, indubitavelmente. Os direitos fundamentais, por força dos termos do parágrafo primeiro do próprio artigo 5º; os princípios fundamentais, a seu turno, pela posição privilegiada no texto constitucional e por já compreenderem "...a bipartição, característica da proposição de Direito em previsão e conseqüência jurídica."[7]

Nessa seção, procederemos ao exame, ainda que sucinto, do regime específico de alguns direitos fundamentais, no que pertine à livre orientação

---

[6] Nesse sentido, Jacques Robert, *Droits de l'homme et libertés fondamentales*, 6ª ed., Paris, Montchrestien, 1996.

[7] Claus-Wilhelm Cannaris, *Pensamento Sistemático e Conceito de Ciência na Ciência do Direito*, Lisboa, Ed. F.C.G., 1989, p. 86.

sexual. A análise limitar-se-á ao direito de igualdade e à privacidade, dada sua relevância inegável no quadro geral dos direitos fundamentais e a atenção que têm despertado em discussões nessa área.

11.4.1. O princípio da igualdade, a proibição de discriminação por motivo de sexo e a homossexualidade

Dentre os direitos fundamentais, especial atenção merece a relação entre o princípio da igualdade e a orientação sexual. Isso tanto pela centralidade da idéia de igualdade para a caracterização do Estado Democrático de Direito, quanto pela existência de precedente da Suprema Corte dos Estados Unidos da América tratando explicitamente da situação de *gays*, lésbicas e travestis à luz desse princípio.

O princípio da igualdade tem, no que se refere à sexualidade, especial proteção mediante a proibição de qualquer discriminação sexual infundada. Invoco, dentre outras normas e sem indicar, por ora, a farta jurisprudência em torno da matéria, o inciso I do artigo 5º (assegura a igualdade de direitos e deveres entre homens e mulheres) e o inciso XXX do artigo 7º (proibição de diferença de salários, exercício de funções e critério de admissão por motivo de sexo).

A concretização da igualdade em matéria de sexo, exponencializada pela proibição de discriminação, se examinada com cuidado, alcança o âmbito da orientação sexual homossexual. Com efeito, a discriminação de um ser humano em virtude de sua orientação sexual constitui, precisamente, uma hipótese (constitucionalmente vedada) de discriminação sexual.

De fato, quando alguém atenta para a direção do envolvimento (seja a mera atração, seja a conduta) sexual de outrem, valoriza a direção do desejo ou da conduta sexual, isto é, o sexo da pessoa com quem o sujeito deseja relacionar-se ou efetivamente se relaciona. No entanto, essa definição (da direção desejada, de qual seja a orientação sexual do sujeito - isto é, pessoa do mesmo sexo ou do sexo oposto) resulta tão-só da combinação dos sexos de duas pessoas (A, quem escolhe, B, o escolhido). Ora, se A for tratado diferentemente de uma terceira pessoa (C, que tem sua sexualidade direcionada para o sexo oposto), em razão do sexo da pessoa escolhida (B, do mesmo sexo que A), conclui-se que a escolha de A lhe fez suportar tratamento discriminatório unicamente em função de seu sexo (se A, homem, tivesse escolhido uma mulher, não sofreria discriminação). Fica claro, assim, que a discriminação fundada na orientação sexual de A esconde, na verdade, uma discriminação em virtude de seu sexo (de A).

Contra esse raciocínio, pode-se objetar que a proteção constitucional contra a discriminação sexual não alcança a orientação sexual; que o discrímen não está no sexo de A, mas em sua escolha por um homem ou uma mulher, sua orientação sexual. Tal objeção, todavia, não subsiste. Argumentar que a diferença se dá tão-só pela orientação sexual nada muda, só oculta o verdadeiro - e sempre permanente - fator sexual de discriminação. O sexo da pessoa escolhida (se homem ou mulher), em relação ao sexo de A, é que vai continuar qualificando a orientação sexual como causa de tratamento diferenciado ou não, em relação a A. Essa objeção, na verdade, continua tendo o sexo de A em relação ao da pessoa escolhida como fator decisivo, pois tem como pressuposto, para a qualificação da escolha de A, exatamente o sexo da pessoa escolhida. A orientação sexual só é passível de distinção diante do sexo da pessoa que A escolher. Ele (o sexo da pessoa escolhida, tomado em relação ao sexo de A) continua sendo o verdadeiro fator de qualificação da orientação sexual de A; ele é dado inerente e inescapável para a caracterização da orientação sexual de A. Vale dizer, é impossível qualificar a orientação sexual de A sem tomar como fundamento o sexo da pessoa escolhida (em relação ao sexo de A).

Não se diga, outrossim, que inexiste discriminação sexual porque prevalece tratamento igualitário para homens e mulheres diante de idêntica orientação sexual. O argumento peca duplamente, na medida em que busca justificar uma hipótese de discriminação sexual (homossexualismo masculino, *v.g.*) invocando outra hipótese de discriminação sexual (homossexualismo feminino, p. ex.).

Aliás, nesse sentido, decidiram a Suprema Corte do Canadá (*Symes v. Canada*, 1993) e a Suprema Corte dos Estados Unidos (*Loving v. Virginia*, 1967). A primeira assentou que "discrimination cannot be justified by pointing to other discrimination[8]"; a segunda rejeitou a tese de que inexiste discriminação pelo fato de a lei permitir a todos de mesma raça o casamento e proibir, também a todos, o casamento inter-racial: "the fact of equal application does not immunize a statute from the very heavy burden of justification which the Fourteenth Amendment has traditionally required of state statutes drawn according to race[9]" (os precedentes a partir de agora invocados, provenientes do direito internacional e estrangeiro, foram extraídos, em sua maior parte, da citada obra de Robert Wintemute, *Sexual Orientation and Human Rights*).

A Suprema Corte do Hawaii, por sua vez, desenvolveu raciocínio exatamente nesses termos, decidindo que a discriminação por orientação sexual configura verdadeira discriminação sexual (*Baehr v. Lewin*, 1993). No mesmo ano, a Corte de Apelações da Califórnia decidiu (*Engel v.*

---

[8] "uma discriminação não pode ser justificada apontando-se para outra." (anoto que, nesse trabalho, procedemos à tradução livre das citações efetuadas).

[9] "o fato da aplicação igual não imuniza a legislação do pesado ônus da justificação cuja 14ª Emenda tem tradicionalmente requerido de leis estaduais relativas à raça."

Worthington) que a recusa de um editor quanto à inclusão da foto de um casal homossexual em livro de recordações constituía discriminação sexual. O direito canadense possui outros precedentes nesse sentido (considerando a discriminação por orientação sexual como espécie do gênero discriminação sexual). Exemplos disso são as decisões em *University of Saskatchewan v. Vogel* (1983, caso em que se recusava a Richard North, companheiro de Chris Vogel, benefício em plano dentário) e em *Bordeleau v. Canada* (1989, onde se concluiu que "discrimination based on sex also covers discrimination involving sexual orientation.[10]").

O raciocínio até aqui desenvolvido acerca da relação entre o princípio da igualdade e a orientação sexual centrou-se na consideração de que a discriminação por motivo de orientação sexual é uma espécie de discriminação por motivo de sexo.[11] Mesmo que não bastassem tais considerações, a proibição mais ampla de discriminação injustificada (seja fundada em motivo de sexo, seja fundada em outros padrões) também se aplica às questões que envolvem orientação sexual.

Isso significa que, em linha de princípio, são vedados em nosso ordenamento jurídico tratamentos discriminatórios fundados na orientação sexual do indivíduo, por força, inclusive, do princípio da igualdade geral. Vale dizer que, assim como acontece com todos os demais padrões (idade, raça, etnia, religião, orientação filosófica, convicção política), somente em casos excepcionais, onde fique concretamente demonstrado e racionalmente provado, de modo livre de preconceitos, que o *status* do indivíduo é razão suficiente para o tratamento diferenciado, poderá ocorrer qualquer restrição de direito (situação, repise-se, absolutamente excepcional em um Estado Democrático de Direito).[12]

---

[10] "discriminação com base no sexo também alcança discriminação envolvendo orientação sexual".

[11] Contra o argumento, não se objete a hipotética vontade do legislador, que, pretensamente, não teria subsumido a orientação sexual ao discrímen por motivo de sexo. A sustentação, além de ilógica, contraria a moderna e a tradicional hermenêutica jurídica (nesse sentido, Konrad Hesse – *La interpretación constitucional* – Escritos de Derecho Constitucional, 2ª ed., Madrid, Centro de Estudios Constitucionales – e Carlos Maximiliano – *Hermenêutica e Aplicação do Direito*, 12ª ed., Rio de Janeiro, Forense, 1982, principalmente nº s 23/28).

[12] Nesse momento, é útil alertar o quanto o preconceito, além de gerar toda violência e exclusão perceptíveis em nossa sociedade diante de homossexuais, tem suas raízes fundadas na ignorância da maioria face ao estágio atual do conhecimento humano nessa matéria. Veja-se, por exemplo, dentre extensa bibliografia: Vários autores, *Homossexualidade: ciência e consciência*, 2ª ed., São Paulo, Ed. Loyola, 1995; Kaplan e Sadock, *Compêndio de Psiquiatria Dinâmica*, 4ª ed., Porto Alegre, Ed. Artes Médicas, 1988; Martin Hoffman, *O Sexo Equívoco: a homossexualidade masculina e a criação social de um estigma*, Rio de Janeiro, Ed. Civilização Brasileira, 1970; Peter Fray, *Da hierarquia à igualdade: a construção histórica da Homossexualidade no Brasil*, in *Para Inglês Ver – Identidade e Política na Cultura Brasileira*, Rio de Janeiro, Ed. Zahar, 1982; P. Conrad e S. Schneider, *Homosexuality: from sin to sickness to life-style*, in *Deviance and Medicalization*, Temple University Press, 1992.

Nas palavras de Celso Antônio Bandeira de Mello[13] "...as discriminações são recebidas como *compatíveis com a cláusula igualitária apenas e tão-somente quando existe um vínculo de correlação lógica* entre a peculiaridade diferencial acolhida por residente no objeto, e a desigualdade de tratamento em função dela conferida, *desde que tal correlação não seja incompatível com interesses prestigiados na Constituição.*"[14]. Ficam, desse modo, juridicamente impossibilitadas as desequiparações fortuitas ou injustificadas. "Esclarecendo melhor: tem-se que investigar, de um lado, aquilo que é adotado como critério discriminatório; de outro lado, cumpre verificar se há justificativa racional, isto é, fundamento lógico, para, à vista do traço desigualador acolhido atribuir o específico tratamento jurídico construído em função da desigualdade proclamada. Finalmente, impende analisar se a correlação ou fundamento racional abstratamente existente é, *in concreto*, afinado com os valores prestigiados no sistema normativo constitucional. A dizer: se guarda ou não harmonia com eles."[15]

Dito de outro modo[16]: "O que ele (o princípio da igualdade) impede, efetivamente, é que a ordem jurídica promova desequiparações arbitrárias, aleatórias ou mal-inspiradas. Será legítima a desequiparação quando fundada e logicamente subordinada a um elemento discriminatório objetivamente aferível, que prestigie, com proporcionalidade, valores abrigados no texto constitucional."

A propósito, gize-se que o Supremo Tribunal Federal, pontuando a relevância do princípio constitucional da isonomia, já sublinhou que é diante das situações *in concreto* que o intérprete deve aferir da razoabilidade ou não das distinções operadas[17]. Do mesmo modo, cuidando da isonomia, o Supremo Tribunal Federal exigiu razoabilidade no critério legal eleito, rechaçando qualquer restrição de direito desproporcional. Assim o fez ao apreciar os Mandados de Segurança nºs 21.033 e 21.046, e os Recursos Extraordinários nºs 156.404, 157.863-7, 175.548, 136.237, 146.934 e 156.972-7: as limitações de idade em para inscrição em concurso público só podem ser justificadas pela natureza das atribuições do cargo a ser preenchido.

O direito norte-americano revela idêntica orientação, pelo desenvolvimento, a partir da Décima Quarta Emenda ("No State shall make or enforce any law which shall deny to any person within its jurisdiction the equal protection of the laws[18]"), da 'equal protection doctrine'.

---

[13] *O Conteúdo Jurídico do Princípio da Igualdade,* São Paulo, Malheiros, 3ª ed., 1993.
[14] *Op. cit.*, pág. 17, grifos no original.
[15] *Op. cit.*, p. 21.
[16] Luís Roberto Barroso - *A Igualdade perante a Lei*, RDP 78/68.
[17] Ação Direta de Inconstitucionalidade nº 489/RJ, RTJ 137/562.
[18] "Nenhum Estado deverá fazer ou encorajar qualquer providência que negue a qualquer pessoa, dentro de sua jurisdição, 'the equal protection of the laws'" (a expressão grifada diz respeito à cláusula constitucional que reconhece, nos Estados Unidos, o princípio da isonomia).

Visando inicialmente sancionar as ações estatais que implicassem discriminação racial (nesse diapasão, *verbi gratia*, o citado *Loving v. Virginia*, 1967), este instituto ampliou-se, alcançando grupos estigmatizados, socialmente esteriotipados ou inferiorizados, ou objeto de tratamento fundado em traços imutáveis (*Strauder v. West Virginia*, 1880; *Regents of the University of California v. Bakke*, 1978), bem como aquelas minorias sem adequada representação legislativa (*United States v. Carolene Products Co.*, 1938: "Prejudice against discrete and insular minorities may be a special condition, which tends seriously to curtail the operation of those political processes ordinarily to be relied upon to protect minorities, and may call for a more searching judicial scrutiny[19]").

À semelhança da doutrina nacional acima citada, afirma o direito norte-americano a ilegitimidade constitucional de tratamento diferenciado sob justificativa arbitrária ("The Clause cannot be a proscription against legal classification since different treatment of persons and things that are not similary situated is essential for lawmaking. Men and women, adults and children, aliens and citizens need not always be treated alike under the law. But it is also clear that these classes cannot be treated differentely on an arbitrary basis.[20]" - Barron, Jerome and Dienes, C. Thomas, *Constitucional Law*, St. Paul, West Pub. Co., 3ª ed., 1995, pág. 214). A Suprema Corte, aplicando essa cláusula, entendeu indevida a distinção em detrimento de grupo politicamente impopular ('hippies', no caso *US Departament of Agriculture v. Moreno*, 1973; deficientes mentais, no caso *Cleburne v. Cleburne Living Center, Inc.*, 1985).

De fato, especificamente com relação à discriminação por orientação sexual, considerando a *equal protection*, já decidiram os Tribunais estadunidenses pela ilegitimidade da exclusão das Forças Armadas (*Steffan v. Aspin*, D.C. Circuit, 1993; *Pruitt*, 9th Circuit, 1992: "Army cannot rely on 'prejudice of others against homossexuals' as a rational basis"[21]). Cuidando de serviço civil, o D.C. Circuit afastou (*Norton v. Macy*), como arbitrária, a exclusão de homossexuais, fundada em razões de 'moralidade'. Pronunciou-se o Tribunal: "A pronouncement of 'immorality' tends to discourage careful analysis because it unavoidably connotes a violation of divine,

---

[19] "Preconceito contra específicas e isoladas minorias, pode ser uma condição especial que tende seriamente a diminuir os processos políticos aos quais ordinariamente é confiada a proteção das minorias, e pode chamar um exame judicial cuidadoso e completo."

[20] "A cláusula não pode ser uma proscrição contra uma classificação legislativa, uma vez que o tratamento diferenciado de pessoas ou coisas que não são similares é essencial para legislar. Homens e mulheres, adultos e crianças, estrangeiros e cidadãos nem sempre precisam ser tratados juridicamente de mesmo modo. Mas também é claro que essas classes não podem ser tratadas diferentemente de maneira arbitrária."

[21] "O Exército não pode alegar o preconceito que outros nutrem contra homossexuais como base racional."

Olympian, or otherwise universal standards of rectitude. However, the Civil Service Commission has neither the expertise nor the requisite annointment to make or enforce absolute moral judgmentes... It may be doubted whether there are in the entire Civil Service many persons so saintly as never to have done any act which is dissaproved by the 'prevailing mores of our society'... The notion that it could be an appropriate function of the federal bureaucracy to enforce the majority's conventional codes of conduct in the private lives of its employees is at war with elementary concepts of liberty, privacy, and diversity... The sufficiency of the charges against the appellant must be evaluated in terms of effects on the service of what... he has done.[22]"

No direito canadense, tem os precedentes, à luz da Seção 15(1) da Carta Canadense de Direitos e Liberdades ("Every individual is equal before and under the law and has the right to the equal protection and equal benefit of the law without discrimination and, in particular, without discrimination based on race, national or ethnic origin, colour, religion, sex, age or mental or physical disability[23]"), afirmado, de forma iterativa, que a discriminação por orientação sexual constitui ofensa à cláusula da igualdade. Nesse sentido, *Veysey v. Canada* (Federal Court Trial Division, 1989, caso em que prisioneiro homossexual via-se excluído em sua prisão do 'Private Family Visiting Program', com relação a seu companheiro); *Brown v. British Columbia* (1990 - "discrimination based on sexual orientation contravenes Section 15(1)[24]); em *Knodel v. British Columbia* (1991), a Corte, analisando recusa de direito a benefício de saúde pelo companheiro do requerente, ponderou que "the distinction [denial of medical care benefits to Timothy Knodel's partner Ray Garneau] is not related to the petitioner's merit or capacity[25]', considerando "homosexual people as a group stigmatized in our society', 'the petitioner falls within a group that consti-

---

[22] "Uma alegação de 'imoralidade' tende a desencorajar uma análise cuidadosa porque inevitavelmente tem a conotação de uma violação divina, Olímpica, ou quaisquer outros padrões de retidão. Contudo, a Comissão de Serviço Civil não tem nem o ardil de um 'expert' nem os requisitos necessários para fazer ou fazer cumprir julgamentos morais absolutos... Duvida-se que haja em todo o Serviço Civil pessoas tão santas que nunca tenham feito qualquer ato reprovável diantes dos 'costumes prevalecentes de nossa sociedade'... A noção de que seja uma função apropriada da burocracia federal fazer com que sejam cumpridos os códigos convencionais de conduta da maioria nas vidas privadas de seus funcionários está em guerra com os conceitos elementares de liberdade, privacidade e diversidade... A relevâncias das acusações contra o requerente devem ser avaliadas em função dos resultados do serviço que ele tem prestado."

[23] "Todo indivíduo antes e perante a lei e tem o direito a igual proteção e benefícios da lei sem discriminação e, em particular, sem discriminação tendo por base raça, nacionalidade ou etnia, cor, religião, sexo, idade ou deficiência física ou mental."

[24] "discriminação baseada em orientação sexual contraria a Seção 15(1)."

[25] "a distinção [negação de benefícios de assistência médica a Ray Garneau, companheiro de Timoth Knodel] não é relacionada com a virtude ou capacidade do peticionante".

tutes a 'discret and insular minority[26]"; em *Haig v. Canada* (1992), diante da concordância do governo canadense em torno da igualdade de tratamento sustentada pelo demandante, o Tribunal, chegando à mesma conclusão governamental, ponderou que "...as a matter of law, the concession is right. No further analysis of this point need to be undertaken.[27]"; no caso *R.v Turpin* (1989), foi decidido que "the larger context, social, political and legal must be also be considered... to find disadvantage that exists apart from and independent of the legal distinction created by the omission of sexual orientation[28]", incluindo-se, nesse quadro social, "the pain and humiliation undergone by homossexuals by a reason of prejudice towards them[29]" e "the enlightened [post-war] evolution of human rights, social and legislative policy in Canada[30]." "The failure to provide an avenue for redress for prejudicial treatment of homossexual members of society, and the possible inference from the omission that such treatment is acceptable, create the effect of discrimination offending s. 15(1)."; em *Vriend v. Alberta* (1994, caso em que professor foi demitido em função de sua orientação homossexual), reafirmou-se que a discriminação ofende a Seção 15(1) salientando-se que "discrimination against homossexuals is an historical, universal, notorius, and indisputable social reality[31]"; em *Leshner v. Ontario* (1992, pedido provocado por recusa de pensão ao companheiro do requerente, Michael Stark), foi considerada incabível a discriminação por orientação sexual, tendo em mente, igualmente, a Seção 15(1), pelo que "gay and lesbian relationship must be treated as equal in status to heterossexual unions[32]".

Em *Egan v. Canada*, caso em que se discutiu o direito do companheiro homossexual a benefício da seguridade social previsto para a esposa (pensão), a Suprema Corte decidiu (1995), unanimemente, que "whether or not sexual orientation is based on biological or physiological factors, which

---

[26] "...pessoas homossexuais como um grupo estigmatizado em nossa sociedade, o peticionante cai dentro de um grupo que constitui uma específica e isolada minoria".
[27] "juridicamente, a concessão é direito. Nenhuma análise mais aprofundada desse ponto precisa ser considerada".
[28] "...o contexto mais amplo, social, político e legal também deve ser considerado... para encontrar a desvantagem que existe distante e independente da distinção legal, criada pela omissão da orientação sexual."
[29] "...a dor e a humilhação sofrida por homossexuais por razão do preconceito em relação a eles..."
[30] "'...a esclarecida evolução dos direitos humanos no pós-guerra e as políticas sociais e legislativas no Canadá.' 'A falha em providenciar um modo de remediar o tratamento prejudicial dos membros homossexuais da sociedade, e a possível inferência da omissão que tal tratamento seja aceitável, cria o efeito de discriminação ofendendo a s. 15(1)".
[31] "...discriminação contra homossexuais é uma histórica, universal, notória e inquestionável realidade social."
[32] "...os relacionamentos gays e lésbicos devem ser tratados em igualdade às uniões heterossexuais."

may be a matter of some controversy, it is a deeply personal characteristic that is either unchangeable or changeable only at unnacceptable costs, and so falls within the ambit of s. 15 protection as being analogous to the enumerated grounds[33]"; por maioria, assentou que a distinção entre companheiros homossexuais e companheiros heterossexuais em relação a direito à pensão, fundando-se na orientação sexual, é discrímen contrário à Seção 15(1), oportunidade em que o voto condutor (Justice Cory) asseverou: "Sexual orientation is more than simply a 'status' that an individual possesses. It is something that is demonstrated in an individual's conduct by the choice of a partner. The Charter protects religious beliefs and religious pratice as aspects of religious freedom. So, too, should it be recognized that sexual orientation encompasses aspects of 'status' and 'conduct' and that both should receive protection. Sexual orientation is demonstrated in a person's choice of a life partner, whether heterosexual or homosexual. It follows that a lawful relationship which flows from sexual orientation should also be protected.[34]"

Como visto, o exame doutrinário e jurisprudencial, à luz do princípio da igualdade, afasta explicitamente discriminações fundadas na orientação sexual.

Em síntese conclusiva do tópico e coroamento dessa evolução jurídica, é de se citar precedente da Suprema Corte dos Estados Unidos, lavrado em 1996, no qual o Tribunal, aplicando a *equal protection clause*, julgou inconstitucional a Emenda nº 2 à Constituição do Estado do Colorado (*Romers vs. Evans*). Nesse histórico precedente a Suprema Corte invalidou a citada emenda constitucional por instituir a homossexuais tratamento jurídico diverso dos demais cidadãos daquele Estado Federado, proibitivo dos poderes públicos de editar ou aplicar qualquer medida protetiva dos direitos de homossexuais. Na dicção da maioria, capitaneada pelo Justice Kennedy, "a State cannot so deem a class of persons a stranger to its laws.[35]"

---

[33] "...se a orientação sexual é ou não baseada em fatores biológicos ou fisiológicos, o que pode ser objeto de controvérsia, isto é uma profunda característica pessoal, que é tanto imutável quanto mutável somente a custos inaceitáveis, e então subsumindo-se no âmbito da proteção da s. 15 como sendo análoga aos campos enumerados;"

[34] "Orientação sexual é mais do que um simples 'status' que um indivíduo possui. É algo que é demonstrado pela conduta do indivíduo na escolha de um companheiro. A Carta protege crenças religiosas e práticas religiosas como aspectos da liberdade de religião. Então, também, deveria ser reconhecido que a orientação sexual inclui aspectos de 'status' e de 'conduta' e que ambos deveriam receber proteção. A orientação sexual é demonstrada na escolha feita por uma pessoa de seu companheiro de vida, seja heterossexual ou homossexual. Daí segue que uma relação legal que se origina a partir da orientação sexual também deve ser protegida."

[35] "Um Estado não pode julgar um grupo de pessoas como estranhos à sua legislação."

11.4.2. Privacidade e homossexualidade

A orientação sexual que alguém imprime, na esfera de sua vida privada, não admite restrição de direitos. Essa a evolução dos precedentes nos tribunais norte-americanos. Em *Griswold v. Connecticut* (1965), discutindo-se a licitude da utilização de anticoncepcionais, a Corte afirmou que "concern a relationship lying within the zone of privacy created by several fundamental constitutional guarantees[36]; em *Eisenstadt v. Baird* (1972), a valorização da privacidade garantiu "the right of the individual, married or single, to be free from unwarranted governmental intrusion into matters so fundamentally affecting a person as the decision whether to bear or beget a child[37]", diminuindo significativamente a distinção entre casados e solteiros no que diz respeito à liberdade sexual; em *Commonwealth v. Balthazar* (1974), a Suprema Corte Judicial de Massachusetts, invocando as decisões da Suprema Corte em matéria de privacidade, e diante de proibição de sexo oral entre heterossexuais, decidiu que a legislação proibindo "unnatural and lascivious acts must be construed to be inappicable to private, consensual conduct of adults[38]"; em *State v. Pilcher* (1976), a Suprema Corte de Iowa assentou que a legislação proibitiva de sexo anal e oral "cannot constitutionally be applied to alleged sodomitical acts performed in private between consenting adults of opposite sexes[39]", ponderando que, a partir de *Griswold*, "the right of privacy extends to sexual relations between husband and wife[40]", e, a partir de *Eisenstadt*, "between consenting adults of opposite sexes not married to each other.[41]" Em *State v. Saunders* (1977), a Suprema Corte de New Jersey afastou a legislação proibitiva de relações sexuais entre heterossexuais solteiros, sob o fundamento da autonomia individual que vigora na esfera privada, aduzindo: "It would be rather anomalous if [the decision to bear children] could be constitutionally protected while the more fundamental decision as to whether to engage in the conduct which is a necessary prerequisite to child-bearing could be constitutionally prohibited. Surely, such a choice involves considerations which are at least as intimate and personal as those which

---

[36] "...diz respeito a uma relação que jaz em uma zona de privacidade criada por várias garantias fundamentais constitucionais."
[37] "...o direito do indivíduo, casado ou solteiro, de estar livre de uma intromissão governamental desautorizada em assuntos que afetam tão fundamentalmente uma pessoa como a decisão de suportar ou de ter uma criança."
[38] "...atos lascivos e contra a natureza deve ser compreendida como inaplicável à conduta privada e consensual entre adultos".
[39] "...não pode constitucionalmente ser aplicada a atos alegados como sodomitas praticados privadamente - e mediante consenso - entre adultos de sexos opostos."
[40] "...o direito de privacidade estende-se às relações sexuais entre marido e mulher".
[41] "...entre adultos acordes de sexos opostos não casados entre si".

are involved in choosing whether to use contraceptives.⁴²" Em *Commonwealth v. Bonadio* (1980), a Suprema Corte da Pensilvânia identificou na proibição de sexo anal ou oral entre heterossexuais solteiros violação da *equal protection clause*, pois, após a decisão em *Einsenstadt*, inexiste razoabilidade para tal distinção.

Todavia, contrariando toda evolução em matéria de liberdade sexual, a Suprema Corte (*Bowers v. Hardwick*, 1986) reformou decisão do 11° Circuito, segundo a qual *Griswold* e *Eisenstadt* garantiam a liberdade na esfera privada entre adultos e o espaço para contatos íntimos fora da relação matrimonial. Esse precedente considerou inofensiva à privacidade a legislação proibitiva de sexo anal ou oral, em se tratando de homossexuais. A corrente majoritária (o julgamento foi por cinco votos a quatro, sendo que o prolator do voto decisivo, Justice Lewis Powell, quatro anos após declarou publicamente ter se equivocado - conforme informações e declarações de voto em *Basic Cases in Constitutional Law*, de Duane Lockard e Walter Murphy, Congressional Quarterly Inc., 3ªed., 1992) não vislumbrou relação entre o caso e a diretriz firmada a partir de *Griswold;* a minoritária, capitaneada pelo Justice Blackmun, considerou "the most comprehensive of rights and the right most value by civilized men, namely 'the right to be alone⁴³".

Em virtude desse contexto, sinale-se que a decisão tomada em *Hardwick* foi objeto de muitas críticas nos meios jurídicos norte-americanos. Enumero, dentre outros: Daniel Conkle (*The Second death of Substantive Due Process*, 62 Indiana Law Journal 215), Norman Vieira (*Hardwick and the Right of Privacy*, 55 University of Chicago Law Review 1057), Anne Goldstein (*History, Homosexuality and Political Values: Searching for the Hidden Determinantes of Bowers v. Hardwick*, 97 Yale Law Journal 1073).

Diante dessas circunstâncias, mesmo após *Hardwick*, continuou havendo discussão judicial acerca da legislação proibitiva de relações entre homossexuais. Assim, no caso *State v. Morales,* os integrantes da Corte de Apelações do Texas (1992) afirmaram: "We can think of nothing more fundamentally private and deserving of protection than sexual behavior between consenting adults in private. If so... it cannot be constitutional... to prohibit lesbians and gay men from engaging in the same conduct in which

---

[42] "Seria um tanto anômalo se [a decisão de ter filhos] fosse constitucionalmente protegida enquanto a decisão mais fundamental de se envolver na conduta que é um pré-requisito necessário para tanto seja constitucionalmente proibida. Certamente, tal escolha envolve considerações que são ao menos tão íntimas e pessoais quanto àquelas que estão envolvidas na escolha de usar ou não contraceptivos."

[43] "...o mais compreensivo dos direitos e o direito mais valioso dos homens civilizados, a saber, 'o direito de estar só'".

heterossexuals may legally engage.[44]" No mesmo sentido decidiu a Suprema Corte do Kentucky, afastando diploma legal do mesmo teor (*Commonwealth v. Wasson*, 1992): "Kentucky Constitution offers greater protection of the right of privacy[45]".

A Corte Européia de Direitos Humanos, examinando hipóteses de discriminação por orientação sexual, sob a ótica do artigo 8°(1) da Convenção Européia de Direitos Humanos ("Everyone has the right to respect for his private and family life, his home and his correspondence[46]"), firmou sua diretriz ao apreciar o caso *Dudgeon v. UK* (1981), onde foi questionada proibição penal, oriunda da Irlanda do Norte, de atividade sexual entre homens: "the legal prohibition of private homosexual acts between consenting adults over 21 years of age breach the apllicant's right to respect for private life under article 8.[47]" Tal entendimento foi repetido nos casos *Norris v. Ireland* (1988) e *Modinos v. Cyprus* (1993). Em *Dudgeon*, a Corte entendeu que a proibição em tela foi "disproportionate to the aims sought to be achieved[48]".

Note-se que, com o ingresso dos países do Leste Europeu no Conselho da Europa, Hungria, República Tcheca, Eslováquia, Polônia, Bulgária e Eslovênia descriminalizaram essa conduta; a Romênia, por sua vez, foi interpelada a mudar rapidamente o artigo 200 de seu Código Penal, descriminalizando atos homossexuais praticados privadamente entre adultos.

Nesse passo, é de se atentar para a extensão do conceito de privacidade, como fez a Corte Européia ao apreciar *Niemitz v. Germany* (1992): "it would too restrictive to limit the notion [of 'private life'] to an 'inner circle' in which the individual may live his own personal life as chooses and to exclude therefrom entirely the outside world not encompassed within that circle. Respect for private life must also comprise to a certain degree the right to establish and develop relationships with other human beings. There appears... to be no reason of principle why this understanding... should be taken to exclude activities of a professional or bussiness nature since it is, after all, in the course of their working lives that the majority of people have

---

[44] "Nós não podemos pensar em nada mais fundamentalmente privado e merecedor de proteção do que a conduta sexual entre adultos praticada privadamente e em comum acordo. Se é assim... não pode ser constitucional... proibir lésbicas e gays de envolver na mesma conduta que heterossexuais legalmente podem."

[45] "A Constituição de Kentucky oferece maior proteção ao direito de privacidade."

[46] "Qualquer um tem o direito ao respeito de sua vida familiar e privada, seu lar e sua correspondência."

[47] "a proibição legal de atos homossexuais privados entre adultos acordes de mais de 21 anos de idade viola o direito do querelante com respeito à vida privada sob o artigo 8°."

[48] "desproporcional às metas que buscavam ser atingidas."

a significant, if not the greatest, opportunity of developing relationships with the outside world[49]."

11.5. O PRINCÍPIO DA DIGNIDADE HUMANA E A HOMOSSEXUALIDADE

O princípio jurídico da dignidade da pessoa humana tem como núcleo essencial a idéia de que a pessoa humana é um fim em si mesmo, não podendo ser instrumentalizada ou descartada em função das características que lhe conferem individualidade e imprimem sua dinâmica pessoal. O ser humano, em virtude de sua dignidade, não pode ser visto como meio para a realização de outros fins. Na expressão de Ernest Benda[50] "...el individuo no debe ser degradado a la condición de mero objeto de la acción estatal o de las relaciones sociales. (p. 121); Contradice la dignidad humana convertir el individuo en mero objeto de la acción del Estado. En la degradación de la persona a la condición de objeto, a su valor de cambio, se suele ver la decisiva vulneración del art. 1.1 GG".

Independentemente da orientação sexual de um ser humano, é mister invocar o respeito devido à sua individualidade, em virtude da citada cláusula constitucional da dignidade da pessoa humana (artigo 1°, inciso III). Esta (a dignidade da pessoa humana), aliás, é elemento central na sociabilidade que caracteriza o conceito de Estado Democrático de Direito, que promete aos indivíduos, muito mais que abstenção de invasões ilegítimas de suas esferas pessoais, a promoção positiva de suas liberdades.[51]

Qualificar, em termos de ciência jurídica, alguma noção como fundamento do ordenamento jurídico, significa nela vislumbrar um caráter de centralidade em relação a quaisquer outros conceitos, formulações ou idéias; trata-se de valorizar sobremaneira um dado normativo, elegendo-o como fator fundante e motivador, em larga escala, de toda a normatização atinente à esfera da vida juridicizada.

---

[49] "Seria muito restritivo limitar a noção [de 'vida privada'] a um 'círculo interior' no qual o indivíduo possa viver sua vida pessoal como ele quiser e excluir inteiramente daí o mundo exterior não incluído neste círculo. O respeito pela vida privada também deve compreender em certo grau o direito de estabelecer e desenvolver relacionamentos com outros seres humanos. Parece... não haver razão de princípio porque este entendimento... deve ser tomado para excluir atividades de uma natureza profissional ou de negócios desde que, no final das contas, é no desenrolar de suas vidas de trabalho que a maioria das pessoas tem uma significativa oportunidade, senão a maior, de desenvolver relacionamentos com o mundo exterior."

[50] *Dignidad humana y derechos de la personalidad*, 'in' "Manual de Derecho Constitucional", Madrid, Instituto Vasco de Administración Pública e Marcial Pons, Ediciones Jurídicas y Sociales, S.A., 1996.

[51] Jorger Reis Novais, *Contributo para uma Teoria do Estado de Direito - do Estado de Direito Liberal ao Estado social e democrático de Direito*, Coimbra, 1987.

Desse modo, a valorização da dignidade da pessoa humana como elemento fundamental do Estado Democrático de Direito revela-se, simultaneamente, postulado da consciência geral no atual estágio do desenvolvimento histórico da humanidade e, particularmente, da sociedade brasileira, bem como dado normativo central para a compreensão e equacionamento dos problemas jurídicos.

Sendo assim, a afirmação da centralidade da dignidade da pessoa humana no direito brasileiro tem o condão de repelir quaisquer providências, diretas ou indiretas, que esvaziem a força normativa dessa noção fundamental, tanto pelo seu enfraquecimento na motivação das atividades estatais (executivas, legislativas ou judiciárias), quanto pela sua pura e simples desconsideração.

De fato, ventilar-se a possibilidade de desrespeito ou prejuízo a um ser humano, em função da orientação sexual, significa dispensar tratamento indigno a um ser humano. Não se pode, simplesmente, ignorar a condição pessoal do indivíduo (na qual, sem sombra de dúvida, se inclui a orientação sexual), como se tal aspecto não tivesse relação com a dignidade humana.

A jurisprudência norte-americana, a partir de situações dessa estirpe, rejeita discriminações baseadas em características pessoais individuais constituintes da identidade do sujeito (tais como raça e origem étnica, por exemplo), principalmente se manejadas em detrimento de grupos estigmatizados como inferiores (como no já citado precedente *Regents the Univ. Of California v. Bakke*, 1978), objeto de hostilidades (*Plyler v. Doe,* 1982), vítimas de prejuízos oriundos de preconceitos relativos a suas capacidades (caso *Murgia,* 1973). Em se tratando de distinções fundadas em características pessoais imutáveis, fora do controle da pessoa, tem o Judiciário as rechaçado, nelas vislumbrando discrímen suspeito perante a Constituição (*Lyng v. Castelo,* 1986; *Plyler v. Doe,* 1982: "groups disfavoured by virtue of circumstances beyond their control[52]"; *Mathews v. Lucas,* 1976: "illegitimacy... is, like race or national origin, a characteristic determined by causes not within the control of the illegitimate individual[53]"; *Frontiero v. Richardson,* 1973: "sex, like race and national origin, is an immutable characteristic determined solely by the accident of birth[54]").

Especificamente quanto à orientação sexual, registro os precedentes do direito estadunidense e canadense. Os primeiros reconhecem existir, historicamente, um tratamento desigual com relação a homossexuais (*High Tech Gays v. Defense Industrial Security Clearance Office* - 9th Circ 1990;

---

[52] "...grupos desfavorecidos em virtude de circunstâncias além de seu controle...".

[53] "... ilegitimidade... é, como raça ou nacionalidade, uma característica determinada por causas fora do controle do indivíduo considerado ilegítimo".

[54] "...sexo, como raça e nacionalidade, é uma característica imutável determinada somente pelo acidente do nascimento."

Ben-Shalom v. Marsh - 7th Circ 1989; *Watkins v. US Army* - 9th Circ 1989), sofrerem preconceitos e hostilidades (*Rowland v. Mad River Local School District* - 1985). Em *High Tech Gays* considerou-se que a orientação sexual "...no change without immense difficulty[55]". Julgando *Watkins*, o Tribunal ponderou que a orientação sexual é imutável pois "we have little control over our sexual orientation and..., once acquired, it is largely impervious to change. The possibility of... a difficult and traumatic change (through extensive therapy, neurosurgery or shock treatment) does not make it 'mutable'[56]." Nesse julgado, assentou que a imutabilidade da condição pessoal se refere a "those traits [including sexual orientation] that are so central to a person's identity that it would be abhorrent for governement to penalize a person for refusing to change them, regardless of how easy that change might be physically.[57]" No caso *Equality Foundation of Greater Cincinnati, Inc. V. City of Cincinnati* (1995, 6th Circ), considerou que a orientação sexual está "...beyond the control of the individual, exists independently of any conduct that the individual... may choose to engage in, [and is] unamenable to techniques designed to change it, [which] are considered unethical.[58]" A Suprema Corte do Canadá (*Canada (Attorney-General) v. Ward*, 1993), por sua vez, considerou os homossexuais na categoria dos "groups defined by an innate or unchangeable characteristic, which would embrace individuals fearing persecution on such bases as gender, linguistic background and sexual orientation.[59]".

Ora, diante disso, conclui-se que o respeito à orientação sexual é aspecto fundamental para a afirmação da dignidade humana, não sendo aceitável, juridicamente, que preconceitos legitimem restrições de direitos, servindo para o fortalecimento de estigmas sociais e espezinhamento do Estado Democrático de Direito.

---

[55] "...a orientação sexual não muda sem uma imensa dificuldade."

[56] "...nós temos pouco controle sobre nossa orientação sexual e..., uma vez adquirida, é amplamente impermeável a mudança. A possibilidade de... uma difícil e traumática mudança (através de extensa terapia, neurocirurgia ou tratamento de choque) não a faz mutável."

[57] "aqueles traços [incluindo a orientação sexual] que são tão centrais para a identidade de uma pessoa que seria abominável para o governo penalizar uma pessoa por recusar mudá-los, independentemente da facilidade física da mudança."

[58] "...além do controle do indivíduo e existe independentemente de qualquer conduta que um indivíduo... possa escolher-se engajar-se, [e] não responde a técnicas criadas para mudá-la, [as quais] são consideradas anti-éticas."

[59] "...grupos definidos por uma inata ou imutável característica, a qual abarcaria temendo perseguições tendo por base gênero, língua e orientação sexual."

11.6. O ORDENAMENTO JURÍDICO NACIONAL E A HOMOSSEXUALIDADE

A doutrina, em se tratando do reconhecimento da homossexualidade por parte dos ordenamentos jurídicos concretos, enumera basicamente quatro modelos.

O modelo expandido de reconhecimento se caracteriza por enumerar providências jurídicas nas esferas da descriminalização de condutas, da existência de políticas gerais de não-discriminação e da instituição de políticas de ação afirmativa, tais como, respectivamente, revogação de legislação penal incriminante, garantia de acesso a locais públicos sem restrições e apoio às organizações de homossexuais. Aqui se encontram países como Holanda, Dinamarca, Noruega e Suécia.

O modelo intermediário, por sua vez, abrange a descriminalização e proíbe a existência de medidas discriminatórias, sem, contudo, apontar para qualquer iniciativa positiva. França, Austrália e alguns Estados dos Estados Unidos (New York, New Jersey e Ohio) são exemplos desse estágio.

Num grau ainda inferior de reconhecimento, situam-se os ordenamentos jurídicos que simplesmente impedem a criminalização, não articulando qualquer medida protetiva eficaz do exercício dos direitos fundamentais por parte de homossexuais.[60]

Em Estados como o brasileiro, em que convivem simultaneamente as ordens jurídicas federal, estadual (aqui incluída a distrital) e municipal, pode haver modelos mistos de reconhecimento, dados os diversos graus de proteção conferidos pelos respectivos ordenamentos dentro do mesmo espaço político nacional.

Nosso ordenamento jurídico, em suas diversas esferas, passa a reconhecer, paulatinamente, diferenciados níveis de proteção. Efetivamente, além de toda proteção já assegurada na Constituição Federal, é de se acentuar a explicitação do tema nas esferas estadual e municipal, das quais colaciono os seguintes dispositivos:

1. Constituição do Estado do Mato Grosso:

"Art. 10 - O Estado de Mato Grosso e seus Municípios assegurarão, pela lei e pelos atos dos agentes de seus Poderes, a imediata e plena efetividade de todos os direitos e garantias individuais e coletivas, além dos correspondentes deveres, mencionados, na Constituição Federal, assim como qualquer outro decorrente do regime e dos princípios que ela adota, bem como daqueles constantes dos tratados

---

[60] Nesse sentido, Eric Heinze, *Sexual Orientation: a human right*, Dordrecht, Martinus Nijhoff Publishers, 1995.

internacionais em que a República Federativa do Brasil seja parte, nos seguintes termos:
(...)
III - a implantação de meios assecuratórios de que ninguém será prejudicado ou privilegiado em razão de nascimento, raça, cor, sexo, estado civil, natureza de seu trabalho, idade, religião, orientação sexual, convicções políticas ou filosóficas, deficiência física ou mental e qualquer particularidade ou condição."

2. Constituição do Estado de Sergipe:
"Art. 3º - O Estado assegura por suas leis e pelos atos de seus agentes, além dos direitos e garantias individuais previstos na Constituição Federal e decorrentes do regime e dos princípios que ela adota, ainda os seguintes:
(...)
II - proteção contra discriminação por motivo de raça, cor, sexo, idade, classe social, orientação sexual, deficiência física, mental ou sensorial, convicção político-ideológica, crença em manifestação religiosa, sendo os infratores passíveis de punição por lei;"

3. Lei Orgânica do Município de Porto Alegre:
"Art. 150 – Sofrerão penalidades de multa, até a cassação do alvará de funcionamento, os estabelecimentos de pessoas físicas e jurídicas que, no território do Município, pratiquem ato de discriminação racial, de gênero, por orientação sexual, étnica ou religiosa, em razão de nascimento, de idade, de estado civil, de trabalho rural ou urbano, de filosofia ou convicção política, de deficiência física, imunológica, sensorial ou mental, de cumprimento de pena, cor ou em razão de qualquer particularidade ou condição."

Por outro lado, não se pode menosprezar ou ignorar a eficácia normativa dos Tratados e Convenções Internacionais dos quais nossa República é parte, uma vez incorporados em nosso ordenamento interno.

Desse modo, além da compreensão do regime dos direitos fundamentais relacionados com a orientação sexual, gize-se que, na esfera do direito internacional, o Comitê de Direitos Humanos das Nações Unidas, aplicando a Convenção Internacional dos Direitos Civis e Políticos (da qual o Brasil é signatário), decidiu que a legislação proibitiva de relações sexuais anais e orais entre homossexuais constitui interferência arbitrária na privacidade, afrontando os artigos 17(1) e 2(1) da Convenção. Ponderou que "it is undisputed that adult consensual sexual activity in private is covered by the concept of privacy[61]". Refutando a defesa, afirmou a irrazoabilidade da

---

[61] "...é indiscutível que uma atividade sexual adulta e consensual, em ambiente privado, é coberta pelo conceito de privacidade."

discriminação incriminadora, por não demonstrar "a reasonable means or proportionate measure to achieve the aim of preventing the spread of AIDS/HIV[62]", nem ser "essential to the protection of morals[63]".

Ora, tendo nosso país aderido a este pacto internacional, não há como negar a relevância dessa decisão no plano do direito interno, ainda mais diante do parágrafo 2º do artigo 5º da Constituição de 1988 ("Os direitos e garantias expressos nesta Constituição não excluem outros decorrentes do regime e dos princípios por ela adotados, ou dos tratados internacionais em que a República Federativa do Brasil seja parte.").

Igualmente na esfera do direito internacional,[64] é de rigor registrar-se a Convenção Americana de Direitos Humanos, da qual o Brasil também é signatário. Suas disposições são pertinentes ao tema, seja na esteira do precedente acima citado (em que a Organização das Nações Unidas reconheceu ilegítima a interferência na vida sexual privada de homossexuais adultos), seja no que concerne ao respeito à dignidade humana, seja na trilha do princípio da igualdade.

Dispõe a Convenção, cuja observância é obrigatória no direito brasileiro:

"5(1) Toda pessoa tem direito a que se respeite sua integridade física, psíquica e moral.
7(1) Toda pessoa tem direito à liberdade e à segurança pessoais.
11(1) Toda pessoa tem direito ao respeito de sua honra e ao reconhecimento de sua dignidade.
11(2) Ninguém pode ser objeto de ingerências arbitrárias ou abusivas em sua vida privada, na de sua família, em seu domicílio ou em sua correspondência, nem de ataques ilegais a sua honra ou reputação.

---

[62] "meios razoáveis ou medidas proporcionais para alcançar a meta de prevenção do contágio de AIDS/HIV".

[63] "nem ser essencial para a proteção da moral."

[64] Interessante anotar, nesse passo, o tratamento da questão na esfera do direito comunitário europeu. O Parlamento Europeu emitiu Resolução em 8 de fevereiro de 1994 sobre a paridade de direitos para os homossexuais na Comunidade. Considerando, dentre outros motivos, o empenho da comunidade para o tratamento isonômico dos cidadãos independentemente da orientação sexual, as intimidações e inclusive violências a que submetidos os homossexuais e a necessidade de adequação da legislação diante da crescente multiplicidade dos estilos de vida, o Parlamento requereu à Comissão a apresentação de uma proposta de recomendação sobre a paridade dos direitos dos homossexuais que, ao menos, ponha fim (1) "aos diversos e discriminatórios limites de idade para o consenso ao ato sexual", (2) "à perseguição da homossexualidade como ultraje ao pudor público ou crime contra os bons costumes", (3) a quaisquer formas de discriminação em matéria de direito de trabalho e da função pública em sede de direito penal, civil, contratual e comercial", (4) "ao registro eletrônico de dados concernentes à orientação sexual de um indivíduo, sem sua ciência e acordo, além da divulgação não autorizada ou ao uso impróprio de tais dados", (5) "aos obstáculos postos ao matrimônio de casais homossexuais ou a um instituto jurídico equivalente, garantindo plenamente direitos e vantagens do matrimônio e consentindo ao registro da união", (6) "a quaisquer limitações do direito dos homossexuais de serem pais ou de adotarem ou terem em custódia crianças".

11(3) Toda pessoa tem direito à proteção da lei contra essas ingerências ou esses ataques.
24. Todas as pessoas são iguais ante à lei. Em conseqüência, têm direito, sem discriminação, a igual proteção da lei."

Como se infere de seu texto, não há como se duvidar - bastando, para tanto, os mandamentos de nossa Constituição de 1988 - da pertinência do princípio da isonomia (inclusive invocado como 'igual proteção da lei', na esteira da *equal protection* norte-americana e canadense), da proibição de discriminação sexual, do reconhecimento da dignidade da pessoa humana e do resguardo da privacidade como fundamentos regentes do nosso ordenamento em matéria de orientação sexual.

Para finalizar, releva registrar, nessa matéria, a publicação recente de importantes precedentes na jurisprudência pátria, por parte do Superior Tribunal de Justiça[65] e do Tribunal Regional Federal da 4ª Região.[66]

---

[65] O Superior Tribunal de Justiça, ao julgar o Recurso Especial nº 148.897-MG, relatado pelo Ministro Ruy Rosado de Aguiar, não vislumbrou qualquer empecilho à incidência do artigo 1.363 do Código Civil em sociedade de fato constituída por homossexuais. O aresto foi assim ementado: "SOCIEDADE DE FATO. Homossexuais. Partilha do bem comum. O parceiro tem o direito de receber a metade do patrimônio adquirido pelo esforço comum, reconhecida a existência de sociedade de fato com os requisitos previstos no art. 1363 do CCivil. RESPONSABILIDADE CIVIL. Dano moral. Assistência ao doente com AIDS. Improcedência da pretensão de receber do pai do parceiro que morreu com Aids a indenização pelo dano moral de ter suportado sozinho os encargos que resultaram da doença. Dano que resultou da opção de vida assumida pelo autor, e não da omissão do parente, faltando o nexo de casualidade. Art. 159 do C. Civil.
Ação possessória julgada improcedente. Demais questões prejudicadas. Recurso conhecido em parte e provido."

[66] O Tribunal Regional Federal da 4ª Região, a seu turno, em apelação cível relatada pela Juíza Marga Inge Barth Tessler, confirmou sentença do Juízo Federal da 10ª Vara de Porto Alegre, na qual tivemos a oportunidade de desenvolver boa parte das ponderações apresentadas nesse artigo. O acórdão do Tribunal Federal considerou fundamentos de ordem constitucional e legal para dar guarida parcial à pretensão dos autores, como se pode ver na ementa, ora transcrita: "ADMINISTRATIVO, CONSTITUCIONAL, CIVIL E PROCESSUAL CIVIL. Justiça Federal. Justiça do Trabalho. Competência. Ausência de intervenção do Ministério Público. Nulidade. Inocorrência. Aplicação do art. 273 do Código de Processo Civil na sentença. Mera irregularidade. União estável entre pessoas do mesmo sexo. Reconhecimento. Impossibilidade. Vedação do § 3º do art. 226, da Constituição Federal. Inclusão como dependente em plano de saúde. Viabilidade. Princípios constitucionais da liberdade, da igualdade, e da dignidade humana. Art. 273 do Código de Processo Civil. Efetividade à decisão judicial. Caução. Dispensa. 1.Rejeitada a preliminar de incompetência da Justiça Federal para o feito, pois a inicial fala em ação declaratória da *união estável*, mas, na verdade, seu objeto principal é uma providência condenatória, qual seja, a inclusão de dependente em plano de saúde. Ademais, a presença da CEF no pólo passivo não deixa dúvidas sobre a competência da Justiça Federal. 2. A Justiça do Trabalho não é competente para processar e julgar o feito, pois a discussão dos autos não está ligada ao vínculo de emprego, e sim à aplicação das regras referentes ao sistema de Seguridade, a relação segurado-aposentado do plano de saúde mantido pelos réus. 3. A ausência da intervenção do Ministério Público no feito não é causa de sua nulidade, pois os autores são plenamente capazes e não há pedido específico de declaração de *união estável*, embora tenha sido assim nominada a ação; ausentes, portanto, as hipóteses dos arts. 82 e 84 do CPC. 4. O fato do juízo monocrático ter proferido decisão conjunta – de mérito e sobre o pedido de antecipação de tutela – não implica na nulidade da sentença, constituindo mera

11.7. CONCLUSÃO

A proposição de uma interpretação dos direitos fundamentais que responda os problemas suscitados pela homossexualidade esbarra em dificuldades de ordem dogmática e cultural. O tema é dos mais recentes, no mundo inteiro, em termos de elaboração legislativa e discussão jurídica. As barreiras do preconceito, por sua vez, são ainda mais desafiantes: esmaecem a razão, quando não produzem rejeição sistemática e violência.

---

irregularidade, que ademais não causou prejuízo às rés. 5. Mantida a sentença que extinguiu o feito em relação ao pedido de declaração da existência de *união estável* entre os autores, pois, pelo teor do § 3º do art. 226 da Constituição Federal de 1988, tal reconhecimento só é viável quando se tratar de pessoas do sexo oposto; logo, não poder ser reconhecida a *união* em relação a pessoas do mesmo sexo. 6. A recusa das rés em incluir o segundo autor como dependente do primeiro, no plano de saúde PAMS e na Funcef, foi motivada pela orientação sexual dos demandantes, atitude que viola o princípio constitucional da igualdade que proíbe discriminação sexual. Inaceitável o argumento de que haveria tratamento igualitário para todos os homossexuais (femininos e masculinos), pois isso apenas reforça o caráter discriminatório da recusa. A discriminação não pode ser justificada apontando-se outra discriminação. 7. Injustificável a recusa das rés, ainda, se for considerado que os contratos de seguro-saúde desempenham um importante papel na área econômica e social, permitindo o acesso dos indivíduos a vários benefícios. Portanto, nessa área, os contratos devem merecer interpretação que resguarde os direitos constitucionalmente assegurados, sob pena de restar inviabilizada a sua função social e econômica. 8. No caso em análise, estão preenchidos os requisitos exigidos pela lei para a percepção do benefício pretendido: vida em comum, laços afetivos, divisão de despesas. Ademais, não há que alegar a ausência de previsão legislativa, pois antes mesmo de serem regulamentadas as relações concubinárias, já eram concedidos alguns direitos à companheira, nas relações heterossexuais. Trata-se da evolução do Direito, que passo a passo, valorizou a afetividade humana abrandando os preconceitos e as formalidades sociais e legais. 9. Descabida a alegação da CEF no sentido de que aceitar o autor como dependente de seu companheiro seria violar o princípio da legalidade, pois esse princípio, hoje, não é mais tido como simples submissão a regras normativas, e sim sujeição ao ordenamento jurídico como um todo; portanto, a doutrina moderna o concebe sob a denominação de princípio da juridicidade. 10. Havendo comprovada necessidade de dar-se imediato cumprimento à decisão judicial, justifica-se a concessão de tutela antecipada, principalmente quando há reexame necessário ou quando há recurso com efeito suspensivo. Preenchidos os requisitos para a concessão da medida antecipatória, autoriza-se o imediato cumprimento da decisão. No caso em análise, estão presentes ambos os requisitos: a verossimilhança é verificada pelos próprios fundamentos da decisão; o risco de dano de difícil reparação está caracterizado pelo fato de que os autores, portadores do vírus HIV, já começam a desenvolver algumas das chamadas "doenças oportunistas", sendo evidente a necessidade de usufruírem dos benefícios do plano de saúde. Ademais, para os autores o tempo é crucial, mais que nunca, o viver e o lutar por suas vidas. O Estado, ao monopolizar o poder jurisdicional, deve oferecer às partes uma solução expedita e eficaz, deve impulsionar a sua atividade, Ter mecanismos processuais adequados, para que seja garantida a utilidade da prestação jurisdicional. 11. Dispensados os autores do pagamento de caução (§ 3º do art. 273 do CPC), cuja exigência depende do prudente arbítrio do juiz e cuja dispensa não impede que os autores, se vencidos, respondam pelos danos causados pela medida antecipatória. No caso dos autos, devem ser dispensados os autores da caução, face à evidente ausência de condições, tanto de saúde quanto financeiras, já que são beneficiados pela Assistência Judiciária Gratuita e, certamente, não são poucas as suas despesas com a doença. 12. Apelações improvidas." (AC nº 96.04.55333-0/RS, unânime, j. 20-08-1998).

Ao indicar as principais coordenadas sob as quais a questão se desenvolve no direito contemporâneo e ao noticiar os passos iniciais já esboçados nessa área, esse trabalho quer afirmar, a um só tempo, a humildade e a esperança experimentada pelos operadores jurídicos comprometidos com a concretização do Estado Democrático de Direito diante das novas realidades que a transição dos milênios nos impõe.

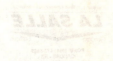